Helmut Koopmann

GOETHE UND
FRAU VON STEIN

Helmut Koopmann

GOETHE UND FRAU VON STEIN

Geschichte einer Liebe

Verlag C.H. Beck

Mit 21 Abbildungen

© Verlag C.H. Beck oHG, München 2002
Gesamtherstellung: Friedrich Pustet KG, Regensburg
Gedruckt auf säurefreiem, alterungsbeständigem Papier
(hergestellt aus chlorfrei gebleichtem Zellstoff)
Printed in Germany
ISBN 3 406 48652 5

www.beck.de

Inhalt

Der Schattenriß

*Das Präludium einer
großen Liebe*

Die Geschichte hätte nicht unromantischer beginnen können: am Anfang stand ein Schattenriß, den Goethe von Charlotte von Stein sah. Am Ende hatte er ihr weit über 1700 Briefe geschrieben – die allermeisten davon Liebesbriefe. Es hat weder zuvor noch später Vergleichbares in Goethes Leben gegeben. Doch über keine andere Beziehung wissen wir weniger – und das liegt nicht nur daran, daß Charlotte von Stein ihre Briefe später zurückgefordert und vernichtet hat. Überliefert sind nur Goethes Briefe – über einen Zeitraum von mehr als zwölf Jahren. Es sind die beredten fragmentarischen Zeugnisse der einzigen großen Liebe Goethes. Lebenstrümmer also.

Konnte das, was sich die Liebenden zu sagen hatten, nur in den Briefen gesagt werden? Oder spiegeln sie in Umrissen wider, was damals geschah? Wie war die Wirklichkeit dahinter? Wurden auch jenseits der Briefe ähnliche und ähnlich viele Worte gewechselt? Gab es noch eine andere Liebessprache, eine, die ohne Worte auskam? Gab es Gesten, den wortlosen Austausch von Zärtlichkeiten, unmißverständliche Augen-Blicke, Berührungen, Umarmungen? Haben die Liebenden die Nähe zueinander gesucht, und was geschah, wenn sie einander nicht nahe sein konnten? War es vielleicht nur eine mehr oder weniger bloß ideelle Liebesbeziehung, ein letztlich von körperlicher Distanz bestimmtes Verhältnis, war Charlotte von Stein eine Iphigenie, die sich wie in Goethes Drama Thoas verweigerte und diesen doch immer wieder anzog? Waren die von Konventionen, Lebensverhältnissen, gesellschaftlichen Verpflichtungen und höfischen Usancen gezogenen Grenzen unüberwindlich, oder gab es in dieser Liebe keine

Schranken, allenfalls selbstgesetzte, von denen wir wiederum nicht wissen, wie streng sie eingehalten wurden? Wie konnte diese so unvergleichlich innige Beziehung so lange dauern? Veränderte sich das Verhältnis der Liebenden zueinander, veränderte sich ihre Liebessprache, jene der Worte und jene, die ohne Worte auskam? Gab es je eine erfüllte Zeit, oder blieb es über zehn Jahre hinweg eine Liebe mit Vorbehalten, unerfüllten und unerfüllbaren Wünschen, Erwartungen, Hoffnungen?

Fragen über Fragen. Wenn Goethe in dieser Liebe glücklich war – warum reiste er nach Italien, kehrte erst nach zwei Jahren, gewandelt, zurück? War er die Bindung an sie leid geworden, floh er vor Charlotte von Stein – oder gar vor sich selbst? Was ist aus der so unerhört variationsreichen Sprache der anfänglichen Liebesbriefe geworden? Was aus dem immer gleichen, aber immer wieder neu, immer wieder anders gesagten «Ich liebe dich»? Werden die so innigen und aufrichtigen Bekenntnisse schließlich zu Floskeln? War der Weggang ein Ausbruchsversuch, wie es derer schon einige zuvor gegeben hatte – bei Käthchen Schönkopf, Friederike Brion, Charlotte Buff, Lili Schönemann? Was hatte sich vor das Bild der Geliebten geschoben, was war die Ursache, daß aus den so einzigartigen persönlichen Briefen in Italien ein unpersönliches Brieftagebuch wurde? Was brachte das alles zum bitteren Ende, unter dem beide so gelitten haben? Und wie sahen die Weimarer Jahre danach aus? Wie die unvermeidbaren Begegnungen bei Hofe und in Gesellschaft? Was dachte Charlotte von Stein über die erst wilde und dann so spät legalisierte Ehe mit der «Madame», mit Christiane Vulpius? Was wirklich geschah, wird sich nie genau ermitteln lassen. Aber ahnungsweise können wir nachzeichnen, was sich in dieser Beziehung abgespielt hat. Goethes Briefe liefern dafür die Materialien, und es ist die Sprache der Briefe selbst, die unsere Fragen beantworten kann – soweit Worte überhaupt auch eigentlich Unsagbares aussprechen können.

Am Anfang also zunächst nur ein Schattenriß. Wie kam Goethe an ihn? Zwei damalige Freunde Goethes gehören mit zur Geschichte: Johann Caspar Lavater und Johann Georg Zimmermann. Lavater war Theologe, Diakon an der Zürcher Waisenhauskirche, war erstmals bekannt geworden durch seine 1768 erschienenen *Aussichten in die Ewigkeit*, die sich spekulativ mit dem Leben nach dem Tod beschäftigten. Goethe interessierte sich für Lavater, Lavater für Goethe, dessen *Brief des Pastors zu *** an den neuen Pastor zu **** ihm großen Eindruck gemacht hatte; der Briefwechsel zwischen ihnen setzte am 14. August 1773 ein, im Juni 1774 lernten sich beide persönlich in Frankfurt kennen. 1775 war Goethe zum erstenmal in der Schweiz, und im Juni besuchte er in Zürich Lavater. Lavater war aber nicht so sehr als Theologe geschätzt, sondern vor allem wegen seiner physiognomischen Studien: er arbeitete damals an den *Physiognomischen Fragmenten zur Beförderung der Menschenkenntniß und Menschenliebe*, die in vier Bänden zwischen 1775 und 1778 erscheinen sollten – eine Sammlung von Porträts, genauer: von Silhouetten, sozusagen den Photographien des 18. Jahrhunderts. Silhouetten waren dem Zeitalter weit mehr als stilisierte Abbildungen; sie galten als Persönlichkeitsporträts und enthüllten dem damaligen Betrachter die Individualität der Konterfeiten besser als Worte. Lavater galt als Genie, als Anthropologe von Format – sein Werk führte den Begriff der «Menschenkenntnis» für sein Zeitalter sehr zu Recht. «Das Schattenbild von einem Menschen, oder einem menschlichen Gesichte», so heißt es im XI. Fragment «Ueber Schattenrisse» im zweiten Band der *Physiognomischen Fragmente*, Louise, der Herzogin von Weimar gewidmet, «ist [...] das wahreste und getreueste Bild, das man von einem Menschen geben kann [...], das *getreueste*, weil es ein unmittelbarer Abdruck der Natur ist, wie keiner, auch der geschickteste Zeichner, einen nach der Natur von freyer Hand zu machen im Stande ist. [...] Keine Kunst reicht an die Wahrheit eines sehr gut gemachten Schattenrisses.» Man muß bedenken, daß das Äußere eines Menschen für die Zeitgenossen des 18. Jahrhunderts alle seine Anlagen enthüllte: wenn Franz Moor in Schillers *Räubern* als Bösewicht auftritt, so kann man

ihm seine Niedertracht nur zu gut ansehen: eines Lapplän-
ders Nase, ein Mohrenmaul, Hottentotten-Augen – so porträtiert er sich mit Worten selbst und gibt damit seine Bos-
heit zu erkennen, bevor er überhaupt reden und handeln
kann. Schillers frühe Erzählung *Der Verbrecher aus verlorener Ehre* kennt Ähnliches: «Die Natur hatte seinen
Körper verabsäumt», heißt es über ihn. «Eine kleine un-
scheinbare Figur, krauses Haar von einer unangenehmen
Schwärze, eine plattgedrückte Nase und eine geschwol-
lene Oberlippe, welche noch überdies durch den Schlag
eines Pferdes aus ihrer Richtung gewichen war, gaben seinem Anblick eine Widrigkeit, welche alle Weiber vor ihm
zurückscheuchte und dem Witz seiner Kameraden eine
reichliche Nahrung darbot.» Sein Lebensweg ist vorge-
zeichnet – er wird das, was das Vorurteil ihm zuschreibt,
eben ein Verbrecher. Das ist die Kehrseite der späteren
klassischen Anschauung, daß das sichtbar Schöne nichts
anderes als der Ausdruck von Freiheit und Geistigkeit sei:
dem 18. Jahrhundert lange schon vertraute Ideen.

Daß das Äußere es wert sei, porträtiert zu werden, weil
es über das Innere Zutreffendes aussage – diese Idee steht
hinter den Abbildungen der Zeit, auch denen Lavaters.
Selbst ein Schattenriß, ein Kupferstich enthüllte dem Betrachter das Innere der oder des Dargestellten – und weil
er so genommen und verstanden wurde, war das Interesse
an derartigen Porträts groß. Vor allem Schattenrisse waren
neben Scherenschnitten außerordentlich beliebt im kunst-
freudigen ausgehenden 18. Jahrhundert; der Abbildungs-
wunsch war allgemein verbreitet. Es kam hinzu, daß überall in der gebildeten Gesellschaft gemalt und gezeichnet
wurde. Herzog Carl August hatte 1786 eine «Fürstliche
freie Zeichenschule» gegründet – sie hatte unter Bürgerlichen und Adeligen großen Zulauf. Zeichnen und Malen
waren in Weimar so sehr Mode, daß ein Dilettantismus
aufkam, der seine produktiven, aber auch, was später die
hohen Ansprüche an den «Stil» betraf, seine höchst pro-
blematischen Seiten hatte – in Schillers und Goethes
Schemata über den Dilettantismus von 1799 wird beides
gegeneinander aufgelistet. Aber in den siebziger Jahren

überwog die Begeisterung für das Zeichnen und Malen, und fast alle zeichneten, malten, porträtierten, natürlich auch Charlotte von Stein. Goethes lebenslanges Rekurrieren auf das Schauen, sein Lob des Auges, der außerordentliche Reichtum an dichterischen Bildern vor allem in seinen Werken der 70er und 80er Jahre ist, wenn nicht im kunst- und malfreudigen Weimar geweckt, so doch dort angeregt und gefördert worden. Auch die Silhouetten und Physiognomien waren Augen-Kunst, beflügelten das «Sehen». Große Ölbilder waren Sache des Adels – die Schattenbilder waren eher im Bürgertum gefragt, obwohl auch der Adel sie liebte. Sie konnten bei entsprechender Beleuchtung direkt nach dem jeweiligen «Modell» gefertigt werden. In Lavaters *Physiognomischen Fragmenten* ist die Technik des Schattenrisses dokumentiert. Scherenschnitte wurden mit freier Hand hergestellt, die nötige Geschicklichkeit vorausgesetzt; man brauchte nur schwarzes Papier und ein Schneidegerät.

In diesen Zusammenhang gehören Lavaters physiognomische Studien und das Interesse der Zeit daran. Goethe arbeitete in der Folge an Lavaters *Physiognomischen Fragmenten* mit, setzte sich auch für deren Drucklegung ein. Wie sehr Goethe ihn in diesen Jahren geschätzt hat, geht aus einem Brief hervor, in dem er schrieb: «Er ist der beste grösste weiseste innigste aller sterblichen und unsterblichen Menschen die ich kenne.» Die Beziehung endete erst im Sommer 1786, als Goethe unter Lavaters «Existenz einen Strich» machte. Und Schiller hat später, 1796, zwei böse Xenien auf ihn losgelassen. Aber in den 70er Jahren war Lavater eine unbestrittene Autorität, vor allem in der Silhouettenkunst.

Doch nicht nur Lavater, auch ein anderer Freund spielte damals eine wichtige Rolle: eben jener Zimmermann. Zimmermann, zwanzig Jahre älter als Goethe, von ihm später in *Dichtung und Wahrheit* beschrieben, war Schweizer, war bekannt geworden durch die vier Bände seines Werkes *Von der Einsamkeit*. Goethe hat Zimmermann, der 1775 seine schweizerische Heimat besuchte und dabei im Juli nach Straßburg kam, dort kennengelernt; Anfang

August 1775 schrieb Goethe an Lavater einen Brief, der von scheinbar Alltäglichem und Landläufigem handelt, der aber zugleich für unser Thema höchst Überraschendes bietet. Er fragte: «Wie ist's mit Zimmermann gegangen? Wo ist er iezzo? Wenn er zurückkommt, soll er bey mir wohnen! Vergiss nicht ihm das zu schreiben. Bitte Hrn. Schulz um einige Silhouetten von meiner Frazze und schick sie gelegentlich. Hast an die Phisiognomik gedacht und schickst du mir bald was. Hier über die Silhouetten der Fr. v. Stein und Marchesa Brankoni. Such sie gleich auf, und leg sie hierüber.» Der Brief bezeugt nicht nur erneut Goethes Interesse an der Physiognomik und an der Silhouettenkunst überhaupt, sondern erwähnt zum erstenmal einen Namen, der für ihn gleichsam zum Schicksalsnamen werden sollte: Es geht um die Silhouette der Frau von Stein. Zimmermann, mit Frau von Stein seit 1773 bekannt, hatte deren Bild Goethe in Straßburg als eines unter vielen gezeigt.

Im Brief Goethes an Lavater nun findet sich eine Charakteristik der Frau von Stein, von der Goethe also nur die Silhouette gesehen hatte. Doch seine Bemerkungen, abgesetzt gegen die zur Marquise Branconi, enthalten gleichsam ihre geistige Signatur. Goethe notierte in einer stichwortartigen Aufzählung:

> Festigkeit
> Gefälliges unverändertes Wohnen des Gegenstands
> Behagen in sich selbst
> Liebevolle Gefälligkeit
> Naivetät und Güte, selbstfliesende Rede
> Nachgiebige Festigkeit,
> Wohlwollen,
> Treubleibend
> Siegt mit Nezzen

Eigentlich eine Dutzendbeschreibung mit Hilfe eines formelhaft wirkenden Vokabulars, auf den ersten Blick keine sehr tief eindringende, vor allem keine individuelle Seelendiagnose. Sie gewinnt auch nur wenig durch die Gegenüberstellung mit der Charakteristik der Marquise Branconi. Teilweise wirkt diese aber wie eine Negativfolie für die

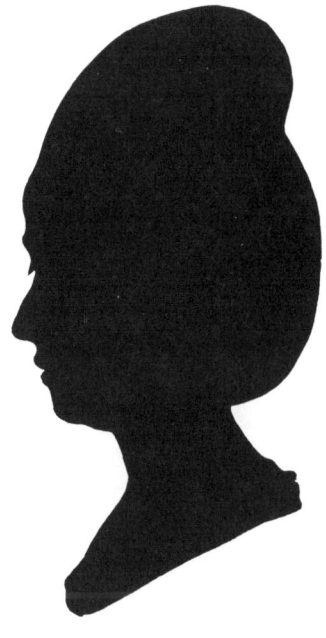

Charlotte von Steins Silhouette aus
Lavaters «Physiognomischen Fragmenten»

Darstellung der Frau von Stein – etwa dort, wo dem Steinschen «Behagen in sich selbst» bei der anderen «Reine Eitelkeit» entspricht oder auch Frau von Steins «Naivetät
und Güte, selbstfliesende Rede» bei der Branconi «Wiz,
ausgebildete Sprache Wahl im Ausdruck» gegenüber-
stehen, dem «Wohlwollen» auf seiten der Charlotte von
Stein das «Gefühl ihrer selbst» auf seiten der Marquise
Branconi. Und schließlich: dem «Siegt mit Nezzen» bei
Charlotte von Stein ein «Siegt mit Pfeilen» bei der Branconi. Doch das alles bleibt zunächst schattenhaft, unpersönlich, nicht ohne Sympathie vermerkt – was besagen
schon «Naivetät und Güte», «Wohlwollen», «Festigkeit»?
    Wer war Frau von Stein wirklich? Und woher nahm
Goethe seine Charakteristik? Kannte er Zimmermanns
Beschreibung der Frau von Stein, die der in einem Begleit-
brief an Lavater geliefert hatte? Dort hatte es geheißen:

Frau Kammerherrin, Stallmeisterin und *Baronesse v. Stein* aus
Weimar. Sie hat überaus große schwarze Augen von der höchsten
Schönheit. Ihre Stimme ist sanft und bedrückt. Ernst, Sanftmut,
Gefälligkeit, leidende Tugend und feine, tiefgegründete Empfindsamkeit sieht jeder Mensch beim ersten Anblick auf ihrem Gesichte. Die Hofmanieren, die sie vollkommen an sich hat, sind
bei ihr zu einer sehr seltenen hohen Simplizität veredelt.
Sie ist sehr fromm und zwar mit einem rührend schwärmerischen Schwung der Seele. Aus ihrem leichten Zephirgang und
aus ihrer theatralischen Fertigkeit in künstlichen Tänzen würdest Du nicht schließen, was doch sehr wahr ist, daß stilles Mondenlicht und Mitternacht ihr Herz mit Gottesruhe füllt.
Sie ist einige und dreißig Jahre alt, hat sehr viele Kinder und
schwache Nerven. Ihre Wangen sind sehr rot, ihre Haare ganz
schwarz, ihre Haut italienisch wie ihre Augen. Der Körper mager;
ihr ganzes Wesen elegant mit Simplizität.

Es ist ein entschieden lebendigeres Bild, auf eigene Erfahrungen im Umgang mit Charlotte von Stein gegründet.
Natürlich konnte Goethe kein vergleichsweise ähnlich
genaues Porträt liefern, hatte er doch nur den Schattenriß.
Dennoch sind die Abweichungen in der Art, wie hier,
bei Goethe, Charlotte von Stein erscheint, höchst auf-
schlußreich. Zimmermanns Charakteristik beschränkt

sich letztlich auf Äußerlichkeiten und gibt nur wenige
Hinweise auf ihr Wesen. Goethe verfährt umgekehrt: kein
Wort über ihr Aussehen, das Ganze nicht mehr und nicht
weniger als eine Charakterstudie. Nur in einigen Punkten
berühren sich die Darstellungen – etwa im Hinweis auf
ihre «Gefälligkeit». Aus Zimmermanns «Simplizität» ist
bei Goethe «Naivetät und Güte» geworden, aber das ist eigentlich auch alles. Hat Goethe nur in Formeln gebracht,
was Zimmermann sehr viel eindringlicher geschildert
hatte, ist da ein Abstraktionsprozeß abgelaufen, gleichsam
aus akademischem Interesse an einem Schattenriß unter
Hunderten? So könnte man denken, liest man, nach der
Darstellung Zimmermanns, Goethes Stichwort-Charakte-
ristik. Was über diese hinausgeht, hat er vermutlich den
Lavaterschen Bemerkungen entnommen, die dieser dann
1777 drucken ließ. Aber Goethe hat auch hier abstrahiert,
aufs für ihn Wesentliche reduziert.

Zimmermanns Brief an Lavater über Charlotte von Stein
und Goethes Bemerkungen von August 1775 sind später
im XIII. Fragment, XI. Abschnitt, im «Dritten Versuch»
der *Physiognomischen Fragmente* von 1777 in Lavaters
Kommentar zu «Zwo weiblichen Silhouetten» zusammen-
geflossen; einer galt einer Dame, die, so Lavater, ihm «von
Person unbekannt» sei, die aber ganz offensichtlich
Charlotte von Stein ist. Lavater unterschrieb Charlottes
Silhouette mit:

Ganz unfehlbar eines der Seelenvollsten weiblichen Gesichter.
So viele edle, nachgiebige Festigkeit; so viel gefälliges unverändertes Ruhen auf dem geliebten Gegenstande; so viel liebevolle
Naivetät; Wohlwollen, bleibende Treue; leidende Tugend; feine
tiefgedrückte Empfindsamkeit; Frömmigkeit mit Schwung edler
Schwärmerey! ... Stilles Mondenlicht und Mitternacht füllt dieß
Herz mit Gottesruhe ... Viel Eleganz und Simplizität in einander
geschmolzen! – Der höchste Ausdruck von Herzensgeistigkeit –
ist vom Augenknochen bis unter die bedeutungsvolle Augen-
wimper. Der ganze untere Theil dieses Gesichtes, verglichen
mit dem vorüberstehenden – hat viel mehr Klugheit und plan-
machende Ueberlegung. Wäre sie ausgedehnter – wie viel
schwächer würde der Eindruck von feiner Klugheit seyn!

Unschwer zu erkennen, woraus sich diese Charakteristik speist: «feine tiefgedrückte Empfindsamkeit», «Schwärmerey», «Stilles Mondenlicht und Mitternacht füllt dieß Herz mit Gottesruhe», «Eleganz», «Simplizität» – das stammt von Zimmermann. Goethe steuerte bei: «nachgiebige Festigkeit», «gefälliges unverändertes Ruhen auf dem geliebten Gegenstande», «bleibende Treue» – nicht ganz wörtlich, aber unzweideutig als Zitat identifizierbar. Der Rest ist Lavaters Werk: Da hat der Physiognom noch einmal hingesehen. Die entscheidenden Charakteristika aber lieferten Zimmermann, der Frau von Stein 1773 in Bad Pyrmont als Badearzt kennengelernt hatte, und, auf eher Typisches stilisiert, Goethe.

Aber jenseits dieser letztlich trocken anmutenden Bemerkungen Goethes hat sich noch ein anderer Vorgang abgespielt. Wir wissen davon aus einem Brief Zimmermanns an Frau von Stein. Denn er schrieb am 22. Oktober 1775:

A Strassbourg j'ai montré entre cent autres silhouettes la votre, Madame, à Mr. Göthe. Voici ce qu'il a écrit de sa propre main au bas de ce portrait: Es wäre ein herrliches Schauspiel zu sehen, wie die Welt sich in dieser Seele spiegelt. Sie sieht die Welt, wie sie ist, und doch durch's Medium der Liebe. So ist auch Sanftheit der allgemeinere Eindruck.

Also: Goethe hat zahlreiche andere Silhouetten gesehen, ist aber an dieser hängen geblieben und hat dann eben jene Bemerkung unter das Porträt geschrieben. Es waren nahezu prophetische Sätze. Denn wie sich die Welt in dieser Seele spiegelt, vor allem aber: wie er sich selbst in dieser Seele spiegelte, das sollte er nur allzu bald erfahren. Doch das Interesse war kein einseitiges. Frau von Stein hatte Goethes *Die Leiden des jungen Werthers* gelesen, war auf den Verfasser aufmerksam geworden und wollte Näheres über ihn wissen. Zimmermann war der geeignete Informant. Und der entwarf ein überschwänglich-eindrucksvolles Bild jenes Mannes, der sich ein paar Monate später so für die Silhouette der Frau von Stein interessieren sollte. Er schrieb ihr am 19. Januar 1775 auf ihre Bitte um Auskunft über den Verfasser des *Werther*s:

Porträtsilhouette von
Johann Wolfgang Goethe, 1774

Charlotte von Stein.
Nach einem Schattenriß
auf Schloß Kochberg

Sie verlangen, daß ich Ihnen von Goethe rede? Sie möchten ihn sehen. Ich werde sogleich über ihn berichten. Aber, arme Freundin, Sie bedenken es nicht. Sie wünschen, ihn zu sehen, und Sie wissen nicht, bis zu welchem Punkt dieser liebenswürdige und bezaubernde Mann Ihnen gefährlich werden könnte! ... Eine Frau von Welt, die ihn oft gesehen hat, hat mir gesagt, daß Goethe der schönste, lebhafteste, ursprünglichste, feurigste, stürmischste, sanfteste, verführerischste und für ein Frauenherz gefährlichste Mann sei, den sie in ihrem Leben gesehen habe.

Wir wissen nicht, wer jene «Frau von Welt» war, aber was sie gesagt hatte, mußte Charlotte von Stein bei allem «Behagen in sich selbst», bei aller «nachgiebigen Festigkeit» und allem treubleibendem «Wohlwollen» neugierig machen. So hatte Goethe von Charlotte von Stein etwas gesehen, nämlich ihren Schattenriß, diese hatte von Goethe etwas durch Zimmermann gehört: noch keine Liebesgeschichte, aber Interesse, Neugier, Erwartung: Alle Voraussetzungen für eine Fortsetzung waren gegeben.

Der Schattenriß, den Zimmermann schon im Dezember 1774 an Lavater gesandt hatte, sagt uns nicht viel. Ein sehr ebenmäßiges Gesicht, nicht eigentlich schön, aber «hübsch», wie es auch in einer zeitgenössischen Charakteristik heißt, eine gerade Stirn, Nase und Mund wohlproportioniert, ein «harmonisches» Antlitz. Die Haare, der Sitte der Zeit entsprechend, hochgesteckt, von der Kopfform also nicht viel zu erkennen. Das, was nach Zimmermanns Aussage so charakteristisch für sie gewesen sein soll, die dunklen Augen, das südländische Aussehen – der Schattenriß verrät darüber natürlich nichts. Von daher ist nur zu verständlich, daß Goethe sich bloß zu einer allgemeinen Charakteristik bereit fand, in der das Genotypische letztlich stärker zum Ausdruck kam als das Phänotypische, das Wesen mehr als die Erscheinung. Die «sehr seltene hohe Simplizität» – der Schattenriß widerspricht dem nicht, gibt aber auch keine Hinweise darauf, ebenso wenig wie auf den «rührend schwärmerischen Schwung der Seele». Daß es sich um eine etwa Dreißigjährige handelt, ist freilich doch zu ahnen – die Mundpartie und die nicht mehr sehr gerade Linie vom Kinn bis zum Hals deuten darauf hin. Das Bild ist nach Art der Zeit idealisiert, fast schon typisiert, und auch das erklärt die nicht weniger typischen Bemerkungen Goethes in seiner Interpretation des Schattenrisses.

Die Charakteristik der Charlotte von Stein unterscheidet sich denn auch nicht wesentlich von anderen Charakteristiken Goethes. Eines vermag man weder in dem Schattenriß noch in Goethes Worten zu erkennen: Individualität, auch wenn das gelegentlich behauptet wurde. Das Blatt war eher eine Variation im Bereich zeitgenössischer Typen, kein singuläres Porträt.

*

Charlotte von Stein: Mitte der 70er Jahre eine angesehene, nicht unbedingt schöne, aber attraktive Dame am Hof, geboren am 25. Dezember 1742. Sie war die Tochter des Hofmarschalls von Schardt, der ein nicht sonderlich aufregendes, eher etwas belächeltes Hofdasein führte – in Weimar galt er schon in den 70er Jahren als die «alte Exzellenz» und als «Hofschranze».

Seine Jahrespension war nicht allzu üppig, Charlotte von Stein lernte früh Bescheidenheit, Unterordnung, Anpassung. Sie hatte eine strenge Hauslehrererziehung hinter sich, und sie schien für den Beruf bestimmt, der allen adeligen und dabei wenig begüterten Mädchen vor Augen stand: Hofdame zu werden. Und das heißt, daß sie in den Schönen Künsten ausgebildet wurde, vor allen Dingen im Tanz, in Musik, in Französisch, nicht zuletzt auch in der Fähigkeit, über alles Mögliche eher belanglos als belangreich plaudern zu können. Mit sechzehn war sie Hoffräulein bei der Herzogin Anna Amalia. Sie muß damals sehr reizvoll und anmutig gewesen sein, und das erklärt zumindest zu einem Teil, warum sie 1764 vom Baron Gottlob Ernst Josias Friedrich von Stein geheiratet wurde.

Der Freiherr von Stein war sieben Jahre älter als Charlotte – derselbe Altersunterschied wie zwischen Goethe und ihr. Da Josias von Stein für den Fuhrpark, den Marstall, verantwortlich war, hielt er sich zwangsläufig häufig

Hofmarschall von Schardt,
seine Gattin und Sohn Louis.
Scherenschnitt, um 1770

auswärts auf. Er besaß das Rittergut Kochberg, das in der Liebesbeziehung zwischen Goethe und Charlotte von Stein noch seine Rolle spielen sollte, und damit war er für die aus der verarmten Familie von Schardt stammende Charlotte auf seine Weise attraktiv.

Er galt als vollkommener Kavalier, literarische oder geistige Ansprüche hatte er aber nicht. Schiller hat der Nachwelt ein böses Urteil überliefert, als er 1788 an seinen Freund Christian Gottfried Körner, der nach Karlsbad zu reisen gedachte, schrieb: «Den Gemahl der Frau v. Stein wirst Du antreffen, aber gar wenig Dich an ihm erbauen. Er ist ein leeres Geschöpf, ein Kopfhänger dabey.» Von Schiller ist noch ein anderes böses Wort überliefert: «In dieser Familie sind die Weiber gescheit und die Männer dumm bis zum Sprüchwort.» Der Oberstallmeister ist aber damit wohl zu scharf beurteilt – er war ein Kavalier, wie ihn die Zeit kannte und liebte, ein Praktiker, was die Verwaltung seines Guts Kochberg anging, auch wenn er damit nicht sehr erfolgreich war. Goethes herablassendes Urteil über Josias von Steins ökonomische Fähigkeiten findet sich in einem Brief an den Freund Carl Ludwig von Knebel, als dieser sich mit dem Plan zum Erwerb eines eigenen Landgutes trug: «Auch werde ich niemand, der nicht von der Erde gebohren ist rathen, sich mit der Erde einzulassen. Es ist schweer ihr etwas abnehmen und thörig ihr noch gar hingeben. Das letzte thut ieder der nur einige Imagination zum Feldbau und zur Landwirthschafft bringt. Der gute Stein ist ein trauriges Beyspiel.» Goethe scheint Josias von Stein aber auch sonst nicht sonderlich ernst genommen zu haben.

Daß Charlotte ihm intellektuell überlegen war, steht wohl außer Frage; ihre Anmut und Sanftheit, ihr Liebreiz und ihre Bildung hoben sie ebenfalls weit über das triviale Dasein des Oberstallmeisters hinaus. Die Ehe, die sie mit ihrem Mann führte, dürfte liebesleer gewesen sein; man kann sich vorstellen, daß es ein kühles, auf gegenseitige Toleranz angelegtes Verhältnis war, das sie zusammenhielt – eine Scheidung war in jener Zeit schwierig zu erreichen, wurde auch wohl weder von ihr noch von ihm ge-

Oberhofstallmeister Josias von Stein

wollt. Jedenfalls war die Beziehung zwischen Josias von Stein und Charlotte von Stein trotz der sieben Kinder, die sie ihm geboren hatte, offenbar spannungslos, flach, auch nicht frei von Enttäuschungen.

Der bestimmende Teil für die drei überlebenden Söhne war die Mutter, nicht der Vater. Dieser hatte zu viel am Hofe zu tun – spöttisch schrieb Goethe einmal am 17. Juli 1776 an Charlotte: «Dein Mann hat heut Reuter Künste getrieben.» Aber im Grunde sagt schon seine Äußerung über den Oberstallmeister von Stein, die er in einem Brief an Johanna Fahlmer vom 19. Februar 1776 getan hat, alles Nötige: «Ein braver Mann»– aber auch nicht mehr. Was das Verhältnis zu seiner Frau zunehmend stärker belastete, war sein instabiler psychischer Zustand, waren seine Depressionen, Kopfschmerzen, Lähmungen, Hypochondrien. Schiller fügte seiner Charakteristik damals hinzu: «Sein Verstand ist in täglicher Gefahr. Er ist, glaub ich, schon einmal drum gewesen und wahrscheinlich wird er es wieder.» Wann dieses Leiden des Herrn von Stein begann, ist nicht genau auszumachen; sicher aber ist, daß es sich verschlimmerte und Josias von Stein schließlich pflegebedürftig wurde – etwa zu der Zeit, als die Liebesbeziehung zwischen Goethe und Frau von Stein endete, der Bruch zwischen ihnen unheilbar wurde.

Wie man heute weiß, hat sehr wahrscheinlich ein früher Reitunfall zu den Leiden des Josias von Stein geführt. Der Oberstallmeister hatte versucht, sich in Bädern Linderung zu verschaffen – ohne Erfolg. «In seinem Gemüte um Nichts heiterer» – das war das Urteil der Charlotte von Stein, als ihr Mann 1790 von Karlsbad zurückgekehrt war. Die Krankheit des Oberstallmeisters nahm sie, in ihr Schicksal ergeben, hin – Betroffenheit oder ein wirkliches Mitleid ist nirgendwo zu spüren, und das wirft nachträglich noch einmal ein bezeichnendes Licht auf diese Ehe, der es an wirklicher Zuneigung wohl ebenso fehlte wie an aufrichtiger Fürsorglichkeit. Sie war nicht einmal eine Solidargemeinschaft, sondern wohl nie viel mehr gewesen als eine konventionelle Standesehe – trotz der vielen Geburten.

Die kühle, letztlich auf Distanz bedachte Haltung der Charlotte von Stein ihrem Mann gegenüber hat diese Ehe zu einer kalkulierbaren, emotional anspruchslosen oder sogar armen Beziehung gemacht – und weil diese gleichsam zur alltäglichen Lebensgewohnheit geworden war, intensivierte das noch die spröde, abweisende und leicht verletzbare Haltung Charlotte von Steins ihrem Mann gegenüber und verstärkte ihr Festhalten an den Konventionen des Miteinander-Umgehens. Und das war sicherlich schon lange vor der Erkrankung des Oberstallmeisters der Fall.

Eine bezeichnende Geschichte ist aus ihrer Umgebung überliefert: Als Josias von Stein eines Tages im Hause stürzte, soll Charlotte dem Diener Schach zugerufen haben: «Schach! heb' Er mal da auf!» Herzlosigkeit? Oder nur die Aufforderung an das Faktotum, sich um den Gefallenen zu bemühen, da sie selbst sich dazu außerstande sah? Auf jeden Fall fürchtete sie etwa 1788 den erneuten Ausbruch einer Psychose, seiner «Gemütskrankheit». Sie war für den Kranken da – aber aus Pflichtbewußtsein. Alles in allem: eine prekäre, äußerlich stabile, aber eigentlich unbefriedigende Ehe, von gegenseitiger Verantwortlichkeit geprägt, aber ohne Wärme und wirkliche Zuneigung, allenfalls eine Ehe-Kameraderie, sofern man von einer solchen wegen der häufigen Abwesenheit des Herrn von Stein überhaupt sprechen will, der bei Hofe speiste, wenn er nicht mit dem Herzog auf Reisen war.

Natürlich haben diese Lebensumstände das Dasein der immerhin noch jungen Charlotte von Stein mitgeprägt – es war der Hintergrund für die sich nun anbahnende wirkliche Beziehung zwischen Goethe und ihr, nachdem eine gleichsam ideelle Beziehung durch die Bilder und durch die Berichte Zimmermanns eigentlich längst vorhanden war. Wie sah sie aus? Goethes Briefe an Frau von Stein spiegeln eine Liaison, die in seinem Leben einzigartig war – einzigartig vor allem in ihrem Niederschlag, eben in den zahllosen Botschaften, Zettelchen, Billetten, Nachrichten, die über mehr als zwölf Jahre hin geschrieben wurden.

*

Als Goethe mit der Kutsche des Herzogs am 7. November
1775 nach Weimar kommt, hat er keineswegs die Absicht,
dort für den Rest seines Lebens zu bleiben. Er folgt nur der
Einladung Carl Augusts, dem Goethe in Mainz vorgestellt
worden ist und der ihn in Frankfurt im Herbst 1775 aufge-
sucht und erneut gebeten hat, nach Weimar zu kommen.
Goethes Aufenthalt in Weimar ist als Besuch gedacht,
feste Pläne hat er nicht. Aber er will sich aus den Frankfurter Verhältnissen lösen, dem Machtbereich des Vaters
entfliehen, die Verlobungsaffäre mit Lili Schönemann vergessen; was er von Frankfurt denkt, das hat er schon in
einem Brief an J. D. Salzmann vom 28. November 1771
unmißverständlich gesagt: «es ist traurig an einem Ort zu
leben wo unsre ganze Wirksamkeit in sich selbst summen
muß. [...] Frankfurt bleibt das Nest. [...] Wohl um Vögel
auszubrüten, sonst auch figürlich *spelunca*, ein leidig
Loch. Gott helf aus diesem Elend. Amen.» An dessen
Stelle half Carl August, der damals 18-jährige Herzog von
Sachsen-Weimar-Eisenach. Was der Vater noch für einen
«lustigen Hofstreich» hielt, um den Bürgerlichen «zu
kränken und zu beschämen», wird für Goethe zum Eintritt in eine adelige Welt. Andere Dichter, Künstler werden folgen.

Ein Unbekannter ist Goethe nicht mehr – man kennt
seinen *Götz von Berlichingen*; seine *Leiden des jungen
Werthers* waren wie die Proklamation einer besseren Zeit,
wie das Manifest einer neuen Lebens- und Gefühlsunmit-
telbarkeit gelesen worden. Am 7. November 1775 kommt
Goethe in Weimar an. Er hat sich offenbar auf Weimar gefreut, aber ganz ungetrübt ist seine Stimmung nicht. An
den befreundeten Friedrich Leopold Graf zu Stolberg hat er
noch aus Frankfurt geschrieben, daß er nach Weimar gehe,
aber nicht irgend jemand zuliebe, «denn ich hab einen
Pick auf die ganze Welt». Er ist neugierig auf das Herr-
scherhaus, auf Wieland, hofft wohl auch auf allgemeine
Anerkennung. In *Wilhelm Meisters Lehrjahre* spiegelt
sich das noch ein wenig, wenn davon die Rede ist, daß der
Schauspieler so etwas wie eine öffentliche Wirkung durch
seinen Beruf erreichen könne, die ihm sonst, wenn er nicht

von Adel sei, verschlossen sei. Aber ganz sicher ist er sich
nicht über das, was Weimar ihm bedeuten soll, und an die
Gräfin zu Stolberg schreibt er, bevor er abfährt: «Mein
Herz ist übel dran. Es ist auch Herbstwetter drinn, nicht
warm, nicht kalt.» Doch als er dann in Weimar angekommen ist, lebt er plötzlich «im Treiben und Weben des
Hofs» – so an Auguste zu Stolberg noch im gleichen Brief.
Von Herbststimmung im Gemüt keine Spur mehr, Goethe
muß die ersten Tage wie in einem Rausch verbracht
haben. An Johanna Fahlmer berichtet er:

Wie eine Schlittenfahrt geht mein Leben, rasch weg und klin-
gelnd und promenirend auf und ab. Gott weis wozu ich noch bestimmt bin, daß ich solche Schulen durchgeführt werde. Diese
giebt meinem Leben neuen Schwung, und es wird alles gut werden. Ich kann nichts von meiner Wirthschaft sagen, sie ist zu verwickelt, aber alles geht erwünscht, wunderlich Aufsehn machts
hier, wie natürlich. Schreiben Sie mir ein Wort. Wieland ist gar
lieb, wir stecken immer zusammen, und gar zu gerne bin ich
unter seinen Kindern. Sein Weib ist herzebrav und gleicht der la
Roche. Adieu.

Aber das sind nicht nur Augenblicksgefühle: Die Hoch-
stimmung bleibt, und schon nach zwei Monaten ist keine
Rede mehr vom vorübergehenden Besuch, von Weiterreise
und neuem Aufbruch, erst recht nicht von erneuter Flucht.
Was er am 5. Januar 1776 an seinen Freund und Vertrauten
Johann Heinrich Merck schreibt, ist so etwas wie ein
Triumphgesang:

Ich bin in der wünschenwerthsten Lage der Welt, ich habe glücklichen Einfluß und genieße und lerne [...]. Ich werde auch wohl
dableiben [...] und so lang, als mir's und dem Schicksal beliebt.
Wär's auch nur ein paar Jahre, ist doch immer besser als das
untätige Leben zu Hause, wo ich mit der größten Lust nichts
thun kann [...]. Ich hab nun ein paar Herzogthümer vor mir, ein
Schauplatz, um zu versuchen, wie einem die Weltrolle zu Gesicht stünde. Ich übereile mich drum nicht, und Freiheit und
Gnüge werden die Hauptconditionen der neuen Einrichtung seyn,
ob ich gleich mehr als jemals am Platze bin, das durchaus Schei-
sige dieser zeitlichen Herrlichkeit zu erkennen. Ich bin nun ganz
in alle Hof- und politische Händel verwickelt. – Wirst hoffentlich

bald vernehmen, das ich auch auf dem Theatro Mundi was zu
tragiren weis und mich in allen tragikomischen Formen leidl.
betrage.

Untätig war er in Frankfurt freilich nicht gewesen, hatte er
doch am *Faust* weitergeschrieben und *Egmont* begonnen.
Aber das alles war steckengeblieben, Goethes literarische
Produktivität drohte zu ersticken. Jetzt aber hatte ein
neues Leben angefangen – in vielfacher Hinsicht. Am
11. November 1775, vier Tage nach seiner Ankunft, trifft
Goethe Charlotte von Stein, das Urbild des von ihm so
sicher kommentierten Schattenrisses.

Was am 11. November 1775 geschah, was dieser erste
Eindruck wirklich vermittelte, wissen wir nicht. In den
Briefen, die unmittelbar darauf geschrieben wurden, ist
von Charlotte von Stein nicht die Rede; eine erste Bemerkung, sie betreffend, findet sich in einem Brief an Knebel,
der zwischen dem 27. November und dem 3. Dezember
1775 geschrieben worden ist, aber dort steht nur die etwas
rätselhafte Zeile: «Frau von Stein hat jezt schon Antwort
von mir.» Es muß also einen Brief, eine Botschaft der Frau
von Stein an Goethe gegeben haben, auf die Goethe geantwortet hat – worum es ging, entzieht sich unserer Kenntnis. Wir können aber vermuten, daß Charlotte auf ihn
einen tiefen Eindruck gemacht hat, oder vielmehr: daß die
Begegnung mit der wirklichen Charlotte die mit ihrem
Schattenriß an Wirkung entschieden übertraf. Alles wird
sich freilich in den Grenzen der Konvention gehalten
haben, an jenem 11. November im Stadthaus der Steins,
zumal wohl der Herzog mit anwesend war. Aber es war
offenbar so etwas wie eine Initiation in eine neue, ge-
heimnisvolle Welt, auch wenn das anfangs sich kaum in
Mitteilungen oder Briefen niederschlug.

Goethe spricht von «diesen trüben und kurzen Tagen» –
das ist meteorologisch und zugleich im übertragenen Sinn
zu verstehen. Langeweile kommt allerdings nicht auf. Er
trifft mit Wieland zusammen, natürlich auch mit dem
Herzog, er genießt einen gelegentlichen klaren Wintertag
und überlegt, wie er Herder als Superintendenten nach
Weimar bringen kann. Goethe hat zu tun «in verbreiteter

Wirthschafft, und Zerstreuung von Morgens zu Nacht»
treibt ihn um. Er beschäftigt sich mit Lavaters *Physiognomischen Fragmenten*, plant, nach Leipzig zu gehen, aber
nicht, um Weimar zu verlassen: er fühlt sich ausgesprochen wohl in der höfischen Gesellschaft, zumal er nicht
aus Standesgründen zurückgesetzt wird. «Ich bin hier wie
unter den meinigen, und der Herzog wird mir täglich werther, und wir einander täglich verbundner», berichtet er
am 21. Dezember 1775 an Lavater. Er reist über Jena nach
Waldeck, «wilde Gegenden und einfache Menschen aufzu-
suchen». Aus Waldeck datieren lange Briefe an den Herzog, Goethe schreibt ihm, daß er ihn vermisse – und das
zeigt, wie eng die Beziehung zu diesem schon geworden
ist.

Goethe gefällt die «homerisch einfache Welt», es verlangt ihn sogar nach der *Odyssee* als literarischem Äqui-
valent zu der Umgebung, in der er sich nun aufhält. Es ist,
als ob er sich das erste Mal wirklich befreit gefühlt hätte,
obwohl er weiß, daß die homerisch einfache Welt eine
schöne Täuschung ist. Denn so ganz sind die Schatten der
Vergangenheit noch nicht weggewischt. Es sei über ihn, so
teilt er dem Herzog mit, «das Gefühl der Vergangenheit»,
seines «Schicksaals» gekommen, und was über ihn gekommen ist, ist seine verlorene Liebe, Lili, auf die er ein
Gedicht schreibt:

> Holde Lili warst so lang
> All mein Lust und all mein Sang
> Bist ach nun all mein Schmerz und doch
> All mein Sang bist du noch.

Von Charlotte von Stein ist mit keinem Wort die Rede.
Offenbar hat Goethe zwischendurch immer noch Pläne
weiterzureisen, seinen Aufenthalt als vorübergehend zu
betrachten – er versucht andererseits weiterhin, Herder
zum Superintendenten zu gewinnen, will diese Beziehung
«stiften eh ich scheide», was, wenn es nicht ironisch
gemeint ist, doch wohl so zu verstehen ist, daß er nicht
auf alle Ewigkeit in Weimar zu verweilen gedenkt. Dabei
bleibt es auch vorerst. An den «Bruder» Johann Caspar La-

vater schreibt er am 6. März 1776 aus seiner neuen Welt:
«Ich bin nun ganz eingeschifft auf der Woge der Welt – voll
entschlossen: zu entdecken, gewinnen, streiten, scheitern,
oder mich mit aller Ladung in die Lufft zu sprengen.» Aber
vorher kommt der erste Brief an Charlotte von Stein, Anfang Januar 1776 geschrieben – und er gibt nicht wenige
Rätsel auf. Der Brief wirkt wie ein Fragment, ist in der
Gefühlssprache des Sturm und Drang verfaßt; nichts ist
kalkuliert, nichts ausgeklügelt. «Ebendesswegen!», so beginnt er, aber dann kommt das allerdings mehr als deutliche Bekenntnis: «Und wie ich Ihnen meine Liebe nie
sagen kann, kann ich Ihnen auch meine Freude nicht
sagen.» Da fällt zum erstenmal das entscheidende Wort,
aber eben auch, daß es Liebeshindernisse gibt, selbst wenn
sie nur in der Schwierigkeit lägen, das in Worte zu fassen,
was Goethe bewegt. Es folgt in diesem Brief ein Zusatz,
der ebenfalls rätselhaft wirkt, sich aber wenigstens etwas
aufhellen läßt: «Was ich auch meiner Schwester gönne das
ist mein, in mehr als Einem Sinne mein! – Aber – ebendesswegen – werd ich nie mit siegeln – und ich wäre das
nicht werth wenn ich das nicht gefühlt hätte – «.

Überraschende Bekenntnisse. Man kann eigentlich nur
annehmen, daß Frau von Stein Goethe ein Petschaft ge-
schenkt hatte, weiterhin, daß Goethe es an seine Schwester weiterschenken wollte. Goethe hat das Petschaft
sicherlich nicht zum Weitergeben bekommen – warum er
es seiner Schwester dedizieren will, bleibt unklar, es sei
denn, man argumentierte psychoanalytisch und sähe die
Gabe – oder besser: die Zuneigung – der Charlotte von
Stein, die sich im Geschenk des Petschafts auszudrücken
scheint, gleichsam abgeleitet auf die Schwester, so, als
wolle Goethe sich Frau von Stein entziehen oder die sich
anbahnende Beziehung entschärfen, und zwar dadurch,
daß auf die Schwester transferiert werden soll, was ihm
eigentlich selbst zugedacht ist.

Will er die Gabe nicht annehmen, weil sie zu direkt ist,
will er das Verhältnis zu Frau von Stein, das sich inzwischen angebahnt hat, gleichsam neutralisieren, sie gewissermaßen indirekt auch zu seiner Schwester erklären?

Wird die Schwester ins Spiel gebracht, weil das für Goethe die in jedem Fall wichtigere Beziehung ist? Sollte die brüderlich-schwesterliche Beziehung verteidigt werden gegen jenes Eindringen von außen, das mit dem Geschenk des Petschafts sichtbar geworden ist? Goethe will, kurz gesagt, das Geschenk nicht brauchen, er wird nie mit dem Petschaft siegeln – die Schwester soll es benutzen, die hier in irgendeiner Weise eine Stellvertreterfunktion übernimmt.

Im Oktober 1776 wird Goethe als Nachklang dieser verqueren Sicht in wenigen Tagen *Die Geschwister* schreiben: dort, in diesem Einakter, spiegeln sich derartige Vorstellungen fast überdeutlich. Aber im Brief an Charlotte von Stein sieht das anders aus: Cornelia wird offenbar zu einer Bezugsperson, mit deren Hilfe sich die neue Beziehung leichter definieren, beherrschen, regulieren läßt. Ist da auch Goethes Scheu vor gefühlsmäßigen Bindungen mit im Spiel? Eine sehr direkte Liebesbeziehung hat sich angesponnen, aber Goethe zögert, hat nichts von jenem gefährlichen Draufgängertum an sich, das ihm nachgesagt wird und vor dem Charlotte von Stein sich, wie Zimmermann andeutete, zu hüten habe.

Aber das alles ist verständlich, denn dazu waren die Barrieren zu der seit elf Jahren verheirateten, jetzt 33-jährigen Charlotte bei Goethe innerlich noch nicht abgebaut, und so kommt es zu dieser sonderbaren Undeutlichkeit der Formulierung. Es sind mehr als bloße Sprachschwierigkeiten. Goethe kann und will Charlotte von seiner aufkommenden Liebe offenbar nichts Direktes sagen – und tut es doch, indem er eben das feststellt. Aber warum kann er nichts sagen? Weil Charlotte eine verheiratete Frau ist? Weil sie Mitglied einer standesbewußten und konventionsabhängigen Hofgesellschaft ist? Weil innerlich Cornelia, die Schwester, dazwischensteht? Hat diese mit ihrer gefühlsmäßigen Präsenz früher auch andere Beziehungen, etwa die zu Lili, gefährdet, verhindert, unmöglich gemacht?

Was sich im Hintergrund, im Unbewußten oder Halbbewußten abspielt, wissen wir nicht. Dieses fragmentarische

Charlotte von Stein mit der Büste
ihres Sohnes Fritz um 1782.
Geschnittene und getuschte Silhouette

Bekenntnis ist jedoch so etwas wie ein Liebesbrief und drückt zugleich die Scheu vor einem solchen aus, und es sieht so aus, als seien hier schon die Schwierigkeiten, Möglichkeiten und Unmöglichkeiten der künftigen Beziehung auf fast unheimliche Weise vorweggenommen. Eines jedoch ist sicher: Goethe und Charlotte von Stein haben miteinander gesprochen, vermutlich ausgiebig, vielleicht sogar mehrfach. Was da aufkommt, ist aber wohl beiden unklar: ist das eine rein seelische Beziehung, die am Ende niemandem zur Gefahr werden kann, oder ist da mehr?

Vermutlich wußte Goethe es selbst nicht, und was Frau von Stein dachte, wissen wir nicht. Wir wissen nur: dieser erste Brief ist der Beginn einer unendlichen Reihe von Notizzetteln, Erinnerungen, Billetten, Briefen, Liebesbeteuerungen und plötzlich auch wieder schwer verständlichen, aber deutlichen Distanzierungen, er ist der Anfang einer jahrelangen ungeheuerlichen Flut von Botschaften. Eines fällt außerdem auf: Bei aller Sprachgewandtheit ist dieser erste Brief von eigentümlicher Spracharmut. Wir ahnen, was er enthält, wissen aber nicht, was in Goethe vorgegangen sein muß, als er das Geschenk zurückwies und seine Schwester ins Spiel brachte. Wir wissen nicht einmal, ob nicht eine ihm eigentümliche Scheu ihn abgehalten hat, jemals tiefere Bindungen, und also auch solche in Weimar, einzugehen. Der Abreisewunsch, das «Scheiden» ist durchaus nicht nur vorgegeben, er will ernstgenommen sein. Aber niemand hätte weniger Anlaß abzureisen als Goethe, niemand hätte sich schwerer trennen können als er, der sich früh schon mit dem Schattenriß der Charlotte von Stein beschäftigt hatte und der jetzt mit ihrer Wirklichkeit fertig werden mußte. Daß das nicht mit der üblichen rhetorischen Brief-Routine zu bewerkstelligen ist, läßt dieser erste Brief an Charlotte von Stein auf geradezu verräterische Weise erkennen: denn unbewandert in der Sprache der Liebe, der Liebesbriefe ist Goethe gewiß nicht.

Kontraste – und eine Seelenfreundschaft im Zeitalter der Empfindsamkeit

Goethes Briefe an Auguste Gräfin zu Stolberg

Liebesbriefe: Goethe hatte schon manche geschrieben. Einige waren an Käthchen Schönkopf gegangen, über die Goethe später im Siebenten Buch von *Dichtung und Wahrheit* einiges mitgeteilt hat. In einem Brief an Wilhelm Carl Ludwig Moors hat Goethe sich erstmals über diese Liebesgeschichte ausgelassen: «Ich liebe ein Mädgen, ohne Stand und ohne Vermögen, und jezo fühle ich zum allererstenmale das Glück das eine wahre Liebe macht. Ich habe die Gewogenheit meines Mädchens nicht denen elenden kleinen Trakasserien des Liebhabers zu danken, nur durch meinen Charakter, nur durch mein Herz habe ich sie erlangt. Ich brauche keine Geschenke um sie zu erhalten.» Ein erster Brief datiert vom September 1768 – eine kleine Neckerei, zwischen Spott und Selbstverspottung schwankend. Dieser Ton bleibt noch in den folgenden Briefen, aber es ist auch ein wenig der launische Goethe, der hier mitschreibt: Die Liebesbekenntnisse sind eher floskelhafter Art, Goethe bedient sich einer Sprache, die alles andere als herzlich oder innig ist. Es ist Liebesrhetorik um der Rhetorik willen. «Sie haben meine ganze Liebe, meine ganze Freundschafft, und das allerbesonderste Compliment, ist doch noch lange nicht der tausendste Teil davon, das wissen Sie auch, ob Sie gleich zur Plage oder Unterhaltung ihres Freundes |:denn beydes heisst bey Ihnen einerley:| thun als ob Sie es nicht wüssten.» Goethe berichtet von seiner Krankheit, aber auch, daß er ausgehen wolle «in fremde Lande», daß er nach Paris wolle, «zu sehen wie sich das französische Leben lebt, und um französisch zu lernen». Es geht über das «Sie» nie hinaus, auch nicht recht über den Plauderton, in dem Goethe sich ge-

fällt. Gelegentlich das Bekenntnis «wie sehr ich Sie liebe»
– aber recht glauben mag man es nicht. Wie unwirklich
diese Beziehung ist, geht aus dem Brief vom 26. August
1769 hervor: «Es ist sonderbaar, heut vor einem Jahre sah
ich Sie zum letztenmal, es ist ein närrisches Ding um ein
Jahr, was alles sein Gesicht in einem Jahre verändert; ich
wette wenn ich Sie wiedersehen sollte, ich kennte sie
nicht mehr.» Am 12. Dezember 1769 läßt er sein Herz
reden, wie er schreibt – aber es ist von «Freundschafft»,
nicht von Liebe die Rede, und darin endet die Beziehung –
auch wenn er ihr am 23. Januar 1770 schreibt, «dass ich,
so lang als ich Sie kenne, nur als ein Theil von Ihnen gelebt habe». Am Ende steht es deutlich: «Nun Käthgen, es
sieht doch aus, als wenn Sie mich nicht mögten.» Es ist
sein letzter Brief an sie. Kein Liebesbrief – aber Liebesbriefe waren eigentlich auch die anderen nicht. Eine Zeitlang, so berichtet Goethe in *Dichtung und Wahrheit*, sei
sie in dem Schrein seines Herzens als «eine kleine Heilige
aufgestellt» worden, aber es war im Grunde genommen
ein Spiel mit Eifersüchteleien, nicht mehr. Eben diese, die
Eifersüchteleien, hätten ihm und ihr die schönsten Tage
verdorben, berichtet Goethe: «Sie ertrug es eine Zeit lang
mit unglaublicher Geduld, die ich grausam genug war
auf's äußerste zu treiben. Allein zu meiner Beschämung
und Verzweiflung mußte ich endlich bemerken, daß sich
ihr Gemüth von mir entfernt habe, und daß ich nun wohl
zu den Tollheiten berechtigt sein möchte, die ich mir ohne
Noth und Ursache erlaubt hatte. Es gab auch schreckliche
Scenen unter uns, bei welchen ich nichts gewann; und
nun fühlte ich erst, daß ich sie wirklich liebte und daß ich
sie nicht entbehren könne. [...] Allein es war zu spät! Ich
hatte sie wirklich verloren».

Briefe an Friederike Brion sind – außer einem – nicht
überliefert, auch nicht Briefe an Lili Schönemann. Goethe
hat später die Tage mit Lili zu den «glücklichsten meines
Lebens» gezählt (14. Dezember 1807). Die Briefe an Charlotte Buff sind spärlich, sie lassen allenfalls etwas von der
Liebesgeschichte erahnen – das war keine Liebe in Briefen,
es waren Gespräche und Gesten, der Abschied war in den

ersten Brief an sie vom 10. September 1772 schon einge-
schrieben, die Liebeserklärungen Retrospektive, Goethes
Verzweiflung nur in wenige Worte gefaßt: «Ich binn nun
allein, und darf weinen, ich lasse euch glücklich, und gehe
nicht aus euern Herzen. Und sehe euch wieder, aber nicht
morgen ist nimmer.» Das ist kein Liebesbrief, sondern ein
Liebesabschied; die wenigen Zeilen lassen allenfalls ahnen,
was da vorgegangen ist. Aber darüber hinaus gibt es keine
weiteren Bekenntnisse und Erklärungen.

Die Liebessprache der frühen Jahre – sie hat sich anderswo entwickelt, nicht in den Briefen an Käthchen Schönkopf oder Friederike Brion, und diese Sprache, die Goethe
geführt hat, bevor er Charlotte von Stein kennengelernt
hat, läßt ein wenig die Wandlungen sichtbar werden, die
mit dem Beginn des Briefwechsels mit Charlotte von Stein
einsetzen.

Goethe hatte Charlotte von Stein zunächst durch einen
Schattenriß kennengelernt. Eine andere Freundin lernte
er nur in Briefen kennen: Auguste Gräfin zu Stolberg.
Die anfängliche Brücke zwischen ihnen bildete nicht ein
Bild, sondern ein Buch: Goethes *Die Leiden des jungen
Werthers*. Auguste, von Goethe später in seinen Briefen
nur Gustchen genannt, war eine gute Kennerin der zeit-
genössischen Literatur, und sie beschäftigte sich mit ihr
nach Art der Zeit: also empfindsam und leidenschaftlich.
Natürlich kannte sie *Ossian*, Richardson und Klopstock.
Sie war Stiftsfräulein in einem Stift für adelige Damen.
Als sie den im Herbst 1774 erschienenen Briefroman
Goethes gelesen hatte, kannte ihre Begeisterung keine
Grenzen. Und diese Begeisterung äußerte sich, dem Stil
der Zeit entsprechend, vor allem in Briefen. Ein erstes
Zeugnis findet sich in einem Brief Augustes an Heinrich
Christian Boie, worin sie diesem bekennt, daß sie, Klop-
stock ausgenommen, nichts Vergleichbares gelesen habe –
und daß sie fast das ganze Buch auswendig kenne; im
ersten Teil fänden sich «göttliche Stellen». Überhaupt sei
alles «schrecklich schön». Verständlich, daß in ihr der
Wunsch wach wurde, den Verfasser kennenzulernen, und
so fragte sie an:

Göthe muß ein trefflicher Mann seyn! sagen Sie mir kennen Sie ihn? ich mögte ihn wohl kennen – welches warme überfließende Herz, welche lebhafte Empfindungen, wie offen muß sein Herz jeder Schönheit der Natur, des Geistes, und des Herzens seyn! man fühlt es ihn in jeder Zeile ab, wie mich dünkt, daß er so, und eben so denkt und empfindet als er schreibt.

Sie schrieb an ihn, Mitte Januar 1775, ohne ihren Namen zu nennen – und bekam rasch Antwort. Goethe muß seinen Antwortbrief zwischen dem 18. und dem 30. Januar 1775 verfaßt haben: Es war ein Brief, der immer wieder liegenblieb und immer wieder fortgesetzt wurde. Er wolle ihr absichtlich keine Namen geben, so Goethe, «denn was sind die Nahmen Freundinn, Schwester, Geliebte, Braut, Gattin, oder ein Wort das einen Complex von all denen Nahmen begriffe, gegen das unmittelbaare Gefühl, zu dem – ich kann nicht weiter schreiben, Ihr Brief hat mich in einer wunderlichen Stunde gepackt. Adieu, gleich den ersten Augenblick! –».

Eines ist merkwürdig: daß Goethe die Freundin, die Schwester, die Geliebte in einem Atemzug erwähnt, und wenn es hier auch aus der Verlegenheit heraus geschehen sein kann, daß er nicht wußte, mit wem er es zu tun hatte – daß die Schwester überhaupt genannt wird, könnte andeuten, daß die enge Bindung Goethes an Cornelia sich schon hier auswirkte, wie wenig später dann auch in jenem ersten Brief an Charlotte von Stein. Auffälliger freilich ist der Briefstil, das geradezu überschäumende Gefühl. Es ist nicht so sehr der Sturm und Drang, der sich Bahn bricht, als vielmehr die Empfindsamkeit, aber die Gefühle sind hier nicht mehr nur zärtlich-moderat, sondern geraten sofort ins Extreme. Goethe antwortet ursprünglich nur kurz, schließt den Brief mit einem «Adieu» ab – und setzt ihn dann doch nach einer Woche fort. Goethe schreibt quasi in Klopstocks Art, spricht vom «Bild des Unendlichen», das in uns wühle, und meint, eine unbekannte Briefempfängerin könne «diesen zerstückten, stammelnden Ausdruck» tragen. Dann bezeichnet er das, was ihn als «Bild des Unendlichen» ergriffen habe, als «Liebe».

Was sich hier anbahnt, ist aber alles andere als eine Liebesgeschichte. «Liebe» ist ein universalistischer Begriff, das Schlüsselwort einer Liebestheologie und Liebesphilosophie, wie sie im letzten Drittel des 18. Jahrhunderts immer wieder in der Literatur der Zeit zur Sprache kommt. Liebe, so formuliert der junge Schiller nahezu gleichzeitig, sei das einigende Band, das alle Wesen umschlinge; die Vorstellung von der «chain of love», der Liebeskette, ist in der Philosophie des Jahrhunderts allgegenwärtig. Von einer persönlichen Beziehung kann, wenn der Begriff so gebraucht wird, also nicht die Rede sein – und daß Goethe eine ganz allgemein theologisch fundierte Liebe meint, geht aus dem folgenden Satz hervor, in dem er Liebe und Schöpfung geradezu gleichsetzt: «Mußte er Menschen machen nach seinem Bild, ein Geschlecht das ihm ähnlich sey, was müssen wir fühlen wenn wir Brüder finden, unser Gleichniß, uns selbst verdoppelt.» Liebe also als Nach-Schöpfung, gleichsam als Welt-Prinzip, und letztlich damit das dichterische Schreiben als ein ähnlicher Vorgang: von nichts anderem ist in diesem Brief an Auguste zu Stolberg die Rede. Aber was hätte Goethe auch sonst schreiben sollen? Er freut sich offenbar über eine mitfühlende Seele, über jemand, der, ganz im Stil der Zeit, beim Lesen das Beschriebene noch einmal nachschafft, indem er die Gefühle reproduziert, die den Autor überfallen haben. Eben so sah der ideale Leser im ausgehenden 18. Jahrhundert, in der Zeit der Sentimentalität, aus. Das hindert ihn nicht, seiner Neugier auf die Briefschreiberin Ausdruck zu geben: er erbittet ihre «Silhouette», und zwar gleich in natürlicher Größe – und schickt ihr wiederum die seinige.

Der Brief bleibt ein zweites Mal liegen, wird noch einmal fortgesetzt. Goethe ersucht Auguste um weitere Briefe, verspricht, an die Briefschreiberin zu denken, und zwar in seinen «Besten Stunden». Aus dieser zweiten Fortsetzung des Briefes können wir wenigstens einen Satz aus dem ersten Brief der Auguste erschließen: «Sie fragen ob ich glücklich bin? Ja meine beste ich bins, und wenn ich's nicht bin, so wohnt wenigstens all das tiefe Gefühl von Freud und Leid in mir. Nichts ausser mir stört, schiert, hindert mich. Aber ich bin wie ein klein Kind, weis Gott. Noch einmal Adieu.»

Hier fällt ein zweites Formelwort, das wiederum wie jenes andere, «Liebe», auf keinen Fall persönlich zu verstehen ist, denn ein individuelles Glück ist nicht gemeint. Auguste hätte ja auch gar keinen Anlaß, den ihr persönlich unbekannten Goethe nach seinem eigenen Glücksgefühl zu befragen. Glück ist vielmehr Eudämonie, Wohlbefinden, Einssein mit sich und mit der Welt – und es gehört zur Humanitätsphilosophie des 18. Jahrhunderts, daß Glück eingefordert werden kann, weil es Teil der *conditio humana* ist; der Mensch hat geradezu ein Anrecht auf das Glück, aus keinem anderen Grunde als dem, daß er Mensch ist. Gedichte wie etwa Schillers *Das Glück* bezeugen den Anspruch darauf auch als poetische Forderung. Glück ist bei alledem freilich nicht nur ein abstrakter Begriff, sondern zugleich etwas, das man fühlen kann; Wohlbefinden und innere Harmonie teilen sich nicht so sehr dem Verstand als vielmehr der Seele mit. Der letzte Satz über das «tiefe Gefühl von Freud und Leid» zeigt, wie stark das empfindsame Zeitalter hier noch hineinwirkt: wenn «Glück» von der Zeit unbedingt einzulösen und geradezu einzuklagen ist, so ist das tiefe Fühlen als einzigartige Fähigkeit des Menschen ebenso unverzichtbar. Dabei steht, wie der Brief ausdrücklich zu erkennen gibt, das Verlangen nach Glück höher als die Fähigkeit, es zu empfinden; aber auch diese gehört zur *conditio humana*, und je stärker sie ausgeprägt ist, desto mehr genügt der Mensch dem Idealbild seines Zeitalters.

Alles in allem ein höchst unpersönlicher Brief, obwohl von Liebe und Glück so ausdrücklich die Rede ist. Will Goethe eine empfindsame Seele für sich erobern? Ja – aber nicht als Mensch, sondern als Autor. Der scheinbar so flüchtig hingeschriebene Brief mit seinen zwei Fortsetzungen ist ein kleines, gut durchkonstruiertes Kunstwerk, und gerade da, wo die Gefühlsintensität die syntaktischen Grenzen des Satzes fast zu durchbrechen scheint – gerade da ist er wohlarrangierte Literatur. Dem Brief eignet etwas von einem Schauspiel, besser: er ist Inszenierung. Inszeniert werden Gefühle, sie werden gewissermaßen auf der Bühne des Lesers ausgebreitet – und selbst wenn vom «zerstückten, stammelnden Ausdruck» die Rede ist, davon, daß die Seele aufgewühlt ist, so geschieht das doch alles in wohlbedachten Sätzen. Was wir vor uns haben, ist das rationale Fundament der Gefühlsseligkeit, oder, auf Goethe bezogen, die Fähigkeit, Empfindungen in eine durchaus artistisch zu nennende Sprache zu übersetzen. Man läse den Brief völlig falsch, sähe man darin ein explosives Gefühl und seine nur dürftige Auskristallisation in dürftigen Worten. Hier schreibt kein Sturm-und-Drang-Autor, der sich nur noch in Satzfetzen äußern kann, sondern ein Artist am Rande der Empfindsamkeit, der das Gefühlspotential ebenso wie den philosophischen Hintergrund seines Zeitalters nutzt, um einen wohldurchdachten Brief aufzusetzen. Im übrigen ist dieser Brief, verständlicherweise, monologische Kunst – Goethe kennt sein Gegenüber ja nicht, auch wenn er es im Brief mehrfach anredet. Das spricht ebenfalls für Selbstinszenierung und Selbststilisierung – Goethe hat sie hier, in diesem ersten flüchtigen Antwortbrief auf die Zuschrift eines ihm unbekannten Menschen, vielleicht noch nicht perfekt, aber gut bewältigt. Drastisch gesagt: es war eine Sprachübung zum Zweck eines scheinbar unmittelbaren, in Wirklichkeit aber bewußt kalkulierten und gut dosierten Ausdrucks von Gefühlen. Bei aller Kürze ein meisterhafter, persönlich freilich nichtssagender Brief.

Es ist noch der Frankfurter Goethe, der da schreibt. Den Schattenriß, den er an Auguste zu Stolberg gesandt hatte, genügt ihm nicht – er liefert sein eigenes literarisches Porträt nach. Aber: es ist bezeichnenderweise ein Doppelbild. Thema: die eigene Innenwelt. Goethe nähert sich ihr, indem er Äußerlichkeiten beschreibt, von sich, von seinem Dasein spricht, oder besser: von seiner zweifachen Existenz, die er in Frankfurt führt. Goethes erstes Selbstporträt gibt ein sicherlich nicht unaufrichtiges Bild, das ihn in seiner ganzen Umtriebigkeit zeigt. Er schreibt am 13. Februar 1775, also etwa zwei Wochen nach jenem ersten Brief an Auguste:

Wenn Sie sich, meine liebe, einen Goethe vorstellen können, der im galonirten Rock, sonst von Kopf zu Fuse auch in leidlich konsistenter Galanterie, umleuchtet vom unbedeutenden Prachtglanze der Wandleuchter und Kronenleuchter, mitten unter allerley Leuten, von ein Paar schönen Augen am Spieltische gehalten wird, der in abwechselnder Zerstreuung aus der Gesellschafft, ins Conzert, und von da auf den Ball getrieben wird, und mit allem Interesse des Leichtsinns, einer niedlichen Blondine den Hof macht; so haben Sie den gegenwärtigen Fassnachts Goethe, der Ihnen neulich einige dumpfe tiefe Gefühle vorstolperte, der nicht an Sie schreiben mag, der Sie auch manchmal vergißt, weil er sich in Ihrer Gegenwart ganz unausstehlich fühlt.

Es ist Goethe als Gesellschaftsheld, als galanter Kavalier, der offenbar keine andere Selbstbestimmung sieht als die, sich zu zerstreuen. Er ist Teil der Frankfurter Jeunesse dorée, und es ist Faschingszeit – Goethe macht mit, ist nicht tiefsinnig, sondern leichtsinnig. Ein kleines persönliches Bekenntnis ist in dieses Dutzendbild allerdings eingebaut: der Hinweis auf die «niedliche Blondine», der er den Hof macht. Es ist Lili, Anna Elisabeth Schönemann, mit der Goethe sich zu Ostern 1775 sogar verloben wird. Wir können von daher auch erschließen, wo Goethe als Salonlöwe auftrat, nämlich im Schönemannschen Haus. Es spricht für die Aufrichtigkeit des Goetheschen Selbstporträts, das er Auguste zu Stolberg lieferte, daß er neben diesem Bild eines Gesellschaftslöwen auch noch ein anderes entwirft – und das ist das ihm und, so hofft er, auch ihr wichtigere. Der Brief fährt fort:

Aber nun giebts noch einen, den im grauen Biber-Frack mit dem braunseidnen Halstuch und Stiefeln, der in der streichenden Februarluft schon den Frühling ahndet, dem nun bald seine liebe weite Welt wieder geöffnet wird, der immer in sich lebend, strebend und arbeitend, bald die unschuldigen Gefühle der Jugend in kleinen Gedichten, das kräfftige Gewürze des Lebens in mancherley Dramas, die Gestalten seiner Freunde und seiner Gegenden und seines geliebten Hausraths mit Kreide auf grauem Papier, nach seiner Maase auszudrücken sucht, weder rechts noch links fragt: was von dem gehalten werde was er machte? weil er arbeitend immer gleich eine Stufe höher steigt, weil er nach keinem Ideale springen, sondern seine Gefühle sich zu Fähigkeiten, kämpfend und spielend, entwickeln lassen will. Das ist der, dem Sie nicht aus dem Sinne kommen, der auf einmal am frühen Morgen einen Beruf fühlt Ihnen zu schreiben, dessen größte Glückseligkeit ist mit den besten Menschen seiner Zeit zu leben.

Das ist der Goethe, der sich seiner Empfindsamkeit bewußt ist, der gesellschaftsfeindliche und auf sich selbst zentrierte Goethe, der jung ist und die «unschuldigen Gefühle der Jugend» auszudrücken versucht, und vor allem: der zwar unablässig mit sich selbst beschäftigt ist, der aber bald seine Welt wieder geöffnet sieht. Es wäre sicherlich zuviel gesagt, sähe man hier schon die Ausbruchs- und Fluchtversuche der späteren Jahre vorweggenommen – aber etwas von der Goethe eigentümlichen Beziehungslosigkeit, von einem gewissen Unvermögen und einer Unlust zur festen, länger dauernden Bindung mag hier bereits sichtbar werden. Goethe ist unabhängig von seiner Umwelt; Inhalt und Ziel seines Lebens ist er selbst. Und Goethe sagt in aller Deutlichkeit, worauf es ihm ankommt: nicht einem Ideal zu folgen (unter dem hier sicherlich das Ideal eines gesellschaftlichen Daseins oder gar eines Hoflebens zu verstehen ist), sondern seine «Gefühle» zu entwickeln. Das ist kein modischer Tribut an das sentimentalische Zeitalter, es ist das Programm seines eigenen Daseins, das er hier schon aufstellt. Es ist kein asoziales, eher ein unsoziales Dasein, versteht man darunter die Eingliederung in die Gesellschaft und den festen Standort, den er darin zu suchen hätte. Daß Wilhelm Meister später, in den *Lehrjahren*, von sich sagt, daß er von Jugend an das Ziel gehabt habe, sich selbst, ganz wie er sei, auszubilden, ist ein später Reflex auf dieses frühe Bekenntnis im Brief an Auguste zu Stolberg. Wenn Wilhelm Meister mit diesem seinem Lebensprogramm, das zugleich das Lebensprogramm des jungen Goethe ist, scheitert und von der Gesellschaft über seine sozialen Pflichten belehrt wird, dann verbirgt sich dahinter die Einsicht des älter gewordenen Goethe, daß das Soziale durchaus nicht zu fliehen sei, sondern daß es eine Forderung an jeden Einzelnen stelle – und so sind denn *Wilhelm Meisters Lehrjahre* gewissermaßen auch der Roman einer

Sozialisation, einer Indienstnahme des Individuums, das gerne ungebunden bliebe und doch einsehen muß, daß zur *conditio humana* auch Allgemein-Gesellschaftliches gehört. Der junge Goethe konnte und wollte freilich davon noch gar nichts wissen, sondern liefert hier die Signatur seines damaligen Lebens: Selbstentwicklung, nicht Sozialverhalten war für ihn das Entscheidende.

Auch dieser Brief ist ein monologischer Brief, auf Selbsterkenntnis, vor allem aber auf Selbstdarstellung hin orientiert. Wenn Goethe gesteht, daß sie, der sein Brief gilt, ihm, dem Schreiber, nicht aus dem Sinn gehe, daß er plötzlich einen «Beruf fühlt», also das Verlangen, der Briefpartnerin zu schreiben, dann darf das nicht mißverstanden werden: es ist alles andere als eine persönliche Liebeserklärung, der nicht so sehr im Wege steht, daß er die Angeschriebene eigentlich gar nicht kennt, sondern sehr viel mehr, daß er zu einer solchen Liebesbeziehung überhaupt nicht bereit ist. Er möchte anderes, nämlich «mit den besten Menschen seiner Zeit [...] leben», und er rechnet seine Briefpartnerin dazu. Das und nicht etwa eine persönliche Liebe verschafft ihm «größte Glückseligkeit». Wieder begegnet hier der Begriff des Glücks, und nun wird etwas deutlicher, was darunter zu verstehen ist: eben nicht privates Glück, sondern Glückseligkeit als Zustand, der dem Menschen erreichbar ist, ja den er erreichen muß, will er Mensch sein. Aber das alles ist sekundär. Primär ist die Ausbildung seiner selbst, die Entwicklung seiner Gefühle. Und das heißt in diesem Kontext nicht nur, daß er seine Innenwelt verfeinern und differenzieren will, sondern nicht weniger deutlich, daß er diese Gefühle zu literarisieren versucht.

Auch die Selbstcharakteristiken sind Literarisierungsversuche, und man darf dahinter nicht so sehr stilisierende Tendenzen sehen, also den Versuch, sich in seinem ersten Entwurf von sich selbst in ein Klischee einzupressen, um sich in dem zweiten Porträt dann gleich wieder daraus zu befreien, als vielmehr beide Male die Bemühung um das treffende Wort, um verbale Gelenkigkeit und Flexibilität. So geht es denn auch nicht nur darum, die eigenen Gefühle «kämpfend und spielend» zu entwickeln, sondern mindestens ebensosehr darum, diese Entwicklung der eigenen Gefühle ins Literarische zu übersetzen. Der Brief an Auguste bezeugt, wie sehr das gelungen ist: auch hier wohlgeordnete Perioden, nirgendwo Gefühlsüberschwang, und wenn Goethe noch davon spricht, daß er seiner Brief-schreiberin «neulich einige dumpfe tiefe Gefühle» vorge-stolpert habe, so ist das eine ironische Über- oder auch Untertreibung dessen, was er im ersten Brief geschrieben hatte. Um Sentimentales geht es nicht, jedenfalls nicht in erster Linie: Es geht darum, sich selbst auszuleuchten und das dort Erfahrene in eine Sprache zu übersetzen, die zwar Ausdruck der Gefühle sein kann, aber alles andere als ge-fühlsselig ist.

Da schrieb ein anderer Goethe. Die Briefe an Auguste geben die Folie ab, vor der sich die Briefe an Charlotte von Stein schon von Anfang an so eindrucksvoll unterschei-den. Die Briefe an Charlotte von Stein sind geradezu Ge-genbriefe zu denen an Auguste zu Stolberg, und man wird jene besser zu würdigen wissen, indem man diesen noch kurz folgt.

Goethe berichtet in den Briefen an Auguste von seiner Befindlichkeit, und er sagt es ihr auch deutlich: «Hier also meine beste sehr mancherley von meinem Zustande, nun thun Sie dessgleichen und unterhalten mich von dem Ihri-gen, so werden wir näher rücken, einander zu schauen glauben.» Das Innenleben soll also aufgedeckt werden, ganz im Sinne der Briefkultur des 18. Jahrhunderts: nichts ist wichtig außer diesem, und wenn Goethe auch ankün-digt, daß er sie «offt mit viel Kleinigkeit unterhalten werde», wie es ihm gerade durch den Sinn schieße – die Kleinigkeiten sind allenfalls Auslöser, um die innere Be-findlichkeit zu erkunden. Er erwartet von Auguste, daß sie das gleiche tue und ihm schreibe, wie es um ihren Seelen-zustand bestellt sei. Natürlich ist das kein literarischer Exhibitionismus, sondern das Schreibverhalten in der Zeit der Empfindsamkeit. Die Darstellung des eigenen Inneren, noch nicht so sehr, wie später bei Wilhelm Meister, um sich auszubilden, sondern zunächst einmal als Schreibanlaß und Gelegenheit zur Introspektion – das ist die Triebkraft, die die Briefkultur dieser Jahrzehnte vorantreibt und die auch hinter den frühen Briefen Goethes steht.

Ein weiteres Ziel dieser gefühlvollen Briefschreiberei: verwandte Seelen zu finden, auf einen Gleichklang hinzuarbeiten, und sollte der erreicht und getroffen sein, so ist das schon ein Stück «Glückseligkeit». Das ist nicht Egozentrik: diese Briefkultur ist Teil einer bestimmten Gesellschaftskultur, aber dieser Gesellschaft geht es nicht um übergeordnet-unpersönliche Ziele, auch nicht darum, sich in fremde Schicksale hineinzuversetzen, sondern eben um die Übereinstimmung im Inneren. Beziehungen lassen sich nur zu gleichgearteten, ähnlich fühlenden Zeitgenossen herstellen, und was wir in diesen Briefen vor uns haben, ist der Versuch einer solchen Kontaktaufnahme, deren Ziel von vornherein festgelegt ist und die zu individuellen Ausformungen einer Beziehung so gut wie keinen Raum läßt. Sätze, die anders verstanden werden könnten, dürfen nicht darüber hinwegtäuschen. Goethe ist wie Auguste zu Stolberg Mitglied einer Sozialordnung, die Solipsismus noch nicht kannte – ein Buchtitel wie *Der Einzige und sein Eigentum* von Max Stirner ist im 18. Jahrhundert undenkbar, er wird erst im 19. Jahrhundert gefunden.

Es ist bezeichnend, daß Goethe sich auch darüber schon am Anfang des Briefwechsels mit Auguste zu Stolberg erklärt. Im Anschluß an die Aufforderung, die Seelenbilder, die jeweiligen Innenporträts auszutauschen, um damit den Briefempfänger zu unterhalten, folgt der Hinweis auf den größeren Rahmen, in dem das allein geschehen kann. Goethe schreibt: «Noch eins was mich glücklich macht, sind die vielen edlen Menschen, die von allerley Enden meines Vaterlands, zwar freylich unter viel unbedeutenden, unerträglichen, in meine Gegend, zu mir kommen, manchmal vorübergehn, manchmal verweilen. Man weiss erst daß man ist wenn man sich in andern wieder findet.» Also Selbsterkenntnis durch die Erkenntnis des Gleichen im Anderen: darauf läuft diese Feststellung hinaus. Es geht nicht um die Entdeckung des Fremden im Gegenüber, sondern um das Wiederfinden des eigenen Selbst in der Seele des Mitmenschen. Nirgendwo wird der Abstand zur modernen Identitätssuche und Selbstvergewisserung deutlicher sichtbar als in derartigen Sätzen. Die Erkundung des eigenen Ich durch den und mit Hilfe des Anderen ist eben nur möglich, wenn der Andere in etwa gleichgeartet ist.

Ob Auguste zu Stolberg verstanden hat, was Goethe hier schrieb, ob auch sie tatsächlich ähnlich dachte, wissen wir nicht, können es aber vermuten, da sonst der Briefwechsel wahrscheinlich rasch eingeschlafen wäre. So klingt denn auch nur dem modernen Ohr verletzend, wenn Goethe schreibt: «Ob mir übrigens verrathen worden: wer und wo Sie sind, thut nichts zur Sache.» Das ist kein Affront, sondern der Versuch, Überindividuelles herzustellen, die gemeinsame Basis zu finden und aufzudecken, auf der ein Briefwechsel wie jener, den Auguste zu Stolberg mit Goethe begonnen hatte, überhaupt erst möglich wird. Und taucht das Wort «Liebe» auf, so wissen wir, was es zu bedeuten hat: nämlich ungefähr das Gegenteil dessen, was heute darunter zu verstehen wäre. Goethe setzt denn auch in aller Offenheit hinzu: «wenn ich an Sie denke fühl ich nichts als Gleichheit, Liebe, Nähe! Und so bleiben Sie mir, wie ich gewiss auch durch alles Schweben und Schwirren durch unveränderlich bleibe.»

Gleichheit: das ist wichtiger als alles andere, und Gleichheit ist zu verstehen als Gleichgestimmtheit der Seelen, als Übereinkunft der Gefühle. Liebe wiederum ist das gemeinschaftliche Band, das beide umgibt, aber ein Band, das im Grunde genommen einer sich fühlenden Menschheit überhaupt zukommt. Auch Nähe: keine persönliche, individuelle Nähe, sondern Vertrautheit. Was immer an seelischen Regungen hochsteigt und verbalisiert wird: ein Grundgefühl verbindet die beiden Briefschreiber, und das ist im wesentlichen unveränderlich. So kann denn auch Goethe nicht nur pro forma hinzusetzen, daß sie ihm bleiben solle, wie er auch zu ihr unveränderlich bleibe. Liest man solche Briefe und vergegenwärtigt sich, was sie bedeuten, dann ist allerdings klar, wie unermeßlich anders

die Beziehung zu Charlotte von Stein sich entwickeln
sollte. Goethe wirft Auguste zu Stolberg am Ende «diese
Kusshand» zu – ein formelhaftes Zeichen, nichtssagend,
eine höfische Geste, unpersönlich, rituell. Charlotte von
Stein bekommt hingegen keine – sie erhält später Besse-
res.

Goethe wußte bald nur zu gut, wer Auguste zu Stolberg
war: Sie war die Schwester der gräflichen Brüder Christian
und Friedrich Leopold zu Stolberg, der Jugendfreunde
Goethes. Das mag dem Ton etwas mehr Vertraulichkeit
gegeben haben, als das bei einer wirklich fremden Person
möglich gewesen wäre. Aber im Grunde genommen tut
das alles nichts zur Sache. Die oft wiederholten Versicherungen, daß Goethe an sie, die Empfängerin seiner Briefe,
gedacht habe, ist rhetorisches Füllwerk, Floskel. Alle Beteuerungen, daß er die schwesterliche Seele, Auguste,
meine, daß sie ihm hold bleiben, ihm schreiben möge, sie
alle sind zeitgenössischer Briefstil und nicht personenbe-
zogen. Ein Satz «Wie immer immer hab ich an Sie gedacht.
Und iezzo! – Auf dem Lande bey sehr lieben Menschen –
in Erwartung – liebe Auguste» enthält wiederum alles andere als ein Liebesbekenntnis, ist nichts als ein Versuch,
einen literarischen Briefwechsel aufrechtzuerhalten. Auch
ein Satz wie «Ich wollt ich könnt auf Ihrer Hand ruhen, in
Ihrem Aug rasten» ist belanglos, so nichtssagend wie die
noch einmal wiederholte Formel, daß er, Goethe, an sie
gedacht habe, und zwar viel.

Dieser Brief Goethes ist also wie so viele weitere hochstilisierte Darstellungskunst, alles andere als spontane
Seelenäußerung. Es ist nur literarischer Enthusiasmus,
kein gelebter, bloß das schwärmerische Sich-Ergehen über
die eigenen Gefühle, die verbalisierte Empfindsamkeit, die
bei aller Verve künstliche Leidenschaftlichkeit, die Fortsetzung des *Werther*-Tons, diesmal aber nicht auf erfun-
dene oder halb erlebte Geschichten bezogen, sondern auf
sich selbst. Wenn er Auguste zu Stolberg am Anfang
schrieb, daß er ebenso denke und empfinde, als er schreibe,
dann war das nur zu richtig: da war nicht erst die Empfindung und dann die Beschreibung, sondern da war die lite-

rarische Darstellung, und in ihr lag gleichsam die Empfindung; diese war nicht außerhalb zu finden, sondern nur im kunstvoll-natürlichen Briefstil präsent. Das gibt dem Charakter dieser Briefe geradezu etwas Tagebuchartiges. Gewiß hat Goethe von den Krisen berichtet, auch von seinen euphorischen Stimmungen – aber die Briefe sind alles andere als Zeugnisse unmittelbarer Gefühle, denn diese entstanden gleichsam erst beim Schreiben: es waren nicht erregte Seelenzustände, sondern Schreib-Erregungen, die Suggestivität lag nicht im Erfahrenen, sondern im Beschriebenen. Wie sehr die Briefe auf Wirkung, Effekt und Eindruck verfaßt waren, merkt jeder Leser noch heute, auch, daß das im Bereich der Brief- und Gefühlskultur kein literarischer Neuanfang war: es war sogar eher eine Sackgasse, kam Goethe doch hier über den «Wertherismus» als bereits etabliertes Stil- und Erlebnisraster nicht hinaus. Am Ende schrieb er ja auch nur über sich, über ein reflektiertes Ich, und daß die Briefe immer sofort abgefaßt wurden, im Anschluß an angeblich gerade erlebte Empfindungen, Erlebnisse, Eindrücke, ist nicht zufällig: Da war kein zeitlicher Abstand zwischen dem möglicherweise nur erdachten Erlebnis und seiner Darstellung.

Wenn er sich danach sehnt, daß Auguste von ähnlicher Seelenlage sei, so ist das ein frommer Wunsch, kein wirkliches Verlangen, denn Goethe ist daran im Grunde genommen nicht interessiert. Bei allen Exklamationen und literarischen Seufzern, allem Gefühlsaufwand, aller vorgegebenen Unmittelbarkeit und Plötzlichkeit der Darstellung, bei aller Spontaneität des Schreibens – diesen Briefen fehlt es an wirklicher Intimität, und weil alles so sehr verinnerlicht worden war, die Gefühlsdarstellungen das Alltägliche so unendlich weit überwogen, kommt ohnehin der Verdacht auf, daß das angeblich Erlebte oder Gefühlte mehr oder weniger Fiktion war. Eines darf sicher sein: Das wirkliche Leben hat da nicht eingegriffen, Goethe hat es nicht beschrieben, Auguste hat es nicht beschrieben haben wollen. Es war am Ende ein Papierwerk aus der Zeit der Empfindsamkeit, vermischt mit einigen Sturm- und-Drang-Gefühlen, aber jene Briefe an Auguste standen in

der Tradition einer Briefkultur, die sich dadurch auszeich-
nete, daß alles sagbar war – soweit es durch den Verstand,
die Reflexion, das eigene Bewußtsein gefiltert worden war.

Auguste erkannte sehr schnell, worum es sich handelte:
um *Werther*-Nachfolge, um einen Briefstil, der nichts
anderes war als eine Fortsetzung dessen, was sie zunächst
im Briefroman so sehr bewundert hatte. Dabei erklärt
Goethe, daß er das ganze Spektakel um seinen *Werther*
durchaus leid sei: «Ich bin das ausgraben und sezieren meines armen Werthers so satt. Wo ich in eine Stube trete,
find ich das Berliner p. Hundezeug, der eine schilt drauf,
der andre lobts, der dritte sagt es geht doch an, und so hetzt
mich einer wie der andere. – Nun denn Sie nehmen mir
auch das nicht übel – Nimmt mirs doch nichts an meinem
innern Ganzen, rührt und rückts mich doch nicht in meinen Arbeiten.»

Goethe will von seinem *Werther* loskommen, berichtet
an Auguste: «O wenn ich jetzt nicht Dramas schriebe ich
ging zu Grund.» Aber eigentlich schreibt er unablässig in
seinem *Werther*-Ton fort, und wenn er auch sagt, daß
seine Arbeiten «immer nur die aufbewahrten Freuden und
Leiden» seines Lebens seien – was er hier mitteilt, sind die
Freuden und Leiden des *Werther*-Autors. Von Persön-
lichem ist weniger denn je die Rede – und Auguste merkt
es. Sie berichtet an ihre Brüder Christian und Fritz in
einem Brief: «Von Goette kriegte ich gestern einen Brief
von 4 quart Seiten... Ein ganz vortrefl. Brief aber ganz a la
Werther.» Die Briefe an Auguste zu Stolberg sind überall
eine Fortsetzung des *Werther*, zumindest im Stilistisch-
Darstellerischen. Auguste weiß es zu schätzen, aber sie
weiß auch, daß es nur ein literarisches Weiterspielen des
früher einmal Begonnenen, innerlich aber doch längst
Abgeschlossenen, eben der *Werther*-Zeit ist.

Goethe wechselt zwischen Sie und Du, aber das besagt
gar nichts über eine wachsende größere Nähe zu seiner
Briefempfängerin: Das gefühlvolle Zeitalter erlaubte das
durchaus, Rückschlüsse auf die Intimität einer Beziehung
kann man daraus nicht ziehen, allenfalls solche auf die Intensität des sich selbst fühlenden Ichs. So schreibt er denn

auch, als sei er ein Kranker oder Unverstandener: «Ade! –
Warum sag ich dir nicht alles – Beste – Geduld Geduld hab
mit mir.» Verräterisch kommt immer wieder heraus, daß
es nur um den Austausch der wechselseitigen Gefühle
geht – und das in der sicheren Annahme, daß sie einander
gleichen. «O beste wie wollen wir Ausdrücke finden für
das, was wir fühlen! Beste wie können wir einander was
von unserm Zustande melden, da der von Stund zu Stund
wechselt», so heißt es gegen Ende eines Briefes. Die Sprache mag graduell wechseln – es bleibt die gleiche Seelen-
landschaft, in der sich beide bewegen, oder besser: über die
beide einander etwas mitteilen. Es geht darum, Ausdrücke
für das zu finden, was man fühlt, und jeweils zu melden,
wie es um den Seelenzustand beschaffen ist – um nichts
mehr. Im allerletzten Satz noch quasi eine Klopstock-
Reminiszenz: Die Dämmerung möge kommen, und zwar
«tränenvoll und seelig – Amen». Und ein «Ade liebe Ade».
Das zeigt, wie groß die Nähe zu einer fast religiösen,
pietistisch grundierten Selbstoffenbarung ist.

Das Schreiben über sich ist Bekenntnis, Beichte und
Gottesdienst in einem, und es paßt in dieses Bild, daß die
Mutter der Auguste dem Pietismus verbunden war – die
Tochter wird einiges davon mitbekommen haben. So erkennen wir auch den eigentlichen Grund dieser Selbstdar-
stellungen: Es ist die Selbstprüfung, in manchem auch die
Seelenbeichte dem Anderen gegenüber, das wohlartiku-
lierte Behorchen der eigenen inneren Zustände, von denen
man freilich gewiß sein kann, daß sie nicht ins allzu Über-
schwengliche geraten.

Wortreich sind diese Briefe allemal – aber das haben
sie mit der pietistischen Literatur generell gemeinsam.
«Sturm und Drang» ist das nur in einem sehr einge-
schränkten Sinne, literarisierter Gefühlskult und pietistisch getönte Selbstbetrachtung ist es in einem viel
höheren Maße. Vor allem aber: alle sind sehr bewußt geschriebene Briefe, und man mißverstände sie gründlich,
sähe man hier überschäumende Gefühle, Sehnsucht nach
einem wirklichen Du. Goethe versucht weiterzuschreiben
– und er weiß nur zu gut, daß er das im *Werther*-Stil nicht

mehr kann, jedenfalls nicht, was Dichtungen angeht, die er veröffentlichen möchte; er hätte sich damit zum Epigonen seiner selbst gemacht. Aber wie dann? Er denkt, wie er Auguste gerne gesteht, an das Drama – und drückt sich doch in seinen Briefen so aus wie vorher, nicht, um in Übung zu bleiben, sondern wohl eher, um den *Werther*-Stil in seinen Briefen zu modifizieren, ihn aufs neue anzuwenden, einer Frau gegenüber, die er nie gesehen hat. Am Ende ist es wohl auch ein letzter Befreiungsversuch aus der Beziehung zur Lotte aus Wetzlar.

So geht es weiter im Briefstil – Goethe berichtet von sich, behauptet immer wieder, daß er an Auguste denke, murrt ein wenig, wenn Briefe ausbleiben, will alles von ihr wissen, «alles theilen», und dann die auch immer wiederholte Bitte: «Behalt mich lieb.» Ein kleines literarisches Spiel mag sein, daß er einen Brief vom 19. März 1775 «Nachts um eilfe» schreibt – das war die Uhrzeit, die im *Werther* so bedeutungsvoll ist, und wir wissen nur zu gut, wie symbolisch diese Nachtzeit für Werther zu verstehen war.

Einmal spielt Goethe eine künftige Situation durch: eine «Zeit der Trübsaal, die kommen könnte, wo ich dich flöhe und alle Lieben». Wieder die für Goethe so charakteristische Fluchtbewegung, wenn auch nur in Gedanken. Dann, wenn es so wäre, solle sie, Auguste, ihn mit ihren Briefen verfolgen, so bittet er jetzt schon und setzt verräterisch hinzu: «und rette mich von mir selbst». Es ist ein Motiv, das später wiederholt auftaucht, am deutlichsten in seiner *Iphigenie*. Droht Selbstverlust, Verunsicherung des eigenen Ich? Eine Ahnung dessen, ganz jenseits der konventionellen Sentimentalitätssprache, kommt in diesem Brief auf. Auch das ist Bekenntnis, Beichte, Erkundung des eigenen Inneren nicht nur auf dessen Wirklichkeit, sondern auf dessen gefährdende Möglichkeit hin. Sie gibt dem hochstilisierten Formelwesen dann doch noch so etwas wie einen persönlichen Zug.

Der weltläufige Frankfurter, der in abwechselnder Zerstreuung aus der Gesellschaft ins Konzert und aus dem Konzert in einen Ball getrieben wird – er ist im Grunde

genommen alles andere als selbstsicher. Die Briefe an
Auguste zu Stolberg lassen das ahnen, Briefe an andere
bestätigen diese Vermutungen. An Herder schreibt er am
25. März 1775, daß sein Schicksal an Zwirnsfäden hänge,
daß es endlich so aussähe, als wollten sie sich «knüpfen».
Aber daß er ein Glückskind war, das wußte er auch,
schrieb an Auguste zu Stolberg am 15. April 1775: «Liebe
Schwester, das liebe Ding, das sie Gott heissen, oder wie's
heisst, sorgt doch sehr für mich. Ich bin in wunderbaarer
Spannung, und es wird mir so wohl thun sie zu haben.»
Das Bild vom Faden kehrt verändert in einem Brief an
Herder wieder, zeigt das Equilibristische, aber bei aller
Glückskindschaft auch das Gefährdete seiner Existenz:
«Ich tanze auf dem Drate: |: *Fatum congenitum* genannt :|
mein Leben so weg!» Auguste zu Stolberg ist diejenige,
der er ähnliches mitteilt – und das deutet auf einen inzwischen erreichten gewissen Grad von Vertraulichkeit hin,
so wie er sie auch Herder gegenüber pflegt. Er weiß und
spricht ihr gegenüber aus: «Ich muss noch viel herumge-
trieben werden.» Und dann ein enthüllender Satz, den er
allerdings niemals äußern würde, wenn Auguste mehr
wäre als nur seine schwesterliche Vertraute: «Ich habe
mich so offt am Weiblichen Geschlecht betrogen.»

Der Charakter der Seelenbeichte, wie er die Briefe an
Auguste zu Stolberg durchzieht, gewährt uns Einblick in
Goethes innere Befindlichkeit. Es ist eine unruhige Zeit,
Goethe ist alles andere als ein in sich gefestigter junger
Mann. Die Liebesgeschichte mit Lili macht ihn mehr unglücklich als glücklich, und Auguste ist diejenige, der er
auch das beichtet. In der fatalen Liebesaffäre von Fritz
zu Stolberg, über die Goethe schreibt, empfindet er seine
eigene schwierige Liebessituation nach, aus der hochge-
muten Stimmung, wie sie gelegentlich in der Frankfurter
Zeit begegnet, ist in einigen Briefe an Auguste zu Stolberg
eine Selbstbefragung geworden, die ihm alles andere als
Aufhellung und Aufklärung verschafft. «Alles wirrt sich
in einen Schlangenknoten! Und ich finde nicht Lufft zu
schreiben», berichtet er am 3. August an sie. Die Dulder-
miene ist natürlich zu einem Teil nur aufgesetzt, soll

christliche Leidensnachfolge sein, oder genauer: Goethe stilisiert sich auch dahin. Er erwartet geradezu so etwas wie geistlichen Beistand von Auguste, er enthüllt ihr seine schwierige Lage und bittet sie um Hilfe:

Und doch Engel manchmal wenn die Noth in meinem Herzen die grösst ist, ruf ich aus, ruf ich dir zu: Getrost! Getrost! Ausgeduldet und es wird werden. Du wirst Freude an deinen Brüdern haben, und wir an uns selbst. Diese Leidenschafft ists die uns aufblasen wird zum Brand, in dieser Noth werden wir um uns greifen, und brav seyn, und handeln, und gut seyn, und getrieben werden, dahin wo Ruhe Sinn nicht reicht. – Leide nicht vor uns! – Duld uns! – Gieb uns eine Thräne, einen Händedruck, einen Augenblick an deinen Knieen. Wische mit deiner lieben Hand diese Stirn ab.

Leiden, Dulden, Not, die Stirn abgerieben und getrocknet: die christlichen Analogien sind unübersehbar, und das macht deutlich, bis in welche Dimensionen die Seelenbeichte immer wieder hineinreicht. Aber man darf nicht verkennen, daß auch das Leiden hier literarisiert ist, und gerade die Christus-Assoziationen zeigen, wie wenig wirklich erlebte Realität hinter dieser kunstvoll stilisierten Darstellung des eigenen Leidens und Erduldens steht. Andererseits: ein echter Kern an Empfindungen ist zweifellos vorhanden und meldet sich hier zu Wort. Es ist die Verunsicherung, in die Goethe geraten ist und die er als Last, nicht als Aufbruch empfindet. «Engel es ist ein schröcklicher Zustand die Sinnlosigkeit. In der Nacht tappen ist Himmel gegen Blindheit», heißt es in diesem Brief auch, und dann ist die Rede noch von seiner «Verworrenheit und das all».

Aufrichtig ist der Wunsch nach Aufbruch und Ausbruch, jenes «Lang halt ich's hier nicht aus ich muss wieder fort – Wohin!» Eines weiß er sicher: zum bürgerlichen Alltagsdasein wird er sich nie entschließen können, Mittelmaß und Mittelmäßiges sind nicht das Seinige, auch wenn er klagt: «Unseeliges Schicksal das mir keinen Mittelzustand erlauben will. Entweder auf einem Punckt, fassend, festklammernd, oder schweifen gegen alle vier Winde! – Seelig seyd ihr verklärte Spaziergänger, die mit

zufriedener Anständiger Vollendung ieden Abend den
Staub von ihren Schuhen schlagen, und ihres Tagwercks
Göttergleich sich freuen –».

Der Briefwechsel mit Auguste zu Stolberg wird nicht
dichter, aber er wird intensiver: Sie ist die einzige in dieser Zeit, mit der Goethe sich versteht, weil er sich aussprechen kann, und er tut es reichlich. Allmählich wird
jedoch immer deutlicher, daß dies eigentlich kein wirklicher Briefwechsel ist. Er berichtet von sich, seinen Stimmungen, seinen Aufschwüngen, seiner Not – aus der sie
ihn retten kann, wie er meint, so wie denn auch ihr Brief
ihm «wie die Trompete dem eingeschlafnen Krieger»
getönt hat; das sind wohl ebenfalls verborgene christliche
Anspielungen. Er schreibt ihr: «Das einzige Mädgen deren
Herz ganz in meinem Busen schlägt», aber nicht etwa aus
Liebe, sondern weil sie die Adressatin seiner Bekenntnisse
ist. Und wenn er schließt mit «Gute Nacht Engel. Einzigs-
stes Einzigstes Mädgen – Und ich kenne ihrer Viele –»,
dann darf das nicht täuschen: sie ist seine Einzige, aber
nur seine einzige Vertraute, nicht mehr.

Was es für eine Bewandtnis mit seinem Briefeschreiben
an Auguste auf sich hat, kommt im Brief vom 18. September 1775 zum Ausdruck. Denn er fordert: «Beste ich
bitte dich schreib mir auch so ein Tagbuch». Ein «Tagbuch» – das ist dieser ganze Briefwechsel, und im Sinne
des Austauschs verwandter Seelen erwartet er von ihr ein
gleiches. Und so, wie man in einem Tagebuch auch ge-
heimste Gedanken notieren kann, so hier in diesen Briefen.

Im Bild des Schiffes und der Schifffahrt verdeutlicht sich
ihm noch einmal seine ganze unruhige Situation. Am 18.
schreibt er: «Mein Schiffgen steht bereit, ich werds gleich
hinunter lencken. Ein herrlicher Morgen, der Nebel ist gefallen alles frisch und herrlich umher.» Das ist durchaus
wörtlich zu verstehen. Aber dann heißt es am nächsten
Morgen: «Gustgen! ich lasse mich treiben, und halte nur
das Steuer dass ich nicht strande. Doch bin ich gestrandet,
ich kann von dem Mädgen nicht ab – heut früh regt sichs
wieder zu ihrem Vortheil in meinem Herzen. – Eine grose

schwere Lecktion!». Das ist wieder die Liebesgeschichte mit Lili, und wenn er Auguste noch so leidenschaftlich und gefühlvoll schreibt – sie wird nie über die Position der mitfühlenden, schwesterlichen Seele hinauskommen. Es ist nicht so, daß Auguste seinen Lebenskurs stabilisiert hätte, aber indem er ihr beichtet und berichtet, ihr sein Brieftagebuch schreibt und sie einweiht, hat er wenigstens einen Fluchtpunkt, an dem er sich orientieren kann. Und in dieser Situation, in der verfahrenen Beziehung zu Lili, in dem unruhigen Dasein voll Erwartungen und auch voller Absturzängste geht er nach Weimar – und trifft dort auf Charlotte von Stein. Auch ihr wird er zehn Jahre später aus Italien Briefe schreiben, die ein Tagebuch sind, und Dialoge führen, die verkappte Monologe sind.

Die Mitteilungen an Auguste zu Stolberg verkürzen sich schlagartig, und nur ab und zu kommt aus Weimar noch ein längerer Brief. Nach einigen kurzen Berichten schreibt er einen solchen in der Zeit vom 17. bis zum 24. Mai 1776 – wiederum eine Art Tagebuch, es ist «zur Grundlage eines Tagbuchs für dich». Und nun erzählt er nicht nur, wie es ihm in Weimar ergangen ist, sondern auch von seiner Beziehung zu Frau von Stein. Aber vor allem will er, der bislang so «unstete Mensch», seine «seltsame Schicksaale», die er hatte, ihr (und sich) noch einmal vor Augen führen. Und gut ist es ihm gegangen: er hat «ein liebes Gärtgen vorm Thore an der Ilm schönen Wiesen in einem Thale. ist ein altes Hausgen drinne, das ich mir repariren lasse. Alles blüht alle Vögel singen.»

Aber es ist nicht die schöne Landschaft, die ihm euphorische Gefühle verschafft, auch wenn er es eine herrliche Empfindung nennt, «dahausen im Feld allein zu sizzen. Morgen frühe wie schön. Alles ist so still. Ich höre nur meine Uhr tackcken, und den Wind und das Wehr von ferne.» Er zeichnet Rasenbänke – «damit Ruhe über meine Seele komme». Er macht Auguste zu Stolberg noch ein rückerinnerndes Bekenntnis: «Ich sagte immer in meiner Jugend zu mir da so viel tausend Empfindungen das schwankende Ding bestürmten: Was das Schicksal mit mir will, dass es mich durch all die Schulen gehen lässt, es hat gewiß vor [mich dahin zu stellen wo mich die gewöhnlichen Qualen der Menschheit gar nicht mehr anfechten müssen. Und iezt noch ich seh alles an Vorbereitung an!].» Er hat den hier in Klammern stehenden Satz wieder ausgestrichen mit der Begründung «weils dunkel und unbestimmt gesagt war».

Sein Leben freilich zeigt, daß er mit seiner Selbstprophetie nur zu sehr recht behalten sollte. Einen ersten Gipfel hat er in Weimar erreicht: das «schwankende Ding» ist, jedenfalls für die nächste Zeit, zur Ruhe gekommen. Aber das hatte nicht oder jedenfalls nicht nur mit der idyllischen Natur zu tun, sondern mit seiner neuen Situation. Er war imstande, selbst einen trüben Tag in einen «herrlichen Tag» umzuwerten, und es lag erst recht nicht daran, daß er endlich an Auguste zu Stolberg wieder schreiben konnte. Es lag vor allem an Charlotte von Stein.

Leidenschaftliche Liebesbriefe

Erste Begegnungen mit
Charlotte von Stein

Anfang Januar 1776 kam also der erste Brief an sie, der durchaus rätselhaft ist in seinen Andeutungen, ganz anders als die feinziselierten und artistischen Seelenmitteilungen an Auguste zu Stolberg. Mit den Briefen an diese hatte er eigentlich gegen einen Grundsatz verstoßen, den er sich selbst gegeben hatte, denn er hatte 1776 an Lavater geschrieben, daß man «dem nie schreiben soll als [...] mit dem man gelebt hat und nur in dem Maas als man mit ihm gelebt hat». Mit Auguste zu Stolberg hatte er nie gelebt, es sei denn, es wäre ein Zusammenleben in spirituellem Sinne gewesen. Aber der monologische Charakter, das Tagebuchartige der Briefe an Auguste spricht selbst dagegen.

Doch nun schreibt er jemandem, mit dem er zusammenleben möchte, und wenn man jenen Satz an Lavater wörtlich nimmt, so hat das Leben mit Charlotte von Stein eine Goethe bis dahin unbekannte Intensität. Er schreibt ihr häufiger, als er je anderen geschrieben hat. Auf den ersten Brief hin folgt ein zweiter, vermutlich am 8. Januar 1776; ein weiterer am 15. oder 16. Januar, am 16. Januar noch ein anderer, und dann fast täglich Briefe, manchmal auch zwei am gleichen Tag. So geht das in einer unendlichen Kette weiter, noch einmal jenen Satz erläuternd, daß man nur in dem Maße schreiben soll, wie man mit jemandem lebt. Und gelebt hat er mit ihr, jener späte Brief an Auguste zu Stolberg, zwischen dem 17. und 24. Mai geschrieben, erwähnt Frau von Stein nicht nur als einen «Engel von einem Weibe», sondern nennt sie zugleich die Frau, «der ich so offt die Beruhigung meines Herzens und manche der reinsten Glückseeligkeiten zu verdancken habe». Man wohnt ja am gleichen Ort, und so sind die Briefe in gewissem Sinne nur der Abglanz jener persönlichen Begegnungen – und doch zugleich deren Steigerung, denn da schreibt Goethe, was er Charlotte von Stein vermutlich so nicht gesagt hat.

Es geht ihm nur zu gut. An die «Liebe Tante», Johanna Fahlmer, berichtet er am 5. Januar 1776, also unmittelbar, nachdem er Charlotte von Stein den ersten Brief geschrieben hat: «Ich bin immer fort in der wünschenswerthsten Lage der Welt. Schwebe über all den inrsten größten Verhältnissen, habe glücklichen Einfluss, und geniesse und lerne und so weiter.» Es könnte ihm nicht besser gehen. Weimar: das ist nicht eine Fortsetzung des unruhigen, auch innerlich unsteten Daseins, denn sein Lebenskurs scheint zum erstenmal stabilisiert. Wir sehen es an signifikanten Änderungen: Sein Briefstil ist kaum mit dem der Briefe an Auguste zu Stolberg zu vergleichen. Der neue Ton ist unverkennbar – unverkennbar auch, daß die so elaborierte Sprache der Briefe an eine nie gesehene Freundin hier keinen Raum mehr hat.

Die Briefe der Charlotte von Stein, von ihr zurückverlangt und vernichtet, sind nur sehr mühsam zu erschließen – sie lassen aber erkennen, daß eine Liebesbeziehung aufgekommen war, die ihresgleichen suchte. Die Briefe sind freilich nur Relikte, schriftliche Fortsetzungen von Gesprächen, deren Inhalte wir oft nicht einmal erahnen können. Etwas fällt vor allem auf: Alltäglichkeit zieht in die Briefe Goethes ein. Es ist, als ob die ebenso hochstilisierte wie pathetische Leidenschaftssprache, die sich in den Briefen an Auguste zu Stolberg ausbreitete, hier plötzlich beendet wurde, denn Belanglosigkeiten profaner Natur werden Schreibstoff. Man spürt, daß das Wichtigste selbst in den Briefen nicht gesagt worden ist – sie sind ja nur die Reflexe auf Begegnungen, die Goethe bezaubert haben müssen wie sonst noch nie etwas in seinem Leben. Die Briefe sind immer noch formvollendet, bedeutungsvoll auch dort, wo sie Nebensächlichkeiten betreffen; dennoch bleibt manches im Dunkeln. Goethe hat sich bei einer Schlittenfahrt mit der Peitsche über das Auge ge-

schlagen – an Charlotte von Stein erwähnt er es in seinem
kurzen Brief vom 8. Januar 1776, erklärt diesen Peitschen-
hieb aber als «nur allegorisch»: Für Goethe ist es offenbar
auch im übertragenen Sinne ein Hieb gewesen. Was er
aber wirklich meint, entzieht sich unserem Verständnis.

Ein wenig wird auch von der Gefühlsverwirrung deutlich, in die Goethe geraten ist: er berichtet, daß er «liebe
Briefe» bekommen habe, und dann kommt der fast unglaubwürdige Zusatz, daß sie ihn «peinigen weil sie lieb
sind». Da ist offenbar einiges an Widersprüchlichkeit aufgekommen, denn daß Goethe, der so sehr nach Anerkennung und Liebe gesucht hat, nun davon gepeinigt wird, ist
schwer erklärlich, macht nur dann Sinn, wenn man in
Rechnung stellt, daß die Verwirrung nicht eine Folge der
Briefe ist, sondern daß sie tiefer reicht, daß Goethes ganze
Existenz gleichsam in eine Turbulenz geraten ist. Er
schreibt an Frau von Stein: «Und alles liebe peinigt mich
auch hier ausser Sie liebe Frau, so *lieb* Sie auch sind.» Das
ist widersinnig bis zum Unverständlichen. Alles Liebe peinigt ihn, nur Charlotte peinigt ihn nicht, auch wenn sie so
lieb ist: Ist das vielleicht ein schwacher Versuch, sich der
leidenschaftlichen Zuneigung, die da aufgekommen ist, zu
erwehren? Spürt Goethe, daß er da in einen Sog hineingeraten ist, aus dem er so schnell mit eigener Kraft nicht
wieder wird herauskommen können?

Manches deutet darauf hin. An Charlotte von Stein
schreibt er am 15./16. Januar 1776: «Es ist mir lieb dass ich
wegkomme, mich von Ihnen zu entwöhnen.» Will er fliehen, obwohl er sich gerade in eine neue Bindung hineinbegeben hat? Wenn Flucht vor der Geliebten ein Liebesbeweis ist, so ist dieser Brief Goethes es gewiß. Jedenfalls
gibt es so mannigfache Zeichen und so viele Äußerungen
der Verwirrung, daß sie nicht zu überlesen sind. Er fürchtet, Charlotte enttäuschen zu müssen, erweist er sich
doch zum erstenmal in seinem Leben nicht als der witzige
und gesellige Causeur, der er bislang ohne Schwierigkeit
noch in jeder Gesellschaft war. So nimmt er Zuflucht zu
einer kleinen Bankrotterklärung: «Ich wollt in meinem
Herzen wärs so hell da, dass ich gleich der göttlichen

Thusnelda, Sie zu lachen machen könnte. Aber all meine Thorheit und all mein Wiz sind, Gott weis wohin!»

Es ist immerhin die Beziehung zu einer verheirateten Frau, die er einzugehen gewillt ist – und vor der er sich offenbar gleichzeitig auch wieder fürchtet. Wie ein Ritornell zieht sich die Anrede «liebe Frau» durch diese frühen Briefe. «Sie sind so lieb als Sie seyn dürfen um mich nicht zu plagen», heißt es in dem Schreiben vom 15./16. Januar. Am 16. Januar auch ein Bericht an die «liebe Frau» von seiner Reise durch Frost und Schnee. Er ist früh wach, kam erst um Mitternacht ins Bett – um fünf Uhr steht er auf, denkt an Charlotte, und es ist ihm, «als wenn mich's muntrer machte Ihnen zu schreiben». Eigentlich will er nichts anderes, als daß sie auch an ihn denke. In den Briefen wechselt ein «Adieu» mit «Ade» und «Addio», und doch ist es so, als ob ein gedrängterer Briefwechsel kaum hätte sein können. Man sieht sich ja fast täglich, und dennoch wünscht er ihr auf einem Zettel einen Guten Morgen, will eigentlich nichts weiter – so erklärt sich der billetartige Charakter dieser frühen Briefe. Hin und wieder möchte er Antwort auf eine Frage, etwa, ob sie auch in die Komödie gehe. Einmal setzt er hinzu: «Ich bitte nur um ein Wort, Besänftigerinn.» Was besänftigt sie? Seine Gefühle, seine innere Verwirrung, die Widersprüchlichkeiten, die sich bei ihm weniger in seinem Verhalten als vielmehr in seinem Bewußtsein auftun? Versucht sie, seine Zuneigung in Grenzen zu halten, seine aufgewühlten Liebesbeteuerungen zu mäßigen? Oder besänftigt sie das wilde Treiben des jungen Goethe mit Gleichgesinnten am Hofe und in der Stadt, der Umgebung von Weimar?

Billette werden gewechselt, manchmal mehrmals täglich. «Es wird eine Billets Kranckheit unter uns geben, wenn's so von Morgen zu Nacht fortgeht», schreibt er im Januar 1776. Was hat man sich mitzuteilen? Wenn Goethe mit Charlotte von Stein unter einem Dach nächtigt, ist er glücklich, die räumliche Nähe reicht aus, seinen kleinen Zetteln eine ganz besondere Intimität zu geben. Manchmal gibt es aber auch düstere Züge: «Geht mir auch wie Margreten von Parma: ich sehe viel voraus das ich nicht

ändern kann.» Aber das alles wird überwogen von einem
Gefühl der Nähe, des Glücks. «Gute Nacht liebe! liebe!
Noch unter einem Dach mit Ihnen Gute Nacht», heißt es
einmal in diesen frühen Tagen der Beziehung, die sich
rasch steigert. Wenn Charlotte nicht bei Hofe ist, hat
Goethe einen «Teufels-Humor».

Am 27. Januar 1776 wechselt der Ton vom «Sie» zum
«Du». Das will zwar in der damaligen Zeit nicht derart
viel besagen wie heute, denn auch danach geht es wieder
gelegentlich ins «Sie» über – aber die Temperatur der
Briefe hat sich tatsächlich verändert, verändert wohl auch
die Intensität der Beziehung, jedenfalls von Goethes Seite
aus. «Mich brannt es unter den Sohlen zu Ihnen zu laufen», schreibt er, und dann streut er ein wenig Eifersucht
in die Beziehung: Charlotte ist abwesend, er spricht von
«Liebeley» als dem «probatsten Palliativ in solchen Umständen». Und: «Das Milchmädgen gefiel mir wohl, mit
etwas mehr Jugend und Gesundheit wäre sie mir gefährlich.» Aber dann der Schluß: «Wir dachten an dich liebe
liebe Frau. Kommst doch heut Abend.»

Die Liebeserklärungen folgen einander dicht auf dem
Fuße. Wenn kein Liebeszeichen von Charlotte kommt, ist
Goethe beunruhigt, und so versichert er ihr in der Regel
aufs neue seine Liebe. Aber seine Grundstimmung ist in
diesen ersten Tagen und Wochen freudigster Natur, und er
schreibt ihr am 28. Januar 1776:

Lieber Engel, ich komme nicht ins Conzert. Denn ich bin so wohl,
dass ich nicht sehen kann das Volck! lieber Engel Ich lies meine
Briefe holen und es verdross mich dass kein Wort drinn war von
dir, kein Wort mit Bleystifft, kein guter Abend. Liebe Frau, leide
dass ich dich so lieb habe. Wenn ich iemand lieber haben kann,
will ich dir's sagen. Will dich ungeplagt lassen. Adieu Gold. du
begreiffst nicht *wie* ich dich lieb hab.

Keine Liebe ohne Gegenliebe – aber hier die ausdrückliche
Bitte, zu erdulden, daß er sie so liebe.

So geht es weiter. Alltäglichkeiten, dazwischen erneute
und erneuerte Bekenntnisse seiner Liebe, auch Bitten, daß
Charlotte ihn wiederlieben möge. Seine *Stella* ist erschie-

nen, er schreibt ihr: «sollst auch ein Exemplar haben.» Aber er kann das nicht ankündigen, ohne hinzuzusetzen: «Sollst mich auch ein Bissgen lieb haben.» Ahnt Goethe wirklich, worauf er sich eingelassen hat? Wann immer er sich in eine Liebesbeziehung hineinbegeben hat, hat er es nicht getan, ohne an Fluchtmöglichkeiten zu denken, und auch diesmal schreibt er verräterisch: «Es geht mir verflucht durch Kopf und Herz ob ich bleibe oder gehe.»

Er wird gehen, Jahre später – aber zunächst wird er bleiben, da ihn nichts auf der Welt so fesselt wie Charlotte von Stein. «Hab mich lieb. Ist doch nichts anders auf der Welt», schreibt er ihr Ende Januar 1776. Sich selbst braucht er nicht zu befragen: er weiß, «dass ich dich so lieb habe und just dich!» Das ist freilich kein ganz ungetrübtes Bekenntnis, denn er gesteht, daß es ihn doch auch verdrieße. Wir werden nicht recht schlau aus solchen Bemerkungen, und damit kommt in seine Briefe an Charlotte von Stein einiges von jenen Unwägbarkeiten, die sich in den Briefen an Auguste zu Stolberg nirgendwo finden.

Für diese hat er zunächst kaum noch Worte übrig. Ein Anstandsbrief am 11. Februar 1776: «Könntest du mein Schweigen verstehen! Liebes Gustgen! – Ich kann, ich kann nichts sagen!» Das ist alles. Dabei hätte er allen Grund, ihr einiges zu erzählen – aber was sich inzwischen angebahnt hat, paßt nicht in die *Werther*-Stimmung, nicht in den Tagebuchcharakter der Briefe an Auguste, nicht in den Austausch zweier harmonischer Seelen, es liegt jenseits von alledem. Manche Briefe an Charlotte von Stein sind von ähnlicher Kürze, aber sie sprechen Bände. Am 12. Februar 1776: «Ich wollte gar vielerley schreiben, und fühle doch dass ich nichts zu sagen habe, als was Sie schon wissen.» Natürlich weiß sie, natürlich wissen auch wir: daß er sie lieb hat und hofft, sie erwidere ihm die Liebe.

Sind diese Briefe erneut monologische Kunst, schreibt Goethe am Ende wieder nur über sich, seine Gefühle, seine Wünsche, seine kleinen Enttäuschungen und seine großen Erwartungen? Er bittet für sich, erklärt sich ihr, sucht beständig ihre Nähe – spirituell, wenn er die körperliche Nähe entbehren muß –, er mag sich nicht von ihr entfernen, auch wenn er sich trennen muß. Ist Charlotte nur die Empfängerin seiner Botschaften und Erklärungen, oder interessiert ihn ihre Eigenart, das, was er an ihr liebt? Was liebt er eigentlich an ihr? Man könnte erwarten, daß irgendwo in den Briefen auch davon die Rede sei, aber da findet sich fast nichts – es sei denn, es wären die Augen, die es ihm so sehr angetan haben. In die kann er sich immer wieder verlieben, Abende lang, und daß er nur diese gesehen hat, das sagt er ihr von Zeit zu Zeit. Goethe, der Augen-Mensch – aber wir erfahren so gut wie nichts über Charlottes Wesen, über das, was ihn so unendlich stark angezogen hat. Daß sie klug und scharfsinnig zu plaudern versteht, zeigen ihre Briefe, etwa die an Knebel, und daß sie das ganze Hofwesen mit kühler Distanz und überlegener Ironie betrachtet, lassen ihre Äußerungen über den Weimarer Hofstaat erkennen. Aber da war offensichtlich mehr: Sie muß unendlich anmutig gewesen sein, graziös, geistvoll, eine schmale Gestalt mit großen, dunklen Augen – wie es uns ihre Bildnisse zeigen. Aber so gut wie nichts begegnet uns davon in Goethes Briefen.

Fehlen Goethe die Worte für das, was er da erfährt – Zuneigung, Anerkennung, Zuwendung, ein Sich-Aufschließen? Er ist ein Eindringling in eine Welt, die eigentlich dagegen gewappnet schien: durch Konventionen, höfisches Reglement, Standesobligationen. Vermutlich ist das, was Goethe in der Begegnung mit Charlotte von Stein erlebt hat, ein Sturm gewesen, der alles hinwegriß, was zu den alltäglichen Sicherungen gehörte. Das war unvergleichlich, die Liebesaffären mit Käthchen Schönkopf, Friederike Brion, Charlotte Buff, Lili Schönemann letztlich nur Amouren, die am Ende fast alle gründlich überwunden waren. Keine war die Rechte gewesen, da waren überall Vorbehalte, die nicht zu überwinden waren – und nun brach das alles ein, blieb nichts mehr von wohlerzogener Zurückhaltung. Goethe muß nach der ersten Begegnung schon gewußt haben, daß Charlotte von Stein die Einzige war, die er brauchte, um seinen Lebenskurs zu stabilisieren. Sie war außerordentlich attraktiv – aber sie war mehr als das, sie war diejenige, die er nötig hatte, um glücklich zu sein: und zu keiner Zeit mag ihm das Bewußtsein, einer anderen zu bedürfen, stärker gewesen sein als in der Begegnung mit Charlotte von Stein.

Käthchen Schönkopf – das war von vornherein nicht sehr ernst zu nehmen gewesen. Lili Schönemann suchte er zu vergessen, was ihm auch schließlich gelang; von Charlotte Buff hatte er sich lösen können, indem er *Die Leiden des jungen Werthers* schrieb. Von Charlotte von Stein konnte er sich nicht befreien, er geriet in ihren Sog hinein – aber er wollte auch dort sein und nirgendwo sonst. So ist die ständige Bitte, geliebt zu werden, wohl zu verstehen. Es mangelt ihm an einem quasi innehaltenden Bewußtsein, um sich über sich und seine Liebesbeziehung klarzuwerden – er war ihr ausgeliefert, wie er einer Frau nie zuvor ausgeliefert gewesen war. Und so bat er sie um Zuneigung und war zugleich furchtsam, ängstigte sich darüber, daß sie ihm vielleicht verweigert werden könnte. Eben das gibt den Briefen ihren scheinbar monologischen Charakter: Es ist da keine Distanz mehr zur geliebten Frau, sondern nur der Wunsch, ihr nahe zu sein, von ihr geliebt zu werden. Er äußert ihn tausendfach – und darüber kommt sie in seinen Briefen kaum zu Wort. Wird es so bleiben?

Am Weimarer Hof

Ausschweifungen und
Empfindlichkeiten

Das alles klingt so, als habe Goethe nur einen einzigen Gedanken im Kopf gehabt, und der habe Charlotte von Stein gegolten. Das ist so richtig wie falsch – er führt bei aller Liebeseuphorie sein Leben am Hof; das ist eigentlich ein vergnügliches Dasein, reichlich frei von Hofetikette, und Goethe ist nicht allein: Herder nimmt den Ruf als Generalsuperintendent an. Goethe hat vermittelt und kräftig vorgearbeitet, damit Herder die Stelle bekam. Im Grunde ist Goethe zufrieden, daß er Frankfurt hinter sich hat lassen können – dort wäre er nicht in den Lebensstrudel hineingerissen worden, in dem er sich hier befindet. Das Leben am Weimarer Hof bietet immer neue Reize, und Goethe fühlt sich dort gut aufgehoben. In seinem Brief an seine «Liebe Tante», an Johanna Fahlmer, berichtet er ein wenig von seinem Weimarer Dasein, und als er ihr am 14. Februar 1776 schreibt, hat er sich wohl schon endgültig entschlossen zu bleiben, seinen Aufenthalt nicht nur als Besuch zu verstehen. Vielleicht nicht für immer – aber für einige Zeit:

Ich werd auch wohl dableiben und meine Rolle so gut spielen als ich kann und so lang als mir's und dem Schicksaal beliebt. Wär's auch nur auf ein paar Jahre, ist doch immer besser als das untätige Leben zu Hause wo ich mit der grössten Lust nichts thun kann. Hier hab ich doch ein paar Herzogthümer vor mir. Jezt bin ich dran das Land nur kennen zu lernen, das macht mir schon viel spaas. Und der Herzog kriegt auch dadurch Liebe zur Arbeit, und weil ich ihn ganz kenne bin ich über viel Sachen ganz und gar ruhig. Mit Wieland führ ich ein liebes häusliches Leben, esse Mittags und Abends mit ihm wenn ich nicht bey Hofe bin. Die Mägdlein sind hier gar hübsch und artig, ich bin gut mit allen. Eine herrliche Seele ist die Frau von Stein, an die ich so was

man sagen mögte geheftet und genistelt bin. Louise und ich leben
nur in Blicken und Sylben zusammen. sie ist und bleibt ein
Engel. Mit der Herzoginn Mutter hab ich sehr gute Zeiten, treiben auch wohl allerley Schwänck und Schabernack. Sie sollten
nicht glauben wie viel gute Jungens und gute Köpfe beysammen
sind, wir halten zusammen, sind herrlich untereins und dramati-
siren einander, und halten den Hof uns vom Leibe.

Goethe also führt sein Leben bei Hofe, aber nicht nur dort.
Und dieser Brief an seine «Tante» zeigt zu allem, was er zu
berichten hat, daß es eben Frau von Stein ist, ohne die er
nicht mehr sein kann. Er hatte in dem Brief auch geschrieben: «Ich richte mich hier in's Leben, und das Leben
in mich. Ich wollt ich könnt Ihnen so vom innersten
schreiben das geht aber nicht, es laufen so viel Fäden
durch einander, so viel Zweige aus dem Stamme die sich
kreuzen, dass ohne Diarium, das ich doch nicht geschrieben habe, nichts anschaulich's zu sagen ist.» Die Zeit der
tagebuchartigen Bekenntnisse und der Niederschriften,
wie sie die Briefe an Auguste zu Stolberg füllen, ist in der
Tat vorüber, und was das Innerste angeht: im folgenden
schreibt er ja davon, deutet zumindest an, daß es Frau von
Stein ist, die ihn mehr beschäftigt als alles andere.

Und der Oberstallmeister von Stein? Wie versteht sich
Goethe mit dem Ehemann seiner Geliebten, wie dieser
mit dem jungen Eindringling? Auch darüber gibt es einen
Bericht Goethes, wiederum an Johanna Fahlmer. Zunächst, am 19. Februar 1776, die Feststellung, die wiederholt, daß er in Weimar bleiben werde, es sei wohl nun
nicht anders. Dann der Hinweis, daß ein Besuch nach
Frankfurt kommen werde: Oberstallmeister von Stein – er
komme «ehstens durch Frankfurt und wird Vater und
Mutter besuchen». Kommen Schatten auf in dieser Beziehung, die einen Dritten eigentlich nicht duldet?
    Goethe hat sein Urteil fertig und gibt überdies Verhal-
tensmaßregeln. Er schreibt: «Es ist ein braver Mann, den
ihr wohl empfangen mögt, nur muss man über meinen
hiesigen Zustand nicht allzu *entzückt* scheinen.» Goethe
möchte nicht, daß er ins Gespräch gerät, möchte vor allem
nicht, daß seine Beziehung zu Frau von Stein auf eine

Weise beredet wird, die verräterisch wirken würde. Und dann gesteht er sein Herzensproblem ein; es heißt im Brief weiter: «Ferner ist er nicht ganz mit dem Herzog zufrieden, wie fast all der Hof weil er ihnen nicht nach der Pfeife tanzt, und mir wird heimlich und öffentlich die Schuld gegeben, sollt er so was fallen lassen, muß man auch drüber hingehn.» Eine Warnung, an die gute Johanna Fahlmer gerichtet – sie wird, so hofft Goethe, den etwas prekären Besuch wohl so regeln, daß nichts Bedrückendes oder gar Peinliches zur Sprache kommt. Er hofft, daß die Tante versteht, was er meint, setzt aber noch vorsichtshalber hinzu: «Überhaupt mehr fragen als sagen, ihn mehr reden lassen als reden, das übrige lasse ich euren Klugheiten.» Und etwas rätselhaft noch der Zusatz: «Ich wollt die Geschichte meiner vier letzten Monate lies sich schreiben, das wär ein Fras für ein gutes Volk.»

Ganz ohne Komplikationen, Schwierigkeiten und Empfindlichkeiten konnte das Verhältnis zu Frau von Stein wohl nicht bleiben, das weiß Goethe so gut, wie es die Briefempfängerin weiß oder wissen sollte, nachdem sie Goethes Brief gelesen hat. Eigentlich klingt es so, als sei Herr von Stein nur deswegen mit dem Herzog unzufrieden, weil Goethe den Herzog dazu gebracht habe, nicht nach der Pfeife des Hofes und der Höflinge zu tanzen – aber der Satz ist zweideutig, etwas von der Besorgnis Goethes wird ebenfalls spürbar. Charlotte von Stein und ihr Mann, Charlotte Buff und Kestner: Wiederholungen in der Figurenkonstellation. Aber Goethe rät eben zur Vorsicht. Verständlicherweise, denn seine Liebschaft dürfte in Weimar nicht unbemerkt geblieben sein. In Frankfurt soll sie nicht Gegenstand eines vielleicht sogar peinlichen Gesprächs werden.

Und Frau von Stein? Zimmermanns überaus freundliches Urteil ist bekannt. Über ihr Wesen hat auch ein Urfreund Goethes, Karl Ludwig von Knebel, am 18. April 1788 an seine Schwester Henriette geschrieben:

Reines, richtiges Gefühl bei natürlicher, leidenschaftsloser, leichter Disposition haben sie bei eigenem Fleiß und durch den Umgang mit vorzüglichen Menschen, der ihrer äußerst feinen Wiß-

begierde zustatten kam, zu einem Wesen gebildet, dessen Dasein
und Art in Deutschland schwerlich oft wieder zustande kommen
dürfte. Sie ist ohne alle Prätension und Ziererei, gerad, natürlich
frei, nicht zu schwer und nicht zu leicht, ohne Enthusiasmus und
doch mit geistiger Wärme, nimmt an allem Vernünftigen Anteil
und an allem Menschlichen, ist wohl unterrichtet und hat feinen
Takt, selbst Geschicklichkeit für die Kunst.

Eine höchst ungewöhnliche Frau, auffallend in ihrer herz-
lichen Natürlichkeit, klug und zurückhaltend, aber voll
Anteilnahme an ihrer Welt. Doch bevor Goethe erschien,
war sie in Weimar aller Gesellschaftlichkeit zum Trotz
vereinsamt, lebte zurückgezogen, widmete sich der Er-
ziehung der Kinder – und als Goethe kam, begann auch für
sie im Grunde genommen ein neues Leben. Es ist ein einziger Brief von ihr überliefert, der von Goethe in die
Geschwister integriert worden ist, und dort heißt es: «Die
Welt wird mir wieder lieb, ich hatte mich so los von ihr gemacht, wieder lieb durch Sie. Mein Herz macht mir Vorwürfe; ich fühle, daß ich Ihnen und mir Qualen zubereite.
Vor einem halben Jahre war ich so bereit zu sterben, und
ich bin's nicht mehr.» Es muß auch über sie wie ein Sturm
gekommen sein, gegen den sie sich wehrte und gegen den
sie doch völlig wehrlos war.

Die Charakteristik Knebels ist sicherlich zutreffend –
und doch kann sie die geradezu magische Anziehungskraft
auf Goethe nicht völlig erklären. Charlotte von Stein muß
unendlich natürlich erschienen sein, ohne simpel zu wirken, anmutig, nicht der höfischen Ziererei verfallen – um
so mehr verfiel Goethe ihr. Charlotte war übrigens ursprünglich alles andere als begeistert von Goethes Ankunft.

Das Leben bei Hofe war anders geworden, die Genie-
kerle bestimmten den Ton, und der Herzog machte mit.
Sie klagte ihrem Freund Zimmermann darüber, aber der
schrieb ihr schon bald: «Ach, wenn Sie gesehen hätten,
wie dieser große Mann seinem Vater und seiner Mutter
gegenüber der beste und liebenswürdigste Sohn ist, so
würde es Ihnen schwer halten, um ihn nicht nur durch das
Medium der Liebe zu sehen. Tadeln wir die großen Män-

ner nicht! Fehlte dem, was sie getan haben, nur ein Zug, so würde zugleich alles Große fehlen, was wir an ihnen bewundern.» Aber das war durchaus nicht die Meinung der Frau von Stein. Und das Treiben war offenbar wild genug. Die genialischen Hitzköpfe machten Weimar unsicher, so sehr, daß das in ganz Deutschland bekannt wurde. Selbst der alte Klopstock in Hamburg hörte davon, und er war so erbost darüber, daß er Goethe einen langen Brief schrieb:

Lassen Sie mich nicht damit anfangen, daß ich es glaubwürdig weiß: denn ohne Glaubwürdigkeit würde ich ja schweigen. Denken Sie auch nicht, daß ich, wenn es auf Ihr Tun und Lassen ankommt, einreden werde; auch nicht, daß ich Sie deswegen, weil Sie vielleicht in diesem oder jenem andere Grundsätze haben als ich, strenge beurteile. Aber Grundsätze, Ihre und meine beiseite, was wird denn der Erfolg sein, wenn es fortwährt? Der Herzog wird, wenn er sich ferner bis zum Krankwerden betrinkt, anstatt wie er sagt, seinen Körper dadurch zu stärken, erliegen und nicht lange leben. Es haben sich wohl starkgeborene Jünglinge, und das ist denn doch der Herzog gewiß nicht, auf diese Art frühe hingeopfert. Die Deutschen haben sich bisher mit Recht über ihre Fürsten beschwert, daß diese mit ihren Gelehrten nichts zu schaffen haben wollten. Sie nehmen jetzo den Herzog von Weimar mit Vergnügen aus. Aber was werden andere Fürsten, wenn Sie in dem alten Tone fortfahren, nicht zu ihrer Rechtfertigung anzuführen haben? Wenn es nun wird geschehen, was ich fühle, daß es geschehen wird! Die Herzogin wird vielleicht ihren Schmerz jetzo noch niederhalten können; denn sie denkt männlich. Aber dieser Schmerz wird Gram werden, und läßt sich der auch etwa niederhalten? Louisens Gram, Goethe! Nein, rühmen Sie sich nur nicht, daß Sie sie lieben, wie ich! Es kommt auf Sie an, ob Sie dem Herzog diesen Brief zeigen wollen oder nicht. Ich für mich habe nichts dawider; im Gegenteil; denn da ist er gewiß noch nicht, wo man die Wahrheit, die ein treuer Freund sagt, nicht hören will.

Das war eine Säkularpredigt, wie Goethe sie in dieser Zeit wohl nicht oft bekommen hat. Er wehrte sich gegen Klopstocks Belehrungen und Ermahnungen, schrieb kurzerhand zurück: «Verschonen Sie uns ins Künftige mit solchen Briefen, lieber Klopstock!» Doch auch der alte Johann Jacob Bodmer entrüstete sich, in Berlin war vom «aus-

schweifendsten Leben von der Welt» in Weimar die Rede,
und eines war sicher: gegen die Hofetikette wurde verstoßen, wiederholt und gründlich. Es war auch ein Protest
gegen den Rokoko-Geschmack der Zeit; jetzt war Werthers Tracht angesagt: der blaue Frack, die gelbe Weste,
hohe Stiefel – Werther war zum Leitbild der Herrenmode
geworden. Selbst Herr von Stein, nicht ohne Eitelkeit und
allem Modischen zugetan, kleidete sich so. Zu den Jagden
und Streifzügen über Land trug man große runde Hüte,
mit gelben Bändern besetzt; eine gewisse erotische Frei-
zügigkeit, an den Adelshöfen des 18. Jahrhunderts ohnehin nicht unüblich, kam noch hinzu. Goethe nannte das
«Miseln», und gemeint war ein Flirt, die kleine Liebelei
mit den jungen Mädchen in Bauerndörfern oder auch in
Weimar.

Ungetrübt war Goethes Dasein trotz alledem nicht. Es
hatte schon Ärger gegeben, als es um die Besetzung der
vakanten Superintendentenstelle in Weimar ging. Goethe
wollte Herder dafür gewinnen, hatte den Herzog und die
Herzogin-Mutter auf seiner Seite, ebenfalls die Herzogin
Louise. Selbst der Freiherr Carl von Dalberg, von Goethe
als «der Stadthalter von Erfurt» apostrophiert, setzte sich
für Herder ein.

Goethe schrieb sich das freilich alles auf seine Fahnen.
An Herder meldete er: «Bruder sei ruhig! Ich brauch' die
Zeugnisse nicht! Habe mit trefflichen Hetzpeitschen die
Kerls zusammengetrieben, und es kann nicht lang mehr
stocken, so hast du den Ruf.» Aber das Konsistorium
fühlte sich übergangen, Ressentiments kamen hoch, Herder wurde aller möglichen Laster verdächtigt, der Freigei-
sterei, mangelnder Glaubensfestigkeit. Doch Goethe gewann den Machtkampf, der Herzog zog den landfremden
Herder, der im literarischen und geistigen Deutschland bekannt und ausgewiesen genug war, einem einheimischen
Pastor vor. Aber die von der Obrigkeit übergangenen Pa-
storen nahmen das immer noch nicht als gegeben hin –
und verstärkten damit allerdings nur die Abneigung nicht
bloß des Herzogs, sondern auch Goethes gegen alles, was
mit der Kirche zu tun hatte.

Herzogin Louise und Herzog Carl August

Es blieb nicht bei den Berufungsärgernissen. Gefährlicher, auch das Ansehen der Charlotte von Stein stärker tangierend waren die Hofquerelen, in die Goethe hineingeriet und die seine Stellung bei Hofe anfangs jedenfalls zu einer prekären machten. Der Musenhof in Weimar war, so die Ansicht einiger Weimaraner, alles andere als das, was man sich darunter vorstellen mochte; es herrschte heillose Unordnung, Disharmonie. Überliefert ist der eindrucksvolle Bericht eines Hofbeamten, der wenige Wochen nach Goethe in Weimar eintraf: Siegmund von Seckendorff. Herzog Carl August hatte ihn eingeladen, und mehr als das: er hatte ihm große Versprechungen gemacht, was seinen Titel, sein Einkommen und seine Aufgaben anging. Als Seckendorff in Weimar ankam, fand er aber eher eine lärmende Bande als einen wohlgeordneten Hofstaat vor. Die Zusagen des Herzogs wurden nicht eingehalten, Seckendorff war verstimmt, schrieb: «Ich bin bald der erste, bald der zweite, bald der dritte Kammerherr; Nichts wird entschieden; man könnte bälder die Staaten des Moguls einrichten!» Vor allem aber gab es zwei Fraktionen am Hofe, und auch darüber hat Seckendorff einen recht lebendigen Bericht geliefert:

Das Ganze teilt sich jetzt in zwei Horden, von denen jene des Herzogs die geräuschvolle, die andere die ruhige ist. In der ersten rennt, jagt, schreit, hetzpeitscht und galoppiert man; seltsamerweise hält man sich dabei für geistreich, weil nämlich schöne Geister dazu gehören. Die zweite langweilt sich meistens; sie sieht ihre Pläne durchkreuzt von der anderen Gruppe, und die Vergnügen, die man sucht, entfliehen gewöhnlich in dem Augenblicke, wo sie beginnen sollen. Unser Frauenzimmer ist mittelmäßig; nur zwei Frauen darf man hübsch nennen... Man tanzt viel, man ermüdet nicht, Komödie zu spielen; aber ich weiß nicht, welches Hindernis sich der Fröhlichkeit entgegenstellt. Die Intrigen, die Ungewißheit wegen der Zukunft, die geheimen Eifersüchteleien und Kabalen geben Allen etwas Gezwungenes inmitten der Vergnügungen und nehmen den Festen Saft und Leben. So redet wohl Eins dem Andern vor, man amüsiere sich; indessen ist unter Zehn vielleicht noch nicht Einer, der sich nicht zum Sterben langweilt... Serenissimus überläßt sich fortwährend den geräuschvollsten Zerstreuungen und kommt nicht heraus aus dem Kreise der Personen, die seine Augen bezaubert haben. Alle Tage werden durch neue, ungewöhnliche Vergnügungen ausgezeichnet, ohne daß man fragt, was darüber geredet wird. Denn nach dem leider zu getreulich befolgten Systeme seiner Ratgeber gibt es keine Konvenienz in der Welt und soll es keine geben. Die geltenden Regeln stammen nach ihrer Lehre nur aus menschlichen Grillen, und der erste Mann im Staate ist in der Lage, sie abzuschaffen. Es werden ja die wunderlichsten Dinge durch die Gewohnheit geheiligt: um neue Sitten einzuführen, muß man nur die ersten Angriffe der Kritik unbeachtet lassen, und den öffentlichen Vorurteilen muß man festen Willen und Befehl entgegensetzen. Nach diesem schönen System wird gehandelt; Du wirst zugeben, daß es weit führen kann. Hoffen wir, daß die Zeit und vielleicht die Not uns eines Tages bessere Aussichten geben!

Die zwei schönen Frauen: die Herzogin Louise und Charlotte von Stein. Es war ein genialisches Sturm-und-Drang-Treiben in Weimar, und Goethe war bei allem dabei. Verständlich, daß Frau von Stein davon abgestoßen sein mußte. Ihr Ehemann war immerhin ein hoher Hofbeamter, wenngleich er sich mehr um die beste Art von Lacken auf den herzoglichen Wagen kümmerte als um seine Frau. Wie es um den Hof und die Meinung des Herzogs über den Hof bestellt war, zeigt ein anderer Brief Seckendorffs an seinen Bruder:

Der herrschende Widerwille gegen jede Art von Hof hat den Herrscher und seinen Nachfolger zu der Erkenntnis geführt, daß die Inhaber der Hofämter unnütze Möbel sind, die man besser herauswirft, statt sie noch zu vermehren. Ein dicker Gastwirt kann ebenso gut eine Tafel bedienen lassen wie ein Ritter des Falkenordens oder (was noch schlimmer ist) ein Hofmarschall! Diese Leute sind ja ewige Schwierigkeitsmacher, die sich immer über die Zeremonien beraten, deren Joch man doch abschütteln will; sie sind einem lästigen Gepränge ergeben, das der Freiheit des Mannes widerstrebt. Was zum Teufel soll man mit diesen Taugenichtsen machen als sie ausrotten und mit ihnen zugleich das Gedächtnis ihres haßwürdigen Daseins verscharren? So ungefähr ist der Plan, dem wir nachgehen, und Du verstehst also, daß mein bischen Hof-Manieren und Hofmanns-Ideen heute Kontrebande sind; ich täte besser, sie gegen eine Hetzpeitsche, hohe Stiefel, einen großen Säbel und einen Hut mit Reiherfedern auf polnische

Art einzutauschen. Freilich würde ich unter solcher Zierat lin-
kisch aussehen, was sich nur geben könnte, wenn ich noch die
nahe Universität besuchte.

Glücklicherweise gab es aber nicht nur Kritiker. Die Brüder Stolberg schrieben über Carl August:

Der Herzog ist ein herrlicher achtzehnjähriger Junge, voll Her-
zensfeuer, voll deutschen Geistes, gut, treuherzig, dabei viel Verstand. Engel Luischen ist Engel Luischen. Die verwitwete Herzogin, eine noch schöne Frau, hat viel Verstand, viel Würde, eine in
die Augen fallende Güte, so ganz ungleich den fürstlichen Personen, die im Steifsein Würde suchen; sie ist scharmant im Umgang, spricht sehr gut, scherzt fein und weiß auf die schönste Art
einem Angenehmes zu sagen. Prinz Konstantin ist ein herziges,
feines Bübchen. Eine Frau v. Stein, Oberstallmeisterin, ist ein
allerliebstes, schönes Weibchen.

Über Goethe nur enthusiastische Urteile. Auch Wieland
lobte Goethe überschwenglich, schrieb etwa Jacobi, daß er
ganz verliebt in ihn wurde, «da ich am nämlichen Tage an
der Seite des herrlichen Jünglings zu Tisch saß», und berichtete Merck: «Goethe lebt und regiert und wütet und
gibt Regenwetter und Sonnenschein tour à tour, comme
vous savez, und macht uns alle glücklich, er mache, was
er will.»

Alle glücklich? Das lose Treiben bei Hofe hätte eigentlich schon ausgereicht, um Ärgernis zu schaffen, zumindest bei dem konservativen Teil der herzoglichen Gefolg-
schaft. Aber der Herzog selbst trug dazu bei, Unruhe und
öffentliches Mißfallen noch zu vergrößern, denn er war
entschlossen, Goethe in seinen Conseil aufzunehmen,
und das bedeutete, daß ein Gast Mitglied des Minister-
rates wurde. Goethe war ja als Besucher nach Weimar gekommen; schwankte auch, ob er nicht diesen Status bei-
behalten und Weimar über kurz oder lang wieder verlassen
sollte. Aber der Herzog tat alles, um Goethe an Weimar zu
binden. Es gab heftigen Widerstand, vor allem von seiten
des Barons von Fritsch, der seinen Abschied nehmen
wollte – er war immerhin der ranghöchste Beamte der
Weimarer Verwaltung. Das war freilich auch nicht im

Sinne des Herzogs, und der bat ihn sehr eindringlich, seinen Rücktritt nicht wahrzumachen. Der Brief, den er seinem Minister schrieb, ist zugleich ein Loblied auf den jungen Dichter und seinen wohltätigen Einfluß. In diesem Brief des Herzogs hieß es:

Wäre der Dr. Goethe ein Mann eines zweideutigen Charakters, würde ein jeder Ihren Entschluß billigen, Goethe aber ist rechtschaffen, von einem außerordentlich guten und fühlbaren Herzen. Nicht alleine ich, sondern einsichtsvolle Männer wünschen mir Glück, diesen Mann zu besitzen. Sein Kopf und Genie ist bekannt. Sie werden selbst einsehen, daß ein Mann wie dieser nicht würde die langweilige und mechanische Arbeit, in einem Landes-Collegio von unten auf zu dienen, aushalten. Einen Mann von Genie nicht an dem Ort gebrauchen, wo er seine außerordentlichen Talente gebrauchen kann, heißt dieselben mißbrauchen; ich hoffe, Sie sind von dieser Wahrheit so wie ich überzeugt.

Aber Baron von Fritsch war immer noch nicht umgestimmt, und die Affäre wurde erst durch einen weiteren Brief der Herzogin-Mutter bereinigt, die auf der Seite ihres Sohnes stand, die Goethe ebenfalls unterstützte und förderte, wo sie konnte. Auch sie setzte sich für den Platz Goethes im Conseil ein, und ihr Brief ist ebenfalls indirekt ein Spiegel Goethes und seines Wirkens in Weimar. Sie schrieb an den rücktrittswilligen Minister von Fritsch:

Die Gründe, welche Sie anführen, haben mich tief bekümmert, sie sind eines feinen Kopfes, wie des Ihren, der die Welt kennt, nicht würdig. Sie sind eingenommen gegen Goethe, den Sie vielleicht nur aus unwahren Berichten kennen oder den Sie von einem falschen Gesichtspunkte beurteilen. Sie wissen, wie sehr mir der Ruhm meines Sohnes am Herzen liegt und wie sehr ich darauf hingearbeitet habe und noch täglich arbeite, daß er von Ehrenmännern umgeben sei. Wäre ich überzeugt, daß Goethe zu den kriecherischen Geschöpfen gehörte, denen kein anderes Interesse heilig ist als ihr eigenes und die nur aus Ehrgeiz tätig sind, so würde ich die erste sein, gegen ihn aufzutreten. Ich will Ihnen nicht von seinen Talenten, seinem Genie sprechen; ich rede nur von seiner Moral. Seine Religion ist die eines wahren und guten Christen, die ihn lehrt, seinen Nächsten zu lieben und es zu versuchen, ihn glücklich zu machen. Das ist doch der erste hauptsächlichste Wille unseres Schöpfers ... Machen Sie Goethes

Bekanntschaft, suchen Sie ihn erst kennenzulernen; Sie wissen, daß ich meine Leute erst gehörig prüfe, bevor ich über sie urteile, daß die Erfahrung mich in solcher Prüfung sehr geübt hat und daß ich dann ohne Vorurteil richte; glauben Sie einer Freundin, die Ihnen wahrhaft zugetan ist, sowohl aus Dankbarkeit wie aus Anhänglichkeit.

Goethe wurde am 11. Juni 1776 mit einem Gehalt von 1200 Talern im Jahr, zum Geheimen Legationsrat ernannt; er trat an die Stelle des Rates Achatius Ludwig Karl Schmid, der sich das Mißtrauen des Herzogs zugezogen hatte. Goethes Ernennung war ein außerordentlicher Vertrauensbeweis des Herzogs. Er war nicht irgendeiner eigenen Abteilung in der Verwaltung verpflichtet; das gab ihm in diesem Amt die nötige Freiheit. Immerhin: Goethe, der nach Weimar gekommen war, um zu versuchen, «wie einem die Weltrolle zu Gesicht stünde» (14. Februar 1776), hatte seine Weltrolle bekommen, auch wenn sie nur die in einem kleinen Herzogtum war.

«Goethe verursacht hier einen großen Umsturz»

Erste Urteile der Baronin

Goethes anfangs so ungefestigte Stellung warf zwangsläufig auch ein schiefes Licht auf seine Beziehung zu Charlotte von Stein. Sie war sehr viel stärker in die Hofetikette eingebunden als er, stand immer noch unter dem Einfluß Zimmermanns, und der ließ Goethe eines Tages wissen, daß man in der Welt nicht sonderlich gut von seinem Benehmen und seiner Stellung in Weimar denke. Zimmermann war über Goethes Weimarer Aufenthalt durch Charlotte von Stein gut informiert; am 6. März 1776 berichtete sie etwa an ihn: «Goethe wird hier geliebt und gehaßt. Sie können sich denken, daß es hier genug Dickköpfe gibt, die ihn nicht verstehn.» Als Charlotte von Stein dieses geschrieben hatte, kam Goethe und brachte ihr einen Zettel mit der Bitte, ihn dem Brief an Zimmermann beizulegen, und auf diesem stand: «Ich bin fest entschlossen, nichts zu hören, was man mir sagt, noch was man mir raten kann. Wie's ausgeht, daran ist auch nichts gelegen: Der Pöbel sieht auf den Ausgang, sagt ein Grieche, und die Glücklichen scheinen weise den Menschen.» Doch Charlotte fügte Kritisches hinzu. Man muß einige ihrer Äußerungen zu den Briefen hinzunehmen, die Goethe ihr schrieb, um zu erkennen, daß seine heftige Liebe zunächst einmal auf Zurückhaltung, ja auf vorsichtige Abwehr stieß. Jedenfalls nimmt sich das so aus, wenn man weitere Briefe von Charlotte von Stein an ihren Freund Zimmermann liest. So heißt es am 6. März 1776:

Ich war den Abend im Konzert, Goethe nicht, vor einigen Stunden war er bey mir gab mir vor Sie das beygeschloßne billet und war toll über Ihren Brief den er mir auch vorlas, ich vertheidigte Sie gestund ihm ich wünschte selbst er mögte etwas von seinen

wilden Wesen darum ihn die Leute hier so schief beurtheilen, ablegen, daß im Grund zwar nichts ist als daß er jagd, scharff reit,
mit der großen Peitsche klatscht, alles in Gesellschaft des Herzogs. Gewiß sind dies seine Neigungen nicht, aber eine Weile
muß ers so treiben um den Herzog zu gewinnen und dann gutes
zu stifften, so denk ich davon; er gab mir den Grund nicht an,
vertheidigte sich mit wunderbahren Gründen, mir bliebs als hätte
er unrecht. Er war sehr gut gegen mich nennte mich im Vertrauen
seines Herzens Du, das verwies ich ihn mit den sanfftesten Ton
von der Welt sichs nicht anzugewöhnen, weil es nun eben niemand wie ich zu verstehn weis und er ohne dies offt gewiße Ver-
hältniße aus den Augen setz, da springt er wild auf vom Kanape,
sagt ich muß fort, läufft ein paar mahl auf und ab um seinen
Stock zu suchen, find ihn nicht, rent so zur Thüre hinaus ohne
Abschied ohne gute Nacht; Sehen Sie lieber Zimmermann so
wars heute mit unsern Freund. Schon einige mahl habe ich bit-
tern Verdruß um ihn gehabt das weis er nicht und sols nie wißen.

Auf ihrer Seite also wenig zu sehen von einer sich an-
bahnenden Liebesbeziehung, vielmehr die Reserve der
älteren, gebildeten Frau: Es ist sein Verhalten und sein
Betragen nicht ihr, sondern der Welt gegenüber, was sie
so sehr stört. Sie hat diesem Brief zwei Tage später noch
ein Postskriptum zugefügt:

Ich sollte gestern mit der Herzogin-Mutter zum Wieland gehen,
weil ich aber fürchtete, Goethen da zu finden, tat ichs nicht. Ich
habe erstaunlich viel auf meinem Herzen, das ich dem Unmen-
schen sagen muß. Es ist nicht möglich, mit seinem Betragen
kommt er nicht durch die Welt; wenn unser sanfter Sittenlehrer
gekreuzigt wurde, so wird dieser bittere zerhackt. Warum sein be-
ständiges Pasquillieren, es sind ja alles Geschöpfe des großen Wesens, das duldet sie ja, und nun sein unanständ'ges Betragen mit
pöbelhaften niedern Ausdrücken, mit Fluchen. Auf sein moralisches, sobald es aufs Handeln ankommt, wirds vielleicht kein
Einfluß haben, aber er verdirbt andere: der Herzog hat sich wunderbar geändert, gestern war er bei mir, behauptete, daß alle Leute
mit Anstand, mit Manieren nicht den Namen eines ehrlichen
Mannes tragen könnten, wohl gab ich ihm zu, daß man in dem
rauhen Wesen oft den ehrlichen Mann fände, aber doch wohl
eben so oft in dem gesitteten; daher er auch niemanden mehr leiden mag, der nicht etwas ungeschliffenes an sich hat. Das ist nun
alles von Goethen, von dem Menschen, der für Tausende Kopf

und Herz hat, der alle Sachen so klar ohne Vorurteile sieht so
bald er nur will. Der über alles kann Herr werden, was er will. Ich
fühls, Goethe und ich werden niehmals Freunde; auch seine Art
mit unsern Geschlecht umzugehn gefält mir nicht er ist eigend-
lich was man coquet nennt es ist nicht Achtung genug in seinen
Umgang. Zerreißen Sie meinen Brief, es ist mir als wenn ich eine
Undankbarkeit gegen Goethen damit begangen hätte, aber um
keine Falschheit zu begehn will ichs ihm alles sagen sobald ich
nur Gelegenheit finde.

Ob es tatsächlich Charlottes Meinung war, die sich hier
im Brief an Zimmermann kundtut, wissen wir natürlich
nicht; aber daß Frau von Stein Goethe gegenüber ihre
Reserve auch ausgedrückt hat, entnehmen wir fast un-
scheinbaren Andeutungen in Goethes Briefen. Wenn sie
als «Besänftigerinn» angesprochen wird, dann deutet das
zumindest auf eine leichte Dissonanz im Gefühlshaushalt
der beiden hin. Aber das Zögernde, Zurückhaltende im
Wesen Charlottes hat ihn offenbar gereizt, nicht abgestoßen; Goethe war von Zuneigung, von Liebe zu Charlotte von Stein geradezu überflutet, und seine meist kurzen Briefe sprechen aus, daß es nicht ein Augenblicksfeuer
war, das ihn da ergriffen hatte. Er schreibt, wie er vorher
nie geschrieben hat. Ein Brief ist eindringlicher und groß-
artiger als der andere:

Wie ruhig und leicht ich geschlafen habe, wie glücklich ich auf-
gestanden bin und die schöne Sonne gegrüst habe das erstemal
seit vierzehn Tagen mit freyem Herzen, und wie voll Dancks
gegen dich Engel des Himmels, dem ich das schuldig bin. Ich
muss dir's sagen du einzige unter den Weibern, die mir eine Liebe
in's Herz gab die mich glücklich macht. Nicht eher als auf der
Redoute seh ich dich wieder!

So am 23. Februar 1776, irgendwann im Laufe des Tages.
Und dann kommt die Redoute, Charlotte ist da, und nach-
dem er gegangen ist, schreibt er ihr noch einmal, tief in der
Nacht: «Du Einzige die ich so lieben kann ohne dass
mich's plagt – Und doch leb ich immer halb in Furcht –
Nun mag's. All mein Vertrauen hast du, und sollst so
Gott will auch nach und nach all meine Vertraulichkeit
haben.»

In die Liebesbeziehung geistert immer wieder die Vorstellung von einer Schwester hinein, wie in jenem ersten
Brief an sie von Anfang Januar 1775, und in diesem Brief
sagt er ihr erneut, daß er seiner wirklichen Schwester
einen Bruder wünsche, so wie er an ihr, Charlotte, eine
Schwester habe. Aber dann schreibt er auch – und das ist
ein Liebeszeugnis eigener Art: «Gute Nacht. Ich habe nun
wieder auf der ganzen Redoute nur deine Augen gesehn.»
Da ist es nachts um halb eins, und es ist nicht genug, daß
er ihr vermutlich sehr viel Schönes an diesem Abend gesagt hat. Wenn er kurze Zeit aus Weimar entfernt ist, kann
er die Trennung schlecht ertragen. Er nennt sie «Engel»,
«liebste Frau» und beschwört sie: «du einziges Weibliches,
was ich noch in der Gegend liebe, und du einziges das mir
glückwünschen würde wenn ich was lieber haben könnte
als dich. – Wie glücklich müsst ich da seyn! – oder wie unglücklich! Adieu! – komm! und lass nur niemand meine
Briefe sehen.» Die Liebe zu Charlotte steigert seine Lebenslust, gibt ihm Hochgefühl. An Lavater berichtet er: «Ich
bin nun ganz eingeschifft auf der Woge der Welt – voll entschlossen: zu entdecken, gewinnen, streiten, scheitern,
oder mich mit aller Ladung in die Lufft zu sprengen.»
   Das sind nicht amouröse Briefe der herkömmlichen Art,
das ist nicht Weltliteratur, das sind nicht die berühmten
Liebeserklärungen, die hohen literarischen Rang und Öf-
fentlichkeitswirkung gehabt haben. Die kleinen Zettel,
Billetts, Mitteilungen, Notizen, die Begleitbriefe zu einem
kleinen Geschenk oder einem Buch: es scheinen Alltags-
briefe, oft Alltäglichkeiten betreffend, zu sein. Aber eben
das macht ihren unnachahmlichen Reiz aus. Sie sind von
einer Eindringlichkeit, die ihresgleichen sucht, und wenn
sie auf der einen Seite derart wirklichkeitsnah sind, so
reflektieren sie doch immer wieder Goethes Stimmung,
seine abgründige Liebe zu ihr.
   In keinem dieser Briefe wird man eine kunstvolle Liebessprache finden, man spürt geradezu die Scheu Goethes
vor sprachlichen Exaltationen. Aber Goethe hat selten
eine größere Unmittelbarkeit seines Sprechens erreicht
als in diesen scheinbar belanglosen vielen kleinen Billetts

und Notizen zum Tage, in die immer wieder Sätze einge-
sprengt sind, die die Aufrichtigkeit seiner Gefühle bezeugen. «Mir ists genug dass ich Sie so lieb haben kann, und
das übrige mag seinen Weeg gehen» – so im Brief vom
20. März 1776. Häufig führen diese kleinen Briefe Gespräche fort, von denen wir nur ahnen, wie intensiv, wie
gefühlsstark sie waren.

Wenn er auf Reisen ist wie im März 1776 nach Leipzig,
gedenkt er ihrer nicht weniger stark, nicht weniger häufig,
als wenn er neben ihr in Weimar wohnt. Er grüßt sie zu
allen Tages- und Nachtzeiten, aber es kommt nie ein
falsches Pathos in seine Sprache, sie ist mit jeder Zeile aufrichtig. Wenn die Sonne aufgeht, ist es wie «ein Blick voll
Hoffnung Erfüllung und Verheisung», und ein andermal:
«Ich bin ruhig, dencke an dich, und von dir aus an alles
was ich lieb habe.»

Gelegentlich reizt es ihn aber auch, Charlotte ein wenig
zu ärgern, bei aller Liebe. Als er in Leipzig ist, berichtet er
scheinbar in aller Unschuld: «Die Schröter ist ein Engel –
wenn mir doch Gott so ein Weib bescheeren wollte dass
ich euch könnt in Frieden lassen – Doch sie sieht dir nicht
ähnlich gnug. Ade.» Noch einmal erwähnt er die Schröter
– «ein edel Geschöpf in seiner Art» – und hatte vorher
schon geschrieben: «Die Schrötern ist gar lieb und gut.»
Charlotte reagierte offenbar empfindlich, sprach vom «tiefen Unglauben» an sich selbst. Das bedrückte Goethe wiederum – aber er hatte sein Ziel erreicht, nämlich Charlotte
eifersüchtig zu machen. Und wenn er schreibt: «Bald
komm ich. Noch kann ich nicht von der Schrötern weg»,
dann nutzt er diese willkommene Gelegenheit, erneut
nachzustoßen und die Eifersuchtsflamme ein wenig länger
zu schüren. Immerhin ist Corona Schröter eine ebenso
schöne wie erfolgreiche Schauspielerin.

Je häufiger man sich sieht, als Goethe wieder zurück ist,
je häufiger die kleinen Briefe gewechselt werden, desto tiefer wird seine Bindung an sie. Das Tagebuch, 1776 begonnen, hat für die Liebesbeziehung allerdings nur eine kühle
Sprache, jedenfalls anfänglich. Unter dem 25. April 1776
ist zu lesen: «Mit der Stein, Schardt. Wieland und den

Grasaffen im garten.» «Die Stein» – die «Grasaffen» sind
ihre drei Söhne. Am 30. April heißt es lapidar: «Bey St.».
Gelegentliche Begegnungen sind unter der Sigle «St» vermerkt, häufig nur, daß er mit ihr zusammen gegessen hat.

Welch eine andere Sprache in den Briefen! Als er aus
Leipzig wieder zurück in Weimar ist, gilt ihr der erste Brief
mit der Bitte, zur ihr kommen zu dürfen. In einem weiteren an seine Tante Johanna Fahlmer steht Aufschlußrei-
ches über eine andere Bindung: «Von Lili nichts mehr, sie
ist abgethan, ich hasse das Volck lang im tiefsten Grunde
[…]. Hol sie der Teufel. Das arme Geschöpf bedaur ich dass
sie unter so einer Race gebohren ist.» Nun, neben Charlotte von Stein konnte Lili Schönemann wohl nicht bestehen. Wie einzigartig Charlotte für ihn war, hat er ihr oft
gesagt, und gelegentlich auch anderen. So gestand er Wieland: «Ich kann mir die Bedeutsamkeit – die Macht, die
diese Frau über mich hat, anders nicht erklären als durch
die Seelenwanderung. – Ja, wir waren einst Mann und
Weib! – Nun wissen wir von uns – verhüllt, in Geisterduft.
– Ich habe keine Namen für uns – die Vergangenheit – die
Zukunft – das All.» Die Idee der Seelenwanderung war damals populär, aber es ist andererseits nur ein schwacher
Versuch Goethes, die Attraktion zu beschreiben, die von
Charlotte von Stein ausgeht.

Goethe hält es für Schicksal, für eine Art überirdische
Notwendigkeit, die sie beide zusammengeführt hat. Daß
das früher schon einmal gewesen sein muß und in Zukunft natürlich auch wieder sein soll, diese Idee taucht
noch in anderen Briefen auf. So an Charlotte von Stein am
22. April 1776: «Hier ein Zeichen dass ich lebe, dass ich
Sie liebe. Und immer Ihr voriger, gegenwärtiger und
zukünftiger bin.» Das Liebesbündnis, das ein Bündnis in
Worten, Gesten, Gebärden, Blicken ist, soll ewig dauern –
und weil die Gefühle ihn überfließen, nimmt er gelegentlich Abstand. Am 1. Mai 1776: «Heut will ich Sie nicht
sehn. Ihre Gegenwart gestern hat so einen wunderbaaren
Eindruck auf mich gemacht, dass ich nicht weis ob mir's
wohl oder weh bey der Sache ist. Leben Sie wohl. Liebste
Frau.» Es muß ihm allerdings nicht leichtgeworden sein,

Goethe, gezeichnet von
Georg Melchior Kraus, 1776

sie nicht sehen zu wollen, und er sagt es auch am nächsten Tag: «Guten Morgen. Mir fiels schweer liebe Frau gestern mein Gelübde zu halten, und so wird mir's auch heut mit Ihrem Verlangen gehen.» Und dann kommt ein Zusatz, der zeigt, daß gelegentlich auch Schatten auf die Liebesbeziehung fallen: «Doch da meine Liebe für Sie eine anhaltende Resignation ist, mag's denn so hingehn. Dencken Sie mein.»

Es gab in der Tat Krisen, Gefährdungen, Zurückweisungen, Verletzlichkeiten. Am 15. April hat Goethe davon gehört, daß er Charlotte von Stein beleidigt habe – und er beeilt sich, ihr zu schreiben: «Mir ists lieb dass ich's weis – Sie thun mir Unrecht, ich weis dass ich's gesagt habe, erinnre mich aber nicht mehr auf was, wie mich dünckt war's in Wind, um was zu reden da oben herunter. – *An Sie hab ich nicht gedacht*, da wär's schändlich. Adieu liebe Schwester weils denn so seyn soll.»

Wir wissen nicht, was vorgefallen ist, ein unbedachtes Wort offenbar, das Charlotte von Stein falsch verstanden hat. Natürlich wußte die Hofgesellschaft mehr oder weniger um die Beziehung, die sich da eingestellt hatte, aber das war an sich noch kein Grund zur Beunruhigung. Die schöne und anmutige Charlotte von Stein war sicherlich empfänglich für die Huldigungen, die ihr von Goethe dargebracht wurden, und sie sah offenbar ihre Rolle so, wie Goethe sie einmal tituliert hatte, nämlich als «Besänftigerinn». Sie wußte, daß sie für Goethe der «Engel» war, hatte er sie doch oft genug so benannt.

Herzog Carl August wußte auch um die Beziehung Goethes zu Frau von Stein, aber er hat sie goutiert, Goethe gelegentlich damit geneckt, sicherlich kein Mißfallen geäußert – dergleichen gehörte zum Hofton nicht nur in Weimar. Aber für Charlotte muß es auch einiges an Unsicherheit mit sich gebracht haben, zumal Goethe eben alles andere als ein unumstrittener heimlicher Herrscher am Hof des Herzogs war.

Frühe Bilder der Frau von Stein

Briefe, Gedichte und Porträts

Goethe hat Frau von Stein zu einer Göttin stilisiert, und was in Wirklichkeit nicht war, hat er als poetische Realität beschrieben: in einem Gedicht, das erst 1848 zum ersten Mal veröffentlicht wurde – Zeugnis der Seelenfreundschaft, die seine Beziehung zu Charlotte von Stein (auch) war:

> Warum gabst du uns die tiefen Blicke,
> Unsre Zukunft ahnungsvoll zu schaun,
> Unsrer Liebe, unserm Erdenglücke
> Wähnend selig nimmer hinzutraun?
> Warum gabst uns, Schicksal, die Gefühle,
> Uns einander in das Herz zu sehn,
> Um durch all die seltenen Gewühle
> Unser wahr Verhältniß auszuspähn?
>
> Ach, so viele tausend Menschen kennen,
> Dumpf sich treibend, kaum ihr eigen Herz,
> Schweben zwecklos hin und her und rennen
> Hoffnungslos in unversehnem Schmerz;
> Jauchzen wieder, wenn der schnellen Freuden
> Unerwart'te Morgenröthe tagt;
> Nur uns armen liebevollen Beiden
> Ist das wechselseit'ge Glück versagt,
> Uns zu lieben, ohn' uns zu verstehen,
> In dem andern sehn was er nie war,
> Immer frisch auf Traumglück auszugehen
> Und zu schwanken auch in Traumgefahr.
>
> Glücklich, den ein leerer Traum beschäftigt,
> Glücklich, dem die Ahnung eitel wär'!
> Jede Gegenwart und jeder Blick bekräftigt
> Traum und Ahnung leider uns noch mehr.
> Sag', was will das Schicksal uns bereiten?
> Sag', wie band es uns so rein genau?
> Ach, du warst in abgelebten Zeiten
> Meine Schwester oder meine Frau.

Kanntest jeden Zug in meinem Wesen,
Spähtest wie die reinste Nerve klingt,
Konntest mich mit Einem Blicke lesen,
Den so schwer ein sterblich Aug' durchdringt;
Tropftest Mäßigung dem heißen Blute,
Richtetest den wilden irren Lauf,
Und in deinen Engelsarmen ruhte
Die zerstörte Brust sich wieder auf;
Hieltest zauberleicht ihn angebunden
Und vergaukeltest ihm manchen Tag.
Welche Seligkeit glich jenen Wonnestunden,
Da er dankbar dir zu Füßen lag,
Fühlt' sein Herz an deinem Herzen schwellen,
Fühlte sich in deinem Auge gut,
Alle seine Sinnen sich erhellen
Und beruhigen sein brausend Blut!

Und von allem dem schwebt ein Erinnern
Nur noch um das ungewisse Herz,
Fühlt die alte Wahrheit ewig gleich im Innern,
Und der neue Zustand wird ihm Schmerz.
Und wir scheinen uns nur halb beseelet,
Dämmernd ist um uns der hellste Tag.
Glücklich, daß das Schicksal das uns quälet
Uns doch nicht verändern mag!

Goethe hat das Gedicht als Brief an Frau von Stein gesandt; er hat keine Abschrift bei sich behalten, es fand sich
zwischen seinen Briefen an Charlotte. Es verrätselt die
Liebesbeziehung zu Charlotte von Stein – und enthüllt sie
doch gleichzeitig, gerade in der eigentümlichen Zwiespältigkeit, in ihrer Unerfülltheit, und zugleich ist es ein
Zeugnis dafür, wie sehr Goethe der Charlotte von Stein
verfallen war. Auch hier der Gedanke der Seelenwanderung, um zu erklären, was eigentlich unerklärlich war. Es
ist nicht nur ein Liebesgedicht an Charlotte von Stein,
sondern zugleich ein Versuch, sich über sich selbst, die
eigene Rolle klar zu werden. Der Anteil an Gedanklich-
keit ist hier zweifellos sehr viel höher als der an Empfindungen: keine Erfüllung, sondern eigentlich nur Sehnsucht und die Gewißheit, füreinander bestimmt zu sein,
ohne daß das Realität werden könnte. Wenn von «uns

armen liebevollen Beiden» die Rede ist, dann kennzeich-
net das sehr genau den Gefühlsstatus dieser Beziehung,
ebenso die Feststellung, daß das «wechselseit'ge Glück
versagt» sei. «Traumglück» – nichts scheint, was Goethe
betrifft, die Beziehung deutlicher und eindeutiger zu cha-
rakterisieren, und dieses Wort könnte für die lange Kette
der Liebesbriefe dieser Wochen und Monate stehen. Hinter
allem die Ungewißheit, wie es weitergehen soll, oder, in
Goethes poetischer Sprache: «was will das Schicksal uns
bereiten?»

Goethe gibt hier gleichsam ein Psychogramm seines eigenen Wesens und Zustands, wenn er vom «wilden irren
Lauf» spricht und vom «heißen Blute», dem sie, Charlotte
von Stein, früher, in jenen «abgelebten Zeiten», «Mäßigung» gegeben habe – wieder erscheint hier das Bild von
der «Besänftigerinn». Goethe verlegt in die Vergangenheit,
was er sich als Gegenwart erhofft: in jenen «abgelebten
Zeiten» sieht er als geschehen, was die Gegenwart ihm
versagt. Als Erinnerung ist camoufliert, was in Wirklichkeit Goethes Wunschphantasie ist, und so sind Nähe und
Distanz, Erwartung und Einsicht in das, was nicht erwartet werden kann, gleichermaßen in diesem Gedicht ausgedrückt. Goethe weiß um sein «brausend Blut», aber
er weiß auch, daß es beruhigt sein will – es ist ein Teil
dessen, was seine Beziehung zu Charlotte ausmacht; er
braucht auch das Besänftigende ihres Wesens, das Schwe-
sterlich-Mütterliche.

In diesen Wochen und Monaten ist Goethe alles andere
als ein selbstsicherer Liebhaber, er kann das «wahr Verhältniß» nicht definieren, und so ist dieses Gedicht eigentlich eher ein Klagelied denn ein Liebesgedicht. Es ist
sehr viel persönlicher, als es den Anschein haben mag –
wenn man es mit platonischen Gedichten anderer verglichen hat, so gilt diese Kategorie in nur sehr einge-
schränktem Maße. Es geht durchaus nicht nur um eine
geistige Seelenfreundschaft, und ganz abwegig ist es, hier
etwa an Minnelieder des Mittelalters zu denken, an die
Verehrung Dantes für Beatrice, Petrarcas für Laura. Das
Gedicht dokumentiert zunächst einmal nichts anderes als

die tiefe Unsicherheit, die Goethe spürt, aber ebenso die Unbedingtheit und Einzigartigkeit seiner Liebesbeziehung zu Charlotte von Stein. Im Grunde sind es Fragen an die Zukunft. Unsicher war die Beziehung in diesen Wochen sicherlich, die gesellschaftlichen Verhältnisse trugen ebenso dazu bei wie das auch öffentlich umstrittene Dasein Goethes in Weimar. So ist das Ganze denn eher eine seelische Bestandsaufnahme als ein hoffnungsvolles Gedicht, und das Zweifelnde, Zögernde, Ungewisse dieser Beziehung kommt hier sehr viel stärker zum Ausdruck als in den kleinen Briefen und Billetts, die Goethe an Frau von Stein geschrieben hat. Es zeigt aber auch, in welchem Ausmaß Goethe immer noch diese Beziehung stilisiert, sie gleichsam zu einem Erinnerungstraum macht, den er hier noch einmal träumt.

Charlotte von Stein mußte klar sein, daß sie bei Goethe zur Idealgestalt erhoben war, daß der auf der anderen Seite aber mehr erwartete. Goethe hatte nicht nur eine Seelenfreundschaft im Sinn – eine solche hatte er längst in seinen Briefen an Auguste zu Stolberg ausgelebt. Er war sich seiner Liebe sicher, und gleichzeitig war er sich gar nicht sicher, wie es um die Zukunft dieser Liebe bestellt war: Charlotte von Stein neigte sich ihm zu, entzog sich ihm, und sein langes Gedicht sollte sie offenbar auf seine Lage aufmerksam machen, sie aber auch überzeugen, daß das Band zwischen ihnen nicht mehr zu trennen war.

Nur einmal noch ein langer Brief an Auguste zu Stolberg – er hat, mit Unterbrechungen natürlich, sieben Tage lang daran geschrieben. Am 18. habe er mit dem Herzog gegessen, «nach Tisch ging ich zur Frau v. Stein einem Engel von einem Weibe, frag die Brüder, der ich so offt die Beruhigung meines Herzens und manche der reinsten Glückseeligkeiten zu verdancken habe. der ich noch nichts von dir erzählt habe, das mir viel Gewalt gekostet hat, heut aber will ich's thun will ich tausend Sachen von Gustgen sagen.» Aber das ist natürlich keine Liebeskonkurrenz, die sich da angebahnt hat – die eine ist und bleibt die Seelenfreundin, der Goethe freilich in Zukunft nicht mehr sehr viel zu schreiben haben wird, die andere die «Besänftigerinn», die Geliebte. Es ist wohl immer noch eine Liebe aus der Ferne, der er diese «reinsten Glückseeligkeiten» verdankt – so, als habe es außer den tiefen Blicken nicht sehr viel mehr gegeben. Das Tagebuch vermerkt nichts anderes, als daß er häufiger mit Frau von Stein gegessen habe – ein Tagebuch im modernen Sinne ist das nicht, aber sein Tagebuch schrieb er ja anderswo, etwa in den Briefen an Auguste zu Stolberg. Die Eintragungen in sein Diarium sind um Unendlichkeiten entfernt von seinen Briefen.

Es gibt seelische Aufschwünge und Tiefs. Ein Brief Charlottes an Zimmermann läßt etwas von Goethes Ungestüm erkennen, von dem Unberechenbaren, das Lotte verwirrt. Am 1. Mai schreibt er an sie: «Du hast recht mich zum heiligen zu machen, das heisst mich von deinem Herzen zu entfernen. Dich so heilig du bist kann ich nicht zur heiligen machen, und hab nichts als mich immer zu quälen dass ich mich nicht quälen will. Siehst du die treffliche Wortspiele. Also auch Morgen. Gut, ich will dich nicht sehen! – Gute Nacht.» Das ist ein Reflex auf Charlottes Verhalten. Am folgenden Tag ist die Rede von seiner «anhaltenden Resignation».

Ihre Antwort findet sich in einem Brief an Zimmermann: «Mir geht's mit Goethen wunderbar», berichtet sie am 10. Mai 1776. «Nach acht Tagen, wie er mich so heftig verlassen hat, kommt er mit einem Übermaß an Liebe wieder. Ich hab zu mancherlei Betrachtungen durch Goethen Anlaß bekommen; je mehr ein Mensch fassen kann, deucht mir, je dunkler, anstößiger wird ihn das Ganze, je eher fehlt man den ruhigen Weg. [...] Ich bin durch unßern lieben Goethe ins deutsch schreiben gekommen wie Sie sehen, und ich danks ihm, *was wird er wohl noch mehr aus mir machen?* denn wen er hier, lebt er immer um mich herum: jetzt nenn ich ihn meinen Heiligen und darüber ist er mir unsichtbar worden, seit einigen Tagen verschwunden und lebt in der Erde fünf Meilen von hier in Bergwerke.»

Goethe ist nach Ilmenau gefahren. Er hatte vorher schon, am 4. Mai, aus Ilmenau geschrieben: «Und mir ist lieb dass ich weg bin. Ich weis nicht gestern früh! was es

machte mir ward weh bey Ihnen – Nun weis ich nicht
wann ich wiederkomme!» Natürlich wußte Goethe, daß
seine Liebe nicht völlig uneingeschränkt von Frau von
Stein erwidert wurde – dennoch immer wieder seine Bitte
um Liebe: «Hab mich nur ein bissel lieb. Ich erzähl dir
auch viel und hab dich lieber als du magst» – so am 6. Mai
aus Ilmenau. Aber dann setzen die Briefe einige Tage lang
aus, und in dieser Zwischenzeit äußert sich Frau von Stein
in einem Brief nicht nur an Zimmermann, sondern auch
in einem weiteren an eine Freundin Zimmermanns, Luise
von Döring, ebenfalls am 10. Mai über Goethe. Dieser
Brief steht in auffälligem, ja krassem Gegensatz zu den
Liebesbeteuerungen Goethes, und er scheint anzuzeigen,
wie groß die Differenz zwischen Goethe und seinem
«Engel» tatsächlich noch war. Sie schrieb:

Goethe verursacht hier einen großen Umsturz; wenn er auch
wieder Ordnung machen kann, um so besser für sein Genie!
Sicherlich ist seine Meinung gut, aber zu große Jugend und zu ge-
ringe Erfahrung – doch warten wir das Ende ab! *All unser Glück
ist von uns gewichen*, unser Hof ist nicht mehr, was er war. Ein
Herr, der mit sich selber und mit aller Welt unzufrieden ist, der
täglich sein Leben und sein bißchen Gesundheit auf's Spiel setzt,
um diese letztere zu stärken; sein Bruder noch haltloser; eine
bekümmerte Mutter, eine unzufriedene Gattin: alle zusammen
gute Leute *aber Nichts, was in dieser unglücklichen Familie
zusammen stimmt.*

Auch hier weiß man nicht, ob das den wirklichen Verhältnissen, mehr noch: ob es der wirklichen Anschauung
Charlotte von Steins entsprach. In einem Punkt war sie
gewiss falsch unterrichtet: Mochte Louise, die junge Herzogin, auch unzufrieden sein, die Herzoginmutter Anna
Amalia war durchaus nicht bekümmert, und von einer unglücklichen Familie ließ sich so nicht sprechen. Äußerte
sich hier die Hofdame von Stein, die als solche mißbilligen
mußte, was da in Weimar geschah? Waren es nur Konvenienz und Sitte, die sie zu diesem so scharfen Urteil brachten? Oder wurde nicht darin vielleicht auch der Altersunterschied zwischen Charlotte von Stein und Goethe
sichtbar, der damals weitaus schwerer ins Gewicht fiel als

heute? Hatte Charlotte von Stein zwei Gesichter, ein Goethe zugewandtes, liebenswürdiges, anziehendes, und andererseits das Gesicht der Hofdame, die auch Goethe gegenüber damals eine viel größere innere Distanz hatte, als das etwa aus den Briefen Goethes an sie zu schließen ist? Wollte Charlotte von Stein nach außen hin anders erscheinen, als sie sich Goethe gegenüber verhielt, oder sah Goethe viel zuviel in diese Beziehung hinein, die von ihrer Seite aus, jedenfalls in diesen Wochen, mit erheblichen Vorbehalten belastet war? Hatte sie kein Verständnis dafür, was Goethe sein «affisches Wesen» nannte und von dem er hoffte, daß es ihm wieder «ins Blut käm», wie es im Brief vom 13. April 1776 heißt? Hatte Goethe noch einen Blick für die Realitäten bei Hofe, war er imstande, die Rolle Charlotte von Steins zu würdigen, die Distanz zu erkennen, auf die sie immer wieder ging?

Charlotte von Stein scheint Goethe immer von neuem zurückgewiesen zu haben. Das traf ihn jedes Mal tief. Ein bewegender Brief datiert vom 24. Mai 1776; er ist die Antwort auf ihre Feststellung, daß sie mit ihm «nicht leben» könne:

Also auch das Verhältniss, das reinste, schönste, wahrste, das ich ausser meiner Schwester ie zu einem Weibe gehabt, auch das gestört! – Ich war drauf vorbereitet, ich litt nur unendlich für das Vergangne und das Zukünftige [...] Ich will Sie nicht sehn, Ihre Gegenwart würde mich traurig machen. Wenn ich mit Ihnen nicht leben soll, so hilft mir Ihre Liebe so wenig als die Liebe meiner Abwesenden, an der ich so reich bin. Die *Gegenwart* im Augenblicke des Bedürfnisses entscheidet alles, lindert alles, kräfftiget alles. Der Abwesende kommt mit seiner Sprüzze wenn das Feuer nieder ist – und das alles um der Welt willen! Die Welt die mir nichts seyn kann will auch nicht dass du mir was seyn sollst – Sie wissen nicht was sie thun. Die Hand des Einsam verschlossnen, der die Stimme der Liebe nicht hört, drückt hart wo sie aufliegt. Adieu beste.

Als Kern dieser Störung kann man vielleicht herauslesen, daß das Verhältnis zu Charlotte von Stein Gerede mit sich gebracht hat, daß die Beziehung Goethes zu ihr von ihr selbst als unzuträglich und unzumutbar empfunden wurde

– und Charlotte scheint sich, zumindest vorübergehend, zurückgezogen zu haben. Goethe ist betroffen, nicht verletzt, sondern unglücklich darüber, daß er ihr Schmerz zugefügt hat: «Verzeihen Sie, dass ich Sie leiden mache, ich wills künftig suchen allein tragen zu lernen», entschuldigt er sich am folgenden Tag. Und: «Ich war heut in mich gekehrt.»

Das Gerede in der Welt nimmt er nicht ernst. Bedrückender sind die inneren Turbulenzen, in die Goethe geraten zu sein scheint. Möglicherweise hat Charlotte von Stein Goethe gebeten, die Beziehung nicht weiter zu intensivieren, nicht so häufig zu kommen, denn er antwortet am 4. Juni nach Tagen von ihr auferlegter Abwesenheit und Trennung: «Ich will sehn ob ich aushalte nicht zu kommen. Ganz sind Sie nicht sicher vor mir.» Ein Gespräch muß anschließend aber wieder stattgefunden haben, denn Goethe reflektiert es und schreibt am 7. Juni 1776: «Sie sind lieb dass Sie mir alles gesagt haben! – man soll sich alles sagen wenn man sich liebt.» Darauf wieder mehrfache Botschaften, daß er sie nicht sehen, sich überwinden wolle. Es sieht fast nach temporärer Verbannung aus – offenbar bekam er so etwas wie ein halbes Schreib- oder sogar ganzes Besuchsverbot. Denn wie wäre es sonst zu verstehen, wenn er schreibt: «Seyn Sie mir lieb wie immer, ich will auch seltner schreiben und kommen»? Es fällt auf, daß das «Du» nicht mehr so häufig in diesen Briefen ist, so als ob auch eine innere Distanz sichtbar geworden wäre. Er wünscht sich: «Bleiben Sie mir immer die liebe, unveränderliche von Ewigkeit zu Ewigkeit. Amen» – das wirkt fast schon wieder ein wenig formelhaft, mit theologischer Redeweise grundiert. Trotzdem: es ist echt.

Die Krise vom Frühsommer 1776 geht vorüber. Am Ende hat sie die Beziehung noch intensiviert. Jede Trennung macht ihm bewußt, wie sehr er Charlotte von Stein liebt und wie sehr es ihn schmerzt, daß er sie eigentlich nicht lieben darf. «Leb ich doch stets um derentwillen / Um derentwillen ich nicht leben soll», heißt es in einem Gedicht, das er an Charlotte richtet. Über eines ist er hingegen völlig hinweg: die Liebesgeschichte mit Lili. Am

9. Juli berichtet er, daß er im Bett gelegen, einen Brief bekommen, «dumpfsinnig» gelesen habe – «dass Lili eine Braut ist!! kehre mich um und schlafe fort. – Wie ich das Schicksaal anbete, dass es so mit mir verfährt! – So alles zur rechten Zeit – Lieber Engel gute nacht.»

Je länger Charlotte fort ist, desto schwerer ist diese Abwesenheit für ihn zu ertragen. «Du fehlst *Allen*», heißt es am 16. Juli, und zur Bestätigung noch einmal eine Woche später: «Die Liebe giebt mir alles und wo die nicht ist, dresch ich Stroh.» Er zeichnet viel – aber nur für Charlotte, und sagt es ihr auch. Das, was die Zwiespältigkeit seines Lebens ausmacht, setzt er in Verse:

> Ach wie bist du mir,
> Wie bin ich dir geblieben!
> Nein an der Wahrheit
> Verzweifl ich nicht mehr.
> Ach wenn du da bist,
> Fühl ich, ich soll dich nicht lieben
> Ach wenn du fern bist,
> Fühl ich ich lieb dich so sehr.

Und dann kommt sie wieder, und Goethe hat nur noch Augen für sie – das ist wörtlich zu verstehen. An Herder schreibt er am 9. August 1776: «Den Engel die Stein hab ich wieder, sie ging über Meiningen und Ilmenau zurück nach Weimar. Einen ganzen Tag ist mein Aug nicht aus dem ihrigen kommen, und mein gnomisch verschlossen Herz ist aufgethaut.» Er hat ja versucht, von ihr loszukommen, und als sie zurück ist, hat sie das alles «wieder zu Grunde gerichtet».

Es bleibt bei der Zwiespältigkeit der Situation, der Gefühle, der Gegenliebe, und manche Briefe konstatieren das in klarer Erkenntnis: «Wir können einander nichts seyn und sind einander zu viel.» Er ist traurig, wenn er sie nicht sehen kann, kann ohne ein Zeichen von ihr eigentlich gar nicht überleben. Das alles ist keine Schwärmerei, es geht ihm wirklich schlecht, obwohl seine Lage im Grunde «die glücklichste» ist, «die eine menschliche Einbildung sich kaum zu wünschen wagt». Natürlich weiß man in Weimar darum. Und er gesteht ihr gerne, daß Wieland

gemerkt habe, für wen er eigentlich gezeichnet habe –
«Wieland sagt meiner Zeichnung die ich iezt mache säh
man recht an *wen* ich lieb hätte.» Wie hätte er das auch
verbergen können, verbergen sollen!

Für sein Tagebuch verwendet er vom Juni 1776 an Zeichen, und das Zeichen für Charlotte von Stein ist ⊙. Es ist
das Symbol für Sonne. Goethe hat auch Chiffren für andere am Ort: Herzog Carl August figuriert als Jupiter, Herzogin Anna Amalia als Mond, Herzogin Louise als Stern.
Venus ist die Gräfin von Werthern, Merkur ist Wieland.
Ein Spiel, das Goethe hier im Tagebuch treibt, und zugleich ein Symbol von einiger Tiefe: Charlotte von Stein
ist seine Sonne, Mittelpunkt seines Weltsystems. Aber das
Sonnenlicht ist auch im Herbst 1776 wieder einmal ver-
dunkelt, die sommerliche Nähe scheint gestört, und es ist
mehr als Tagesärger, der sich bei Goethe breitgemacht hat
und ihn zeitweise verdüstert. Daß sich Anfang Oktober
für Goethe die Welt verändert hat, schlägt selbst ins Tagebuch durch: Am 7. heißt es verräterisch: «Nach Tisch ⊙
finsterniss.» Das ist der Tag vor der Abreise Charlotte von
Steins – unter dem 8. Oktober ist vermerkt: «Die ⊙ weg.»
Ein Brief an Charlotte von Stein vom 7. Oktober zeigt das
ganze Ausmaß der Sonnenfinsternis an:

Leben Sie wohl beste! Sie gehen und weis Gott was werden wird!
ich hätte dem Schicksaal danckbaar seyn sollen, das mich in den
ersten Augenblicken da ich Sie wiedersah so ganz rein fühlen lies
wie lieb ich Sie habe, ich hätte mich damit begnügen und Sie
nicht weiter sehen sollen. Verzeihen Sie! Ich seh nun wie meine
Gegenwart Sie plagt, wie lieb ist mir's dass Sie gehn, in einer
Stadt hielt ichs so nicht aus. Gestern bracht ich Ihnen Blumen
mit und Pfirschen, konnts Ihnen aber nicht geben wie Sie waren,
ich gab sie der Schwester. Leben Sie wohl. Bringen Sie das Len-
zen.

Das läßt seine Verstörung erkennen – Briefe dieser Art
sucht man am Anfang der Liebesbeziehung vergebens. Bei
Goethe lösen derartige Turbulenzen immer wieder das
gleiche aus: Fluchtgedanken. Aber auch sie scheint ihm
wiederholt ganz bewußt entflohen zu sein. In dem Brief
heißt es weiter:

Sie kommen mir eine Zeither vor wie *Madonna* die gen Himmel fährt, vergebens dass ein rückbleibender seine Arme nach ihr ausstreckt, vergebens dass sein scheidender trähnenvoller Blick den ihrigen noch einmal niederwünscht, sie ist nur in den Glanz versuncken der Sie umgiebt, nur voll Sehnsucht nach der Krone die ihr überm Haupt schwebt. Adieu doch Liebe!

Charlotte hat auf die Rückseite des Briefs ein Gedicht notiert, das zu erkennen gibt, was der Grund für ihre Zurückweisung ist:

> Ob's unrecht ist was ich empfinde
> und ob ich büßen muß die mir so liebe Sünde
> will mein Gewißen mir nicht sagen;
> vernicht' es Himmel du! wenn michs je könt anklagen.

Also Sünde, wenn auch eine liebe? Die Verse zeigen, daß sie mehr empfand als nur Seelenfreundschaft – und sich davor ängstigte.

Erst einen Monat später ist Charlotte von Stein wieder zurück. Das Tagebuch vermerkt: «Stein angekommen mit ihr zu Nacht gessen. Nachts Tanz bis früh drei.» Nur Tanz? Einiges mehr schon –- und wir können das auch erschließen. Am 3. November 1776 schreibt Goethe an sie: «Ich bite Sie um das Mittel gegen die wunde Lippe, nur etwa dass ich's finde heut Abend wenn ich zurückkomme. Muss ich Sie schon wieder um etwas bitten um etwas heilendes.» Was war geschehen? Am 2. November hat Goethe ein Gedicht geschrieben: «An den Geist des Johannes Sekundus». Er hat es Charlotte geschickt. Es lautet:

> Lieber, heiliger, groser Küsser,
> Der du mir's in lechzend athmender
> Glückseeligkeit fast vorgethan hast!
> Wem soll ich's klagen? klagt ich dir's nicht!
> Dir, dessen Lieder wie ein warmes Küssen
> Heilender Kräuter mir unters Herz sich legten,
> Dass es wieder aus dem krampfigen Starren
> Erdetreibens klopfend sich erholhte.
> Ach wie klag ich dir's, dass meine Lippe blutet,
> Mir gespalten ist, und erbärmlich schmerzet,
> Meine Lippe, die so viel gewohnt ist
> Von der Liebe süssem Glück zu schwellen.

Und, wie eine goldne Himmelspforte,
Lallende Seeligkeit aus und einzustammeln.
Gesprungen ist sie! Nicht vom Biss der Holden,
Die, in voller ringsumfangender Liebe,
Mehr mögt' haben von mir, und mögte mich Ganzen
Ganz erküssen, und fressen, und was sie könnte!
[...]

Goethe hat das Gedicht später umgearbeitet und mit *Liebebedürfniß* überschrieben. Es sei, so schon die erste Fassung, die Lippe nur gesprungen, weil ihn der Herbstwind angepackt habe. Aber das Gedicht verrät selbst den wahren Grund und sollte es wohl auch Charlotte gegenüber.

Doch bei Goethe zugleich erneut der Wunsch abzureisen, Fluchtgedanken. Im Brief heißt es auch: «Gestern Nacht haben mich Stadt und Gegend und alles so wunderlich angesehen. Es war mir als wenn ich nicht bleiben sollte.» Verdüsterungen stellen sich immer wieder ein. «Gestern hatt ich einen Pick auf euch alle drum kam ich nicht. Addio», steht in einem kurzen Brief an Charlotte von Stein. Das war keine vorübergehende Laune, nichts nur atmosphärisch Bedingtes. Am 1. Dezember 1776 schreibt er an Charlotte:

Ich sollte gar nichts schreiben, denn ich weis nicht wie mir ist. Die Reise muss wohl gut seyn, da sie mich aus der tiefsten Verwirrung mein selbst herausreisst. Addio. Ich ruhe auf Ihrer Hand.

Es war eine Reise nach Leipzig, am 2. Dezember angetreten. Am 21. war Goethe wieder zurück, schrieb an Charlotte von Stein aber wiederholt schon von unterwegs. Daß sie sein Kompaß ist, nach dem er seine Existenz einnordet, geht aus kleinen Andeutungen hervor: «Mir ist in all meinen Verwirrungen immer ein freudiger Aufblick wenn ich an Sie dencke.» Und: «Sie sind immer gleich und ich wie der Mond in seinen Veränderungen sich auch gleich!» Ihm tut es gut, «dass so viel neues um mich herum lebt». Goethe schreibt zwischendurch an seinen *Geschwistern*, es soll ein Stück werden für den Geburtstag der Herzogin Louise.

Die Störungen und seelischen Turbulenzen, von denen Goethe andeutend berichtet, sind freilich nicht sozialer Natur. Denn eigentlich ist er gerne in Weimar, gibt das auch hin und wieder zu erkennen. Gelegentlich spricht er sogar davon, daß er «so rein glücklich» sei, so im Brief an Johann Heinrich Merck vom 22. November 1776. Am Hof geht es unkonventionell zu, weiterhin, und Goethe genießt das Treiben. An Merck schreibt er auch: «Übrigens ist eine tolle Compagnie von Volk hier beysammen, auf so einem kleinen Fleck, wie in Einer Familie findet sich's nicht wieder so.» Ein Bericht an Lavater gibt zu erkennen, daß Goethe auf der Lebenswoge vergnügt mitschwimmt. Er schreibt:

In meinem iezzigen Leben weichen alle entfernte Freunde in Nebel, es mag so lang währen als es will so hab ich doch ein Musterstückgen des bunten treibens der Welt recht herzlich mit genossen. Verdruss Hoffnung, Liebe, Arbeit, Noth, Abenteuer Langeweile, Hass, Albernheiten, Thorheit, Freude, Erwartetes und Unversehnes, flaches und tiefes, wie die Würfel fallen, mit Festen Tänzen, Schellen, Seide und Flitter ausstaffirt es ist eine treffliche Wirthschaft. Und bey dem Allen lieber Bruder Gott sey Danck in mir, und in meinen wahren Entzwecken ganz glücklich. Ich habe keine Wünsche als die ich würcklich mit schönem Wanderschritt mir entgegen kommen sehe.

Was Störung bringt, ist eigentlich nichts anderes als das verquere, unlösbare und doch gelegentlich so qualvolle Verhältnis zu Charlotte von Stein. Die allmählich wachsende Zurückhaltung Goethes ist in den Briefen deutlich zu spüren. Er wünscht hier einen guten Abend, dort einen guten Morgen, ist natürlich oft auch bei ihr, wie das Tagebuch vermerkte. Am 25. Dezember 1776 aber heißt es einmal verräterisch: «Zu ⊙ viel gelitten allein gessen.» Die Besuche bei Frau von Stein setzten sich fort, aber ungetrübt sind sie nicht mehr. Am 13. Januar 1777 ist er wieder bei ihr, und im Tagebuch findet sich der Zusatz: «Streit über Raphael», und zwei Tage später geht es wieder los: «bey ⊙ gessen neuer Streit». Doch er wurde offenbar immer beigelegt, und sehen wollte er sie immer. Zahl und Intensität der Botschaften bleiben sich gleich, die Liebeserklärungen freilich sind etwas verhaltener geworden.

Charlotte von Stein ist außerhalb der Stadt, Goethe schickt ihr Briefe, Billette: «So haben Sie auch auf dem Lande keine Ruh vor unsrer Lieb und Thorheit, wie aber wenn einer statt des Zettelgens selbst gekommen wäre. Hätts auch vielleicht gethan, wenn ich nicht einen Pick auf mich hätte dass ich Sie so lieb habe.» Goethe ist tätig und oft in Gesellschaft, aber an Johanna Fahlmer schreibt er: «Ich bin beschränckter als iemals, sizze im Schnee im Thal, und brüte über mir selbst, die bunte, dumme, und tolle Wirthschafft um mich fühl ich gar kaum.» Auch in einem Brief an Charlotte von Stein spricht er von seiner Einöde. Er schickt ihr häufig Kleinigkeiten, Blumen, fügt hinzu: «Sie sehen daraus dass ich von der ältern Kirche bin, da man sich den Göttern ohne Gaben nicht zu nähern traute.» Er ißt oft zu Abend bei ihr, annonciert sein Kommen und fügt einmal hinzu: «Esse mit euch und ruhe an deinen Augen von mancherley aus.»

Es sind die schönen Augen – sie haben es ihm immer wieder angetan, auch wenn die Billette ein wenig sachlicher geworden sind, nicht weniger herzlich, aber verkürzter in der Liebesrhetorik. Oder vielmehr: das Auf und Ab ist nicht mehr so dramatisch wie in den ersten Wochen und Monaten. Manchmal hat er Charlottens Kinder bei sich, sie übernachten auch gelegentlich bei ihm. Er kümmert sich um die «Grasaffen», wie er sie neckisch nennt, er schickt ein Briefchen mit, als sie zu ihrer Mutter zurückkehren. Ganz selten taucht Herr von Stein in diesen Briefen auf – etwa dann, wenn Goethe ein neues Pferd stallmeisterlich ausstaffiert haben und reiten möchte. Aber sonst ist von ihm nicht die Rede. Anderes bedrückt ihn mehr.

Charlotte scheint ihm gelegentlich vorgehalten zu haben, daß er wankelmütig sei, und er entgegnet ihr: «Sie werfen mir vor immer dass ich ab und zunehme in Liebe, es ist nicht so, es ist nur gut dass ich nicht alle Tage so ganz fühle wie lieb ich Sie habe.» Was er an Charlotte hat, merkt er oft erst, wenn sie einige Zeit entfernt ist. So schreibt er am 12. Juni 1777: «Seit Sie weg sind fühl ich erst dass ich etwas besizze, und dass mir was obliegt.

Meine übrigen kleinen Leidenschafften Zeitvertreibe und Miseleyen, hingen sich nur so an dem Faden der Liebe zu Ihnen an, der mich durch mein iezzig Leben durchziehen hilft, da Sie weg sind fällt alles in Brunnen.» Goethe hatte an dem Tag seinen Garten versorgt, Bäume beschnitten – eine schon lange überfällige Arbeit. Er fügte in seinem Brief an Charlotte hinzu: «Ein Poet und Liebhaber sind schlechte Wirthe! – Ists wohl weil der Poet ein Liebhaber, oder weil der Liebhaber ein Poet ist?? –»

Aber der Liebhaber, der zugleich ein Poet war, hatte auch zeichnerisches Talent. Zeichnen war eine Lieblingsbeschäftigung Goethes in diesem Frühjahr, und an den Zeichnungen hat Wieland endgültig und unmißverständlich erkannt, wen Goethe liebte. Am 15. und 16. März hatte Goethe Charlotte von Stein porträtiert, und es ist ein auf den ersten Blick hin vielleicht befremdliches, doch außerordentlich sprechendes Abbild der Frau von Stein geworden, eine Kreidezeichnung mit eingeschwärztem Hintergrund, der den Kopf plastisch erscheinen läßt – Goethe muß lange daran gearbeitet haben.

Was befremdlich wirken mag, ist die hohe, nach oben hin geradezu aufgetürmte Frisur, die der Erscheinung etwas Ältliches verleiht, aber Charlotte von Stein erscheint auch nicht anders als in Lavaters *Physiognomischen Fragmenten*. Wir sehen Charlotte in Seitenansicht, die Stirn ist hoch und gerade gezeichnet, die Augen liegen etwas zurück; die Nase ist vielleicht ein wenig zu lang, um wirklich schön genannt zu werden, aber in den Proportionen stimmig, der Mund verschlossen, und wollte man seine Linien deuten, könnte man auf einen Zug von Entsagung, vielleicht sogar von Bitterkeit schließen, sicherlich nicht auf überschäumende Lebensfreude oder Heiterkeit. Das Kinn fließt unmerklich, ist aber wiederum wohlproportioniert, und der Hals zeigt nicht jene leichte Verdickung, die der Schattenriß in Lavaters *Physiognomischen Fragmenten* festhält. Das linke Ohr ist ausnehmend fein gebildet, und im Ganzen läßt der schmale, hohe Kopf Zurückhaltung erkennen, Ernst, Distanz zur Umwelt.

So ausdrucksvoll das Porträt auch geraten ist – es wirkt wie das Porträt einer typischen Hofdame. Festigkeit und ein gefälliges Wesen, Naivität und Güte, Nachgiebigkeit und Wohlwollen lassen sich ohne sehr viel Phantasie aus diesem Porträt herauslesen, weniger allerdings die liebevolle Gefälligkeit und das Behagen in sich selbst, wie es in Goethes früher Charakteristik hieß. Zu großen seelischen Exaltationen ist die Person, die Goethe gezeichnet hatte, wohl nicht fähig; das ist eher das Bild eines konservativen Charakters, abwehrend, was an Übermut an sie herangekommen sein mag, und man kann verstehen, daß sie das wilde Treiben am Weimarer Hof mit großer Zurückhaltung, wenn nicht mit Abscheu und Widerwillen aufnahm. Ein herbes Porträt, ein strenges Gesicht, aus dem ein letztlich auch strenger Charakter spricht: alles das zeigt Goethes Kreidezeichnung.

Das Entscheidende wird naturgemäß nicht sichtbar: ihre Augen, die es Goethe so sehr angetan haben. Man sieht es der Abgebildeten an, daß sie über dreißig Jahre alt ist, wenngleich es ein eigentümlich altersloses Porträt ist – Jugendlichkeit und Heiterkeit fehlen gänzlich, und von Lebenslust ist ebensowenig eine Spur zu erblicken. Man kann sich nicht recht vorstellen, daß diese Frau zu Scherzen und Neckereien aufgelegt gewesen sein könnte, aber um so stärker hat sich ihre Geschichte diesem Porträt eingeprägt: sieben Kinder, eine lieblose Ehe, der ältere, oft abwesende Mann, der zudem zunehmend von Schmerzen und psychischen Problemen geplagt wurde. Ein etwas verhärmtes Hofdamendasein, was sie dem Bild zufolge geführt haben mag, und sieht man sich dieses Porträt genauer an, versteht man, warum Goethes wildes Wesen sie ebenso abstoßen mußte wie die Umtriebigkeit der anderen Hofkamarilla, der eine solche Frau nichts abzugewinnen wußte. Innere Disziplin und Zurückhaltung prägen dieses Antlitz, und man hat Mühe zu verstehen, warum Goethe sich so leidenschaftlich und so lange in sie verliebt hat. Bestenfalls eine ältere, mütterliche Freundin, eine «Besänftigerinn» – aber nicht mehr. Aber wie sie auch gewesen sein mag: das Porträt Goethes ist für einen Dilettanten, der in

Charlotte von Stein.
Kreidezeichnung von Goethe, 1777

dieser Porträtkunst nicht ausgebildet war, ungewöhnlich gut.

Es existiert noch ein anderes Bild der Charlotte von Stein: um 1780 hat sie ein Selbstporträt verfertigt, eine Silberstiftzeichnung; erhalten hat sich allerdings nur ein um 1850 entstandener Kupferstich nach dem verlorenen Bild. Aber es ist sprechend genug. Wir sehen eine fast noch jugendliche Erscheinung, obwohl sie damals schon fast vierzig Jahre alt war, das lockige Haar gelöst und über die Schultern fallend; das Gesicht ist eher das eines jungen Mädchens als das einer alternden Frau, die Nase, auch hier ein wenig zu lang geraten, dennoch grazil, das Auge – auch dieses Porträt ist eine Seitenansicht – groß, der Mund reiz-voll geschnitten, die Lippen ein wenig geöffnet, ein schmaler langer Hals: ein liebliches Antlitz. Nichts mehr von dem starren Blick auf Goethes Zeichnung, nicht mehr die priesterliche Strenge, kein Zug von Bitterkeit, sondern das idealisierte Bild einer jungen Schönheit, das Leben er-wartend, nicht vom Leben enttäuscht. Es könnte die junge Frau gewesen sein, die Goethe in sie hineingesehen hat, während das Goethe-Porträt von Charlotte von Stein, ob-wohl es ja drei Jahre früher entstand, fast wie ein Porträt zum oder nach dem Ende der Beziehung zu Goethe zu sein scheint. Goethe hat in seine Zeichnung das Strenge, Un-nahbare, Ernste und fast schon Lebensabgewandte hinein-gebracht oder auf jeden Fall überbetont; das Selbstbildnis hingegen zeigt ein Wunschbild der Jugendlichkeit, die Strenge durch Anmut gemildert, und wenn es auch kein Bild der Lebenslust ist, so ist es doch eines voller Lebens-zuwendung: so hätte Charlotte von Stein gerne ausgese-hen, es ist ihr Idealtypus, den sie hier porträtiert hat.

Gewiß haben beide, Goethe und Charlotte, nur das dar-gestellt, was sie in das Bild hineingesehen haben. Es gibt ein Urteil, das die Porträts miteinander verbindet, das von Friedrich Schiller. Als er sie als Mittvierzigerin kennen-lernte, sagte er über sie: «Schön kann sie nie gewesen seyn aber ihr Gesicht hat einen sanften Ernst und eine ganz ei-gene Offenheit. Ein gesunder Verstand, Gefühl und Wahr-heit liegen in ihrem Wesen.» Wenig Übereinstimmung

Um 1850 entstandener Kupferstich eines verschollenen
Selbstporträts der Charlotte von Stein.
Silberstiftzeichnung um 1780

gibt es allerdings mit dem Satz von Carl Ludwig von Knebel: «Frau von Stein war wirklich nach ihrer guten Art ungemein heiter und gefällig.» Das Heitere und das Gefällige: es fehlt beiden Porträts, dem von Goethe und dem Selbstporträt der Charlotte von Stein.

«Ich kann nicht von dir kommen»

Liebeserklärungen, Spannungen,
Enttäuschungen, Mißverständnisse

Was immer Goethe auch nach den Turbulenzen des Jahres 1776 denkt, empfindet, sich vor Augen führt und an Plänen macht: es gilt Charlotte von Stein. Am 16. Juni 1777 bekommt er die Nachricht vom Tod seiner Schwester, notiert in sein Tagebuch: «Dunckler zerrissner Tag», und für den 17.: «Leiden und Träumen.» Er benachrichtigt auch Charlotte von Stein.

Der Tod der Schwester wirft aber keine längeren sichtbaren Schatten, ein Kummer der Charlotte von Stein berührt ihn tiefer. «Nur ist mir ziemlich klar dass ich Sie liebe», heißt es zwischendurch, am 27. August 1777, als hätte er vorher nicht dergleichen gewußt, und: «Wie lieb ich Sie habe fühlt ich erst wieder in den Augenblicken da Sie vergnügt und munter waren, die Zeit her hab ich Sie nur leiden sehn und das drückt mich so dass ich auch meine Liebe nicht fühle.» Die Briefe an Charlotte werden länger, nehmen fast die Form von Tagesberichten an, und wenn es auch nur die üblichen Lebensalltäglichkeiten sind, von denen er erzählt – es ist der Versuch, ihr nahe zu sein, obwohl sie so weit fort ist. Der Briefwechsel setzt sich ungehindert und nicht weniger häufig fort, als sie nach einem Aufenthalt in Pyrmont wieder zurück ist; wenn Goethe auf Reisen ist, haben sich die Verhältnisse nur umgekehrt, aber nicht verändert. Einmal nennt er sich einen «ehmännischen Liebhaber», sich selbst ironisierend und wohl doch die Wirklichkeit treffend.

Von seiner Reise auf den Harz und von der Brockenbesteigung sendet er Tagebucheintragungen an Frau von Stein. Dann werden die Briefe nüchterner – Alltagsdinge überwuchern sie, die Liebeserklärungen werden seltener,

im Ton sehr viel moderater. Er schickt Blumen, erbittet
von ihr Postpapier, einen Band der Lavaterschen *Physiognomischen Fragmente* – das Wichtigere scheint ins Gespräch verlegt worden zu sein, und davon hat sich nichts
in den Briefen oder im Tagebuch abgebildet. Das Tagebuch
berichtet nur über Besuche bei Charlotte von Stein, gelegentlich über ein «lebhafftes Gespräch»; manchmal geht
er mit Charlotte von Stein im Mondschein spazieren. Er
erzählt, als er im Sommer 1778 in Berlin ist, ausführlich
von der «Pracht der Königstadt», von Potsdam. Die Briefe
spiegeln jedoch weniger als zuvor Goethes Empfindungen,
und nur gelegentlich findet sich ein Satz wie: «Ich bin leider an Ihre Liebe zu fest geknüpft; wenn ich manchmal
versuche mich los zu machen thut mirs zu weh da lass
ich's lieber seyn» – so am 17. Juni 1778. Erneute Eintrü-
bungen?

Eine gewisse Eintönigkeit scheint in das gemeinsame
Leben hineingekommen zu sein; es sind Grüße, die man
sich schickt, aber nicht immer und unbedingt Liebes-
grüße. Nur ab und zu kommen die alten Gefühle durch,
so, wenn er ihr am 3. August 1778 schreibt: «Liebste ich
habe gestern Abend bemerckt dass ich nichts lieber sehe
in der Welt als Ihre Augen, und dass ich nicht lieber seyn
mag als bey Ihnen. Es ist schon was altes und doch fällt
mirs immer einmal wieder auf.» Die Augen – sie haben es
ihm immer noch angetan. Doch man trifft sich seltener,
als es nach Goethes Wunsch gehen sollte, und manchmal,
wenn Goethe sich abends noch aufmacht, um sie zu besuchen, sieht er ihr Nachtlicht brennen – und kehrt
wieder um. Mögen die Briefe auch eher förmlicher werden
– manche verraten dennoch, wie intensiv die Beziehung
untergründig geblieben ist.

Am 24. September 1778 schreibt er an sie: «Überall such
ich Sie, bey Hof in Ihrem Haus und unter den Bäumen,
auch ohne es zu wissen geh ich herum und suche was, und
endlich kömts heraus dass Sie mir fehlen.» Gegen Ende
des Jahres 1778 schreibt er einen Brief als Antwort auf eine
Botschaft von ihr, und es ist für ihn wie ein «Grus in die
Finsternis»: «Es ist sehr Nacht hier haussen, und wenn die

*Schloß Großkochberg. Bleistift- und lavierte
Tuschzeichnung von Goethe, 1777*

Liebe nicht noch so ein Reflexgen herein würfe wärs völlige Egyptische Finsterniss, so aber wird's ein Clairobscur.» Charlotte von Stein gilt der letzte Brief des alten Jahres, und im neuen Jahr, 1779, gilt ihr der erste. Manchmal bestellt er sich Musik, «die Seele zu lindern und die Geister zu entbinden». Da er sich immer noch nicht die nun so lange schon währende unheimliche Anziehungskraft der Frau von Stein erklären kann, kommt er auf die alte Idee zurück, daß sie einander schon gekannt hätten – im Paradies, vor aller Zeit. Am 2. März 1779 schreibt er ihr:

Heut hab ich im Paradiese an Sie gedacht, dass sie drinn herumgingen eh Sie mich kannten. Es ist mir fast unangenehm dass eine Zeit war wo Sie mich nicht kannten, und nicht liebten. Wenn ich wieder auf die Erde komme will ich die Götter bitten dass ich nur einmal liebe, und wenn Sie nicht so feind dieser Welt wären, wollt ich um Sie bitten zu dieser lieben Gefährtinn. Noch etwas hätten Sie mir mit geben können, einen Talisman mehr, denn ich habe wohl allerley und doch nicht genug. Wenn Sie ein Misel wären hätt ich Sie gebeten das Westgen erst einmal eine Nacht anzuziehn und es so zu transsubstantiiren, wie Sie aber eine weise Frau sind muss ich mit dem Calvinischen Sakrament vorlieb nehmen.

Wenn Goethe auf Reisen ist wie im Frühjahr 1779, dann erhöht sich nicht die Zahl der Briefe, aber sie werden länger. Spannungen und Enttäuschungen gibt es freilich auch weiterhin. «Ob Sie gleich gar nicht artig sind schick ich Ihnen doch zum freundlichen Guten Morgen, eine Blume wie sie der schöne Regen heraus gelockt hat», schreibt er am 10. April 1779. Attraktion und Distanz – diese Grundelemente der Beziehung zu Frau von Stein prägen auch dieses Jahr. Es klingt wie ein spätes Echo, wenn Goethe in den *Wahlverwandtschaften* schreibt: «Das weibliche Geschlecht hegt ein eignes, inneres unwandelbares Interesse, von dem sie nichts in der Welt abtrünnig macht; im äußern geselligen Verhältniß hingegen lassen sie sich gern und leicht durch den Mann bestimmen der sie eben beschäftigt, und so durch Abweisen wie durch Empfänglichkeit, durch Beharren und Nachgiebigkeit führen sie eigentlich das Regiment, dem sich in der gesitteten Welt kein

Mann zu entziehen wagt.» Und noch ein zweiter später Reflex auf die Beziehung zu Frau von Stein findet sich in den *Wahlverwandtschaften*, wenn es heißt: «Man betrachte ein Frauenzimmer als Liebende, als Braut, als Frau, Hausfrau und Mutter, immer steht sie isolirt, immer ist sie allein, und will allein sein. Ja die Eitle selbst ist in dem Falle. Jede Frau schließt die andre aus, ihrer Natur nach: denn von jeder wird alles gefordert, was dem ganzen Geschlechte zu leisten obliegt.» Es verhielt sich mit Charlotte von Stein sicherlich nicht anders. Gelegentlich melden sich noch die alten All-Gefühle: die ganze Natur scheint von seiner Liebe beseelt zu sein, wie in dem Gedicht vom 19. April 1779:

> Deine Grüse hab' ich wohl erhalten
> Liebe lebt iezt in tausend Gestalten,
> Giebt der Blume Farb und Duft
> Jeden Morgen durchzieht sie die Lufft,
> Tag und Nacht spielt sie auf Wiesen in Hainen,
> Mir will sie offt zu herrlich erscheinen,
> Neues bringt sie täglich hervor
> Leben summt uns die Biene ins Ohr
> Bleib ruf ich offt Frühling man küsset dich kaum
> Engel so fliehst du wie ein schwanckender Traum
> Immer wollen wir dich ehren und schäzzen,
> So uns an dir wie am Himmel ergözzen.

Das ist nicht nur ein vorsichtiges Schwärmen, kein allgemeines Naturgefühl. Goethe ist auch eifersüchtig, er spricht von kindischen Empfindungen und hat sie in der Tat:

Ich gönne und wünsche Ihnen immer Freude, und dass Sie eine kleine Lust ohne mich geniessen macht mir einen Tag üblen Humor. Dass so viel selbstisches in der Liebe ist und doch was wär sie ohne das. Ich habe mich in die Büsche an der Strase versteckt um Sie herein fahren zu sehen, um wenige Minuten hätt ich ganz nah bey Ihnen verborgen stehen können, ich kam zu spät und musste in der Ferne bleiben. Wenn sie mit mir wäre dacht ich genösse sie des schönen Abends der über alles schön ist, nun fährt sie im Staub hinein. Doch weis ich dass Sie sich mein Andencken nicht aus der Seele rasseln noch musiciren lassen.

*Goethe nach einem Gemälde
von Oswald May, um 1779*

Das Hin und Her, die Aufschwünge und Abstürze prägen diese Liebesbeziehung auch weiterhin. Als er erfährt, daß Charlotte verreisen will, schreibt er ihr: «Es hat mich verdrossen dass ich von fremden Leuten hören muss dass Sie doch noch nach Gotha gehn, ich habe mich lächerlich gemacht mit der gewissen Behauptung Sie gingen nicht. Weil ich nun nichts auf Sie haben kan wenn ich Sie sehe will ich mich verstecken und Sie nicht sehn und Picks haben bis Sie wiederkommen. Reisen Sie indessen glücklich, und seyn Sie vergnügt und grüsen Sie Steinen.» So am 7. Mai 1779, und er fügt hinzu, daß er sie auf dem Paradeplatz bei der Herzogin stehen sehe, doch nicht hinaufgehen wolle. Aber fünf Tage später das Gegenteil: «Von Ihnen kan ich doch nicht wegbleiben. Vergebens dass ich dencke das Wasser soll einen Fall irgend wohin nehmen, werd ich immer wie ein Kloz auf dem See auf einem Fleck herumgespült.»

Er kann nicht anders, als sich das Wiedersehen immer wieder neu zu wünschen, und wenn er ihr Blumen schickt und hinzufügt: «Es ist wie mit der Liebe die ist auch monoton», dann bricht wenige Tage später doch wieder etwas vom alten Ton durch: «Morgen Abend seh ich Sie wieder. Adieu liebste. Sie auf unsern Weegen vergnügt zu wissen ist mein ganzer Wunsch. und dass Sie mich lieben mögen und mögen mirs gerne zeigen. Denn der Glaube lebt von dem himmlischen Manna der Sakramente. Adieu liebste.» Allerdings: das vertraute, vertrauliche Du stellt sich so gut wie nicht mehr ein, auch wenn er am 18. August 1779 an sie schreibt: «Ich sehne mich gar sehr nach Ihnen, und so bald es möglich ist werd ich kommen.» Der Ehemann ist ohnehin abwesend, Goethe schreibt an sie: «Steinen seh ich wenig, er ist nie zu hause wenn ich nach ihm frage» – wohl eher eine Frage aus Anstand denn aus Neigung.

Goethe arbeitet am *Egmont*, schickt ihr, was er fertig hat. Er berichtet von seiner Reise an den Rhein, ausführlich, aber eigentlich ohne Liebesbeteuerungen – was er schreibt, könnte auch in anderen Briefen stehen. Ein Brief, ein sehr langer mit vielen Berichten, wird sehr kühl geendet: «Wenn Sie wieder von mir hören weis ich nicht.

Von Ihnen hab ich noch nichts.» Seine Mitteilungen gleichen Reisebucheintragungen, Post von ihr kommt offenbar nicht. So schreibt er denn auch eines Abends: «Gute
Nacht für heute. es ist wenigstens etwas und mehr als ich
von Ihnen die Zeit gehört habe.»

Die Berichte von der großen Reise in die Schweiz – sie
lesen sich teilweise wie für einen Reiseführer geschrieben.
Der Brief vom 3. Oktober 1779 enthält eine Schilderung,
die unpersönlicher nicht ausfallen könnte:

Bald steigen an einander hängende Wände senkrecht auf, bald
streichen gewaltige Lagen schief nach dem Fluss und dem Weeg
ein, breite Massen sind auf ein ander gesetzt, und gleich darneben
stehen scharfe Klippen abgesetzt. Grosse Klüfte spalten sich auf-
wärts und Platten von Mauerstärke haben sich von dem übrigen
Gesteine los getrennt. Einzelne Felsstüke sind herunter gestürzt,
andere hängen noch über und lassen nach ihrer Lage fürchten
dass sie dereinst gleichfalls herein kommen werden. Bald rund,
bald spiz, bald bewachsen, bald nakt sind die Firsten der Felsen,
wo oft noch oben drüber ein einzelner Kopf kahl und kühn
herübersieht, und an Wänden und in der Tiefe schmiegen sich
ausgewitterte Klüfte hinein.

Das ist ein Gemälde in Worten. Goethe versucht, das Un-
heimlich-Bedrohliche der Alpenregion zu beschreiben –
Vorbilder gab es kaum, derart literarische Gebirgsansich-
ten fanden sich weder in Albrecht von Hallers *Die Alpen*
noch irgendwo sonst. Von Charlotte ist nicht die Rede,
sie ist bloß die Empfängerin dieser Schilderungen, nicht
mehr. Später, auf der italienischen Reise, wird sich dies
auf gesteigerte Weise wiederholen. Wo er von sich spricht,
erwähnt er Charlotte nicht. Emotionen haben keinen
Raum, schon gar nicht Liebesbeteuerungen. Er bemerkt
fast provokant: «Übrigens bin ich ruhig und recht wohl in
meiner Seele. So bald eine ewige Abwechslung tausend
mannigfaltige Stückgen auf meinem Psalter spielt bin ich
vergnügt.» Wenn er eine Frau rühmt, ist es eine andere –
etwa die Marquise Branconi. Er schreibt an Charlotte: «Sie
kommt mir so schön und angenehm vor dass ich mich et-
lichemal in ihrer Gegenwart stille fragte, obs auch wahr
seyn möchte dass sie so schön sey. Einen Geist! ein Leben!

einen Offenmuth! dass man eben nicht weis woran man ist.» Wollte er Charlotte wieder einmal eifersüchtig machen? Noch einmal ein Besuch bei der Branconi; Goethe bleibt bei ihr zum Essen. Etwas verrätselt bemerkt er im Brief an Charlotte: «Am Ende ist von ihr zu sagen was Ulyss von den Felsen der Scylla erzählt. ‹Unverlezt die Flügel streicht kein Vogel vorbey, auch die schnelle Taube nicht die dem Jovi Ambrosia bringt, er muss sich für iedesmal andrer bedienen.›» Er überläßt es Charlotte von Stein, sich dabei zu denken, was sie will.

Die Reise führt bis auf den Gotthard, und daß es hinter der Sachlichkeit der Darstellung doch eine persönliche Botschaft gibt, wird nur auf sehr verborgene Weise deutlich: «von Morgen an geht ieder Schritt wieder zurück», schreibt er am 13. November 1779 an Charlotte von Stein. Dieser Brief deutet an, daß für Goethe auch so etwas wie eine innere Topographie existiert, und im Zentrum dieser Seelenlandkarte befindet sich Charlotte. Er steht an der Wasserscheide zu Italien: «Auch iezt reizt mich Italien nicht» – eine erste vorsichtige Andeutung, daß ihn später Italien sehr wohl reizen wird. Aber 1779 ist Charlotte der stärkere Magnet. Als er etwa am 24. November wieder in Zürich ist, adressiert er sie als «Meine vielgeliebte» und bittet um einen «freundlichen Empfang von allen guten Geistern, denn meine Seele sehnt sich starck zurück». In Zürich bekommt er Post von ihr, freut sich, «Sie wieder meine Nachbaarinn zu wissen, und dass Ihnen der Schreibtisch Vergnügen macht». Er hat auch Post von Josias von Stein bekommen, antwortet ihm etwas herablassend: «Sie sind recht brav lieber Stein dass Sie fortfahren uns Nachrichten von dem possierlichen Zustand unsers geliebten Weimars zu geben. Lassen Sie sich die Zeit nicht lang werden, biss wir wiederkommen.» Und, am Schluß: «Adieu, leben Sie recht wohl und vergnügt, und grüssen alle schöne Damen» – seine Frau also eingeschlossen, und das ist nicht einmal Camouflage.

Die Sprache der Briefe an sie sclbst ist temperiert. Aus Schaffhausen heißt es: «Der Raum schwindet zwischen uns und es wird ein Augenblick seyn da wir uns wieder

sehn.» In Frankfurt bekommt er von Charlotte von Stein
gleich vier Briefe, aber seine Reaktion ist spärlich, geradezu gefühlsarm: «Sie sind recht Lieb und gut dass Sie
fortfahren mir zu schreiben» – nichts mehr. Oder vielmehr: noch einen Gruß an ihren Mann. Zum 1. Januar
1780 hatte er sich noch eine kleine Sottise geleistet, als er
schrieb: «Hier gefällt mir die Prinzess Charlotte (der ver-
wünschte Nahme verfolgt mich überall) doch hab ich auch
nichts mit ihr zu schaffen, aber ich seh sie gerne an, und
dazu sind ia die Prinzessinnen.»

Dann ist Goethe wieder in Weimar, am 14. Januar 1780
– abends trifft er schon Frau von Stein auf der Redoute.
Goethe sendet einiges von «alten Krizzeleien», die er aus
Frankfurt mitgebracht, und als Charlotte von Stein beim
Kartenspiel offenbar viel verloren hat, schickt er ihr etwas
mit der Zeile «Die Ungeschicklichkeit des Glücks zu er-
sezen». Ein Brief an Charlotte von Stein von Ende Januar –
Goethe war erkrankt – nennt sie aber dann schon «lieber
Engel». Was folgt, ist eine erneute Flut zahlreicher kleiner
Briefe, Billette, Besuchsankündigungen oder Einladungen,
Begleitschreiben zum Mitgebrachten. Zuweilen kommen
Blumen, Goethe fügt hinzu: «So wenig diese Blumen
sagen wollen, so sagen sie doch dass ich Sie liebe.»

Oft sind die kleinen Mitteilungen nicht länger als ein
oder zwei Zeilen, nicht alles Liebesbotschaften, aber alle
Lebenszeichen. Freilich: es bleibt beim Sie, auch wenn der
eine oder andere Brief mit «Guten Morgen allerliebste» beginnt. Eine gewisse Formelhaftigkeit wird immer wieder
sichtbar. Doch dazwischen die Bitten, ihn lieb zu behalten. Und manchmal, zwischen den vielen kleinen Botschaften mit den Tagesberichten, ein Brief, der zu erkennen gibt, wie untrennbar Goethe sich inzwischen an sie
gebunden weiß. Am 5. Juni 1780 schreibt er: «Adieu liebes
Gold, behalten Sie mich lieb. Schreiben Sie mir manchmal
etwas und wenn ichs auch nur bey meiner Rückkunft
fände. Was mir die Götter geben ist auch Ihr. Und wenn
ich heimlich mit mir nicht zufrieden bin so sind Sie wie
die ehrne Schlange zu der ich mich aus meinen Sünd und
Fehlen aufrichte und gesund werde.»

Er sieht Charlotte von Stein fast täglich, und wenn er sie nicht sieht, weiß er, wie sehr sie ihm fehlt. Goethe wird am 23. Juni 1780 in den Freimaurerorden aufgenommen, bei seinem Eintritt erhält er wie üblich Handschuhe – und schenkt sie Charlotte, notiert dann am nächsten Tag: «Es hat aber das merckwürdige dass ich's nur Einem Frauenzimmer, ein einzigsmal in meinem Leben schencken kan.» Im selben Brief schreibt er: «An dem unsäglichen Verlangen Sie wieder zu sehen fühl ich erst wie ich Sie liebe. Die Sachen hängen wunderlich in dem Menschen zusammen. Diese Sehnsucht nach Ihnen trifft auf eben die Nerve wo der alte Schmerz, dass ich Sie das erste Jahr in Kochberg nicht sehen durfte, sich verheilt hat, bringt eben die Empfindung hervor, und erinnert mich, wie eine alte Melodie, iener Zeit.»

Gelegentlich kommt ein wenig Eifersucht hoch, wenn ihr jemand, da sie auf Reisen ist, «die Cour» macht, «indess ich fast aller Miseley entsagt habe, es mir auch gar nicht schmecken will». Der Ton der Briefe wird nicht inniger, aber man spürt, wie notwendig er ihrer bedarf, mehr denn je. Als die Marquise Branconi Weimar besucht und er sie sieht, schreibt er über sie: «Sie ist immer schön sehr schön, aber es ist als wenn Sie mein liebstes entfernt seyn müssten wenn mich ein andres Wesen rühren soll. Wir sind sehr artig.» Aber auch vorher schon, am 3. Juli: «Wir wollen uns lieb und werth behalten, meine beste. Denn des lumpigen ist zu viel auf der Welt, und wenig zuverlässig, obgleich dem Gescheuten alles zuverlässig seyn sollte, wenn er nur einmal Stein für Stein und Stroh für Stroh nimmt. Es ist aber nichts schweerer als die Sachen zu nehmen für das was sie sind.»

Weitere kleine Eifersüchteleien werden wohlberechnet inszeniert; als er in Ilmenau ist, ist ein Brief von der Marquise Branconi angekommen, «mich hier oben aus dem Schlafe zu wecken. Sie ist lieblich wie man seyn kan. Ich wollte Sie wären eifersüchtig drauf, und schrieben mir desto fleisiger» Denn er will ja eigentlich nicht Briefe von der Branconi, sondern von Charlotte von Stein erhalten. Und ihr Mann? Auf die Reise nach Ilmenau war auch

Josias von Stein mitgekommen, und Goethe schreibt an dessen Frau über ihn: «Stein spricht viel von Oekonomie und da fast nichts weiter vorkommt ists ihm wohl, übrigens sizzt er und macht Anmerckungen die ich ihm an der Nase ansehe.» Es klingt so, als sei er, Goethe, mit Charlotte von Stein verheiratet, und nicht Josias von Stein. Goethe hält ihn – wieder einmal – für reichlich beschränkt.

Auch jetzt noch gibt es manchmal Zwistigkeiten mit Charlotte, Mißverständnisse, Vorhaltungen, Anklagen. Am 10. Oktober 1780 kommt Goethe auf einen Vorfall zu sprechen, den man nur erahnen kann, der ihn aber tiefer als alles andere verstört haben muß, was ihn vorher zuweilen verwirrt hatte. Er schreibt:

Was Sie mir heut früh zulezt sagten hat mich sehr geschmerzt, und wäre der Herzog nicht den Berg mit hinauf gegangen, ich hätte mich recht satt geweint. Auf ein Übel häuft sich alles zusammen! Ja es ist eine Wuth gegen sein eigen Fleisch wenn der Unglückliche sich Lufft zu machen sucht dadurch dass er sein Liebstes beleidigt. Und wenns nur noch in Anfällen von Laune wäre und ich mirs bewusst seyn könnte; aber so bin ich bey meinen tausend Gedancken wieder zum Kinde herabgesezt, unbekannt mit dem Augenblick, dunckel über mich selbst, indem ich die Zustände der andern wie mit einem hellfressenden Feuer verzehre. Ich werde mich nicht zufrieden geben biss Sie mir eine wörtliche Rechnung des Vergangnen mir vorgelegt haben, und für die Zukunft in Sich einen so schwesterlichen Sinn zu überreden bemühen, der auch von so etwas gar nicht getroffen werden kan. Ich müsste Sie sonst in den Momenten meiden wo ich Sie am nötigsten habe. Mir kommts entsezlich vor die besten Stunden des Lebens, die Augenblicke des Zusammenseyns verderben zu müssen, mit Ihnen, da ich mir gern iedes Haar einzeln vom Kopf zöge wenn ich's in eine Gefälligkeit verwandlen könnte, und dann so blind, so verstockt zu seyn. Haben Sie Mitleiden mit mir.

Die Verstimmung dauert längere Zeit an; am 29. Oktober 1780 schreibt er noch: «Ich weis nicht warum, aber mir scheint Sie haben mir noch nicht verziehen. Ob ich Vergebung verdiene weis ich nicht, Mitleiden gewiss.»

Es ist eine Zeit, in der Goethe auch anderen zum Rätsel wird. Knebel schreibt am 1. September 1780 an Lavater über Goethe: «Er ist nicht *allezeit* liebenswürdig. Er hat

widrige Seiten. Ich habe sie wohl erfahren. Aber die
Summe des Menschen zusammengenommen ist unendlich gut. Er ist mir ein Erstaunen [...]. Verkannt muß er
werden, und er selbst scheint darin zu existieren [...]. Er ist
selbst ein wunderbares Gemisch – oder eine Doppelnatur
von *Held* und *Komödiant*. Doch prävaliert die erste [...].
Wenn er's *nicht sagt*, dann hat er seine Freunde am liebsten.» Ein zwiespältiger Charakter also, einigermaßen rätselhaft, widerspruchsvoll. Sein Ruf in der Öffentlichkeit
war dementsprechend. «Goethen hab ich reich an genialischen Werken gefunden», berichtet Knebel erneut an
Lavater, und: «Freilich hat er auch hier wenig Freunde.»
Jacobi hält ihn für einen «ausgemachten schlechten Kerl
und für einen wahren Hasenfuß».

Sollte die Beziehung zu Charlotte von Stein nicht auch
vom Widersprüchlichen in Goethe betroffen gewesen sein?
Was immer dem Brief vom 10. Oktober vorangegangen
sein mag: Goethe hat Charlotte offenbar tief verletzt – und
weiß nicht einmal, was sie so getroffen hat. Ist er unemp-
findlich ihr gegenüber geworden, kommt da sein Egoismus
hoch? Aber dann haben sich die alten Verhältnisse doch
wiederhergestellt.

Das Jahr 1781 bringt zunächst keine Veränderungen –
Goethe nimmt Anteil an Charlotte von Stein, ihren Leiden, erklärt ihr, daß auch er krank sei, wenn sie sich nicht
wohlbefinde, gesteht, daß seine Gedanken alle mit ihr
zusammenhingen, und wenn sie nicht auf die Redoute
kommt, so schreibt er ihr: «Heut Nacht fehlten Sie mir
an allen Enden. Die Menschen waren ganz artig und ich
auch.» Nimmt sie sich seiner nicht an, hat er einen be-
trübten Tag vor sich; «Adieu meine liebe Cometenbewoh-
nerinn», schließt ein Brief von 4. Februar 1781. Gelegentlich auch einige artige rhetorische Spielereien – so am
14. Februar: «Guten Morgen mein beste und liebste, ich
kan Ihnen nichts weiter sagen als daß, wenn ich so wohl
wäre als ich Sie lieb habe, ich recht sehr wohl seyn
müsste.» Zwischendurch immer wieder ein «Lieben Sie
mich. Ich will suchen es zu verdienen.» Als er reisen muß,
am 7. März 1781: «Wir pflegen mit dem Todte zu spasen,

Gipsbüste Goethes
von Martin Gottlieb Klauer,
um 1780

und es fällt doch so schweer sich auf kurze Zeit zu trennen.» Charlotte von Stein ist für ihn immer noch, immer wieder seine «Geliebte», und dann, ein altes Liebesmotiv und Thema früherer Briefe: «Ich sehne mich nach Ihren lieben Augen die mir gegenwärtiger sind als irgend etwas sicht oder unsichtbares. Noch nie hab ich Sie so lieb gehabt und noch nie bin ich so nah gewesen Ihrer Liebe werth zu seyn.»

Es ist nun schon eine Liebesgeschichte mit einiger Vergangenheit, und gelegentlich spielt Goethe auf diese gemeinsame Geschichte an, sie ist ihm «sonderbaar genug». Es bleibt auch weiterhin beim «Sie», aber manchmal bricht das alte Vertrauen wieder durch, spricht Goethe über die eigentliche Natur ihrer Beziehung. Am 12. März 1781, schon tief in der Nacht, gibt es beinahe so etwas wie ein Heiratsversprechen:

Meine Seele ist fest an die deine angewachsen, ich mag keine Worte machen, du weist daß ich von dir unzertrennlich bin und daß weder hohes noch tiefes mich zu scheiden vermag. Ich wollte daß es irgend ein Gelübde oder Sakrament gäbe, das mich dir auch sichtlich und gesezlich zu eigen machte, wie werth sollte es mir seyn. Und mein Noviziat war doch lang genug um sich zu bedencken. Adieu. Ich kan nicht mehr *Sie* schreiben wie ich eine ganze Zeit nicht *du* sagen konnte.

Und dann folgt noch ein Satz, der den Kern dieser Beziehung zur Sprache bringt:

Ich bitte dich fusfällig vollende dein Werck, mache mich recht gut! du kannsts, nicht nur wenn du mich liebst, sondern deine Gewalt wird unendlich vermehrt wenn du glaubst daß ich dich liebe. Lebe wohl.
Ich hoffe immer daß du wohl seyst. Leb wohl. Mir fällt eins aufs andre ein. Leb wohl, ich kan nicht von dir kommen wenn nicht des Blättgens Ende wie zu Hause die Thüre mich von dir schiede.

Goethe schreibt auch nach diesem Bekenntnis einer unverbrüchlichen Treue wieder «Sie». Aber die Briefe deuten an, daß sich die Beziehung nicht etwa abschwächt, sondern sich erneut, mehr denn je, intensiviert. «Sagen kan ich nicht, und darfs nicht begreifen was deine Liebe für ein

Umkehrens in meinem innersten würckt. Es ist ein Zustand den ich so alt ich bin noch nicht kenne. Wer lernt
aus in der Liebe. Adieu. Gott erhalte dich», heißt es am
23. März 1781.

Nur die Geschäfte hindern ihn, sie immer zu sehen. Phi-
losophische Themen, Geschichtliches, Tiefsinniges werden nicht erörtert in seinen Briefen, die Alltäglichkeiten
überwiegen auch jetzt immer noch bei weitem die wenigen Lebens-Bemerkungen, und Goethe schreibt weiter an
seinem *Tasso* – das Drama rekapituliert auch die Beziehung zu Frau von Stein, wie sie sich zugleich in Goethes
Iphigenie spiegelt. «Du meine Erfüllung vieler Tausend
Wünsche», schreibt er einmal, und: «Adieu meine Seele
ist auf deinen Lippen.» Wie empfindlich Goethe wird,
wenn die Beziehung gestört zu sein scheint, zeigt das
Briefchen vom 4. August 1781: «Sag mir liebste wie du
dich befindest und ob du mit mir einig bist. Es thut mir
nichts weher als wenn wir uns einen Augenblick misver-
stehen, als wenn mein Wesen an deines falsch anschlägt,
mit oder ohne meine Schuld.»

Liebesstilisierungen

Wunsch und Wirklichkeit

Was ist geschehen? Der Brieftton verändert sich im Laufe des Jahres 1781 auffällig: die Briefe werden wieder inniger und herzlicher, floskelhafte Ausdrücke, wie sie sich vorher gelegentlich fanden, fehlen fast ganz. Was dazu geführt hat, wissen wir nicht, können es allenfalls vermuten – eine größere Nähe ist jedenfalls kaum denkbar. Goethe bleibt unersättlich. Am 13. August: «Es ist mir gestern nicht recht wohl bekommen dich gar nicht zu sehen. Abends wär ich gar zu gern von meinen Gästen weggelaufen. Sag mir ein Wort meine beste. Und was du heute vorhast.» Wenn er nach Tiefurt fährt, nimmt er von seiner «Lieben» Urlaub und teilt ihr mit: «Heute früh hab ich gehausvatert wie du mich haben willst. Adieu.» Wenige Tage später: «Ich bin immer dein und bey dir, leibeigner als sich dencken lässt.»

Goethes Sprache wird variationsreicher, als sie je gewesen ist. Er ist nicht bei ihr, fragt, wie sie geschlafen habe, und fügt hinzu: «Ich komme gar nicht von dir weg.» Als er nach Jena verreisen muß, wird es ihm unheimlich – weil er sich von ihr für kurze Zeit trennen muß. Was immer geschehen sein mag zwischen beiden, auch er weiß, daß sich seine Briefe verändert haben, bemerkt: «Wie anders schreib ich dir iezt als sonsten» Er nimmt Fritz, Charlottes Sohn, mit nach Leipzig, gewissermaßen stellvertretend, weil sie nicht mitfahren kann, und berichtet: «Meine Liebste ich habe mich immer mit dir unterhalten und dir in deinem Knaben gutes und liebes erzeigt. Ich hab ihn gewärmt und weich gelegt, mich an ihm ergötzt und seiner Bildung nachgedacht.»

Was Goethe erlebt, ist so etwas wie eine *vita nuova* – es ist, als ob er sehend geworden sei, sich und die Verhältnisse, in denen er lebt, plötzlich klarer beurteilt. Dazu gehört wohl auch sein früher so wildes Verhalten in der Weimarer Gesellschaft, das Sturm-und-Drang-Betragen zusammen mit dem Herzog und seinen Anhängern. «Meine ehmalige Geschichten hier sind mir so lebhafft mit ihren Effeckten denn es sind dieselben Menschen derselbe Ort und die gleichen Verhältnisse. O Lotte was für Häute muß man abstreifen, wie wohl ist mirs daß sie nach und nach weiter werden, doch fühl ich daß ich noch in manchen stecke», schreibt er am 9. Oktober 1781. Aber es ist nicht nur die «Besänftigerinn», die es endlich erreicht hat, ihn zu bändigen – er lebt mit ihr zusammen, sie ist immer in seiner Nähe, auch wenn sie entfernt ist, und dieses spirituelle und wohl auch wirkliche Miteinander verändert seine Wirklichkeit, sein Bewußtsein mehr als irgendetwas anderes in diesen Jahren.

Die Zahl der Beteuerungen, daß er ihr gehöre, nur dann lebe, wenn sie mit ihm sei, nimmt kein Ende. Ihr Fernbleiben wird von ihm geradezu als eine vom Himmel auferlegte Geduldsprüfung gedeutet, aber wenn sie da ist, schreibt er in sein Tagebuch: «Glück durch ☉.» Der Sommer 1781 – überhaupt unendliche Glückstage. Er schreibt ihr, sieht sie fast täglich, allein oder in Gesellschaft. Am 1. Juli bemalt er eine Porzellantasse für sie und schreibt ihr: «Ich habe eine kindische Freude dran gehabt.» Eine *unio mystica*, wenn er auf Reisen ist: «Ich bin nicht von dir gewichen», berichtet er ihr am 5. Juli, als er in die Bergwerke und Marmorbrüche in Ilmenau und Döschnitz fährt – es wäre «der reinste Himmel» gewesen, «hätten nicht die Wölkchen deines Unglaubens meinen Horizont getrübt.» Welcher Unglaube? Es gab und gibt immer noch diese leichten Distanzierungen von ihrer Seite aus, und sie hindern ihn, die irdische Seligkeit als eine überirdische, die überirdische als eine irdische zu nehmen. Aber es sind nur «Wölckgen», nicht mehr, und sie verziehen sich schnell. Goethe schreibt nicht nur, er ist auch tätig: «indessen habe ich dir […] zwey Blumentöpfe gemahlt», berichtet er.

Aus Ilmenau dann auch ein Bekenntnis, wie es aufrichtiger und enthüllender nicht sein kann. Am 8. Juli schreibt er ihr: «Ich sehne mich heimlich nach dir ohne es mir zu sagen, mein Geist wird kleinlich und hat an nichts Lust, einmal gewinnen Sorgen die Oberhand, einmal der Unmuth, und ein böser Genius misbraucht meiner Entfernung von euch, schildert mir die lästigste Seite meines Zustandes und räte mir mich mit der Flucht zu retten; bald aber fühl ich daß ein Blick, ein Wort von dir alle diese Nebel verscheuchen kann.» Taucht hier erstmals der Plan auf, den er Jahre später verwirklichen sollte – vor Charlotte zu fliehen? Weil sich und weil sie nicht erfüllen kann, was er ersehnt – die *unio mystica* einer wirklich ausgelebten Liebe?

Am Ende dieses Briefes steht ein alles enthüllender Zusatz: «Wir sind wohl verheurathet, das heist: durch ein Band verbunden wovon der Zettel aus Liebe und Freude, der Eintrag aus Kreuz Kummer und Elend besteht. Adieu grüse Steinen. Hilf mir glauben und hoffen.» Eine Gedanken-Ehe, oder mehr? Auf jeden Fall eine gleichzeitig gelebte und ungelebte Beziehung, bei welcher der Himmel und Irdisches untrennbar miteinander verwoben sind. Nie wieder ist Goethe ihr so nahe. Und nie wieder so deutlich von ihr getrennt wie durch die kurze Strecke von Ilmenau nach Weimar: eine symbolische Trennung, so wie der Brief von der symbolischen Vereinigung kündet.

Aber Charlotte von Stein verscheucht die Nebel. Es ist nicht nur das Glück, das er mit ihr erlebt; bedeutsamer ist, daß er sich dessen bewußt wird, daß er seine Gefühle, sein Wissen um die tiefe und unauflösbare Bindung an sie in eine noch innigere Sprache übersetzt. Dabei hat er nicht verallgemeinert, was sehr persönlich erlebt ist, sondern nur etwas auf eine Ebene gehoben, die es uns erlaubt, Einblick zu nehmen in diese einzigartige Beziehung. «Meine Seele ist an dich fest gebunden, deine Liebe ist das schöne Licht aller meiner Tage, dein Beyfall ist mein bester Ruhm, und wenn ich einen guten Nahmen von aussen recht schäze, so ists um deintwillen daß ich dir keine Schande mache», schreibt er, als sie fern ist, und wie immer ist ihre Abwesenheit eine Aufforderung an ihn, sich zu vergegenwärtigen, was da geschieht. Wenn sie länger ausbleibt, als das ursprünglich beabsichtigt war, überfluten ihn Gefühle der Verlassenheit und der Sehnsucht: «Länger dürft es nicht dauren, mein Verlangen dich wieder zu sehen wird stärcker als daß ich Herr drüber werden könnte», schreibt er am 3. November 1781.

Obwohl er ja in Weimar wohnt, mietet er ein Domizil, schreibt an sie, daß er den ganzen Sommer Zeit habe, «mich einzurichten, und künftigen Winter sehn wir unsern Planen entgegen. Adieu, beste du siehst das Glück sorgt für uns. Der Ausgang durch den Garten ist nicht das geringste von den Annehmlichkeiten dieser Wohnung» – dieser Ausgang führte fast unmittelbar zur Steinschen Wohnung. Wir wissen nicht, was mit den «Planen» gemeint ist, aber daß sie auf eine noch größere Intimität hindeuten, ist wohl kaum zu bezweifeln. Da sind auch Zukunftshoffnungen – «Es ist und wird gewiss recht schön und gut mit uns, denn alles geräth nach und nach», heißt es am 27. November. Sie beschäftigt ihn am Tag so gut wie in seinen Träumen, er schreibt: «Ich habe die ganze Nacht von dir geträumt. Unter andern hattest du mich an ein artiges Misel verheurathet und wolltest es sollte mir wohlgehn. Nachher war ich auf einmal ohne zu wissen wie, wieder von ihr geschieden.» Es ist nicht schwer, diesen Traum auf Goethes wahre Wünsche hin zu deuten. «Leb wohl mein süses Glück» – so am 3. Dezember.

Seine Sprache steigert sich immer noch, obwohl er seine Liebe in einfachen Worten gesteht und nicht müde wird, das zu wiederholen. «Truncken und nüchtern bin ich dein und überlasse mich dir ganz», gesteht er ihr am 4. Dezember, und zwei Tage später: «Schick mir liebste meine Schlüssel die ich gestern habe liegen lassen. Aber die Schlüssel mit denen du mein ganzes Wesen zuschliesest daß nichts ausser dir Eingang findet bewahre wohl und für dich alleine. Adieu ich hoffe schon wieder auf dich.» Als er in Gotha ist, am 8. Dezember, schreibt er: «Deine Gestalt und deine Liebe glänzt immer um mich, und wie in eine glückliche Heimat trag ich alles in Gedancken zu dir.» In Barchfeld findet er ein Bild, das ihr gleicht, wenn man den Mund verdeckt – alle haben die Ähnlichkeit erkannt, aber als er gefragt wird, scheut er sich, es zuzugeben, denn er fürchtet, man könne sagen, er fände sie überall – was ja nur zu sehr der Wirklichkeit entspricht, weil sie überall da, wo er ist, ihn begleitet.

Charlotte scheint ihn dennoch gelegentlich, wie auch schon früher, erneut zurückgewiesen, auf Distanz gedrängt zu haben. Sie hat aus dem Du wieder ein Sie gemacht, und das verletzt ihn; er schreibt: «Um Gotteswillen kein *Sie* mehr! – Wie hofft ich auf deinen Brief ich macht ihn zuletzt auf, und die *Ihnen*! er mag nun erst liegen ich muss *dich* erst aus diesen *Ihnen* wieder übersetzen. Zur Strafe schreib ich dir nichts von mir und meiner Liebe du sollst nur hören wie es andern geht und mir mit andern.» Dennoch sehnt er sich nach Hause, genauer: zu ihr.

Als er wieder in Weimar ist, am 17. Dezember, möchte er ihre Stimme hören, wenn er die Augen aufschlägt, und: «Ich bin nicht von dir weggekommen, und der Traum war so artig mich immer bey dir zu lassen.» Das Jahr geht zu Ende, wie es begonnen hat: mit Versicherung der Liebe, und er kann sich derer nicht genug tun, obwohl sie sich fast jeden Tag sehen. Es reicht nicht. Am 30. Dezember, im letzten Brief des Jahres 1781, heißt es: «Kaum fängt der Tag an in Bewegung zu gehn; so verlangt meine Seele schon wieder zu dir.» Und er möchte ihr, mit hundert Namen, immer wieder das gleiche sagen: daß er ihr unzertrennlich angehört. Am 25. Dezember 1781 ist sie 39 Jahre alt geworden, und er scheut in seinem Brief die Öffentlichkeit nicht. «Dancke aber und abermal für alles. Bald seh ich dich, denn ich werde mich in Feyerkleider setzen und dir geputzt und bey Hofe und überall sagen daß ich dich unaussprechlich liebe.» Natürlich weiß der Hof längst, was er endlich erfahren soll.

Das Jahr 1781 war, alles in allem, ein einzigartiges Liebesjahr, reicher als Goethe es sich erhoffen konnte. Er dankte ihr die Zuneigung, die Zuwendung, nicht nur mit den fast täglichen Briefen, sondern auch mit Gedichten. Eines hat er ihr mit einem Brief vom 20. September 1781 gewidmet. Es sind die *Nachtgedanken*:

Euch bedaur' ich, unglücksel'ge Sterne,
Die ihr schön seid und so herrlich scheinet,
Dem bedrängten Schiffer gerne leuchtet,
Unbelohnt von Göttern und von Menschen:
Denn ihr liebt nicht, kanntet nie die Liebe!
Unaufhaltsam führen ew'ge Stunden
Eure Reihen durch den weiten Himmel.
Welche Reise habt ihr schon vollendet!
Seit ich weilend in dem Arm der Liebsten
Euer und der Mitternacht vergessen.

Erstaunlicherweise geben nicht die Briefe, sondern die Gedichte wohl den deutlichsten Einblick in diese Liebesbeziehung. Wenn in ihnen auch Wunsch und Wirklichkeit
verschmelzen, so ist doch über die Wirklichkeit vermutlich Zutreffendes gesagt. Die Gedichte sind nicht poetische Träume, sondern Zeugnisse einer erfüllten Liebe.
Kurz nach den *Nachtgedanken*, am 9. Oktober, schickt
Goethe wiederum Verse:

Den einzigen Lotte welchen du lieben kanst
Foderst du ganz für dich und mit Recht.
Auch ist er einzig dein. Denn seit ich von dir binn
Scheint mir des schnellsten Lebens lärmende Bewegung
Nur ein leichter Flor durch den ich deine Gestalt
Immerfort wie in Wolcken erblicke,
Sie leuchtet mir freundlich und treu
Wie durch des Nordlichts bewegliche Strahlen
Ewige Sterne Schimmern.

Die Vorstellung, daß Charlotte ihm entgegenkomme, daß
sie ihm durch einen Flor erscheine, findet sich in Goethes
Briefen öfters. Das Gedicht besiegelt die Unbedingtheit
dieser Liebe, die Einzigartigkeit, und wenn es auch kein
Ehegelöbnis ist, so ist es doch ein erneutes Liebesverspre-
chen, das in diesen Versen begegnet, und das wiegt sehr
viel mehr. Ein drittes Gedicht gehört in diesen Zusammenhang: *Nähe*.

Wie du mir oft, geliebtes Kind,
Ich weiß nicht wie, so fremde bist!
Wenn wir im Schwarm der vielen Menschen sind,
Das schlägt mir alle Freude nieder.

Doch ja, wenn alles still und finster um uns ist,
Erkenn' ich dich an deinen Küssen wieder.

Umarmungen, Küsse: das ist die Liebeswirklichkeit zwischen Charlotte und Goethe. Die vielen Abende auf Redouten und in Gesellschaft, sie irritieren den Liebenden, aber das nächtliche Zueinanderfinden, die «Nähe», besiegelt wieder diese einzigartige Beziehung. Goethe kleidet in ein gräzisierendes, mythisierendes Gewand, was er Charlotte zu sagen hat. Ein anderes dieser *Lida*-Gedichte (soll man an Leda denken, ist Lida ein Kosename aus Lotte?) ist eigentlich ein Hochzeitsgedicht:

Der Becher
Einen wohlgeschnitzten vollen Becher
Hielt ich drückend in den beiden Händen,
Sog begierig süßen Wein vom Rande,
Gram und Sorg' auf Einmal zu vertrinken

Amor trat herein und fand mich sitzen,
Und er lächelte bescheidenweise,
Als den Unverständigen bedauernd.

«Freund, ich kenn' ein schöneres Gefäße
Werth die ganze Seele drein zu senken;
Was gelobst du, wenn ich es dir gönne,
Es mit anderm Nektar dir erfülle?

O wie freundlich hat er Wort gehalten!
Da er, Lida, dich mit sanfter Neigung
Mir, dem lange Sehnenden, geeignet.

Wenn ich deinen lieben Leib umfasse,
Und von deinen einzig treuen Lippen
Langbewahrter Liebe Balsam koste,
Selig sprech' ich dann zu meinem Geiste:

Nein, ein solch Gefäß hat, außer Amorn,
Nie ein Gott gebildet noch besessen!
Solche Formen treibet nie Vulcanus
Mit den sinnbegabten feinen Hämmern!
Auf belaubten Hügeln mag Lyäus
Durch die ältsten, klügsten seiner Faunen
Ausgesuchte Trauben keltern lassen,
Selbst geheimnißvoller Gärung vorstehn:
Solchen Trank verschafft ihm keine Sorgfalt!

Der Hof toleriert offenbar die Liebe; der Oberstallmeister von Stein dürfte von alledem durchaus gewußt haben, aber er war zu oft abwesend, fügte sich in das so sichtlich Unvermeidliche. So konnte Goethe in sein Tagebuch den bedeutungsvollen Satz «Mit ☉ stille und vergnügt gelebt» schreiben.

Zu den unauflöslichen Geheimnissen dieser Beziehung gehört, daß ihre Intensität nicht nachläßt, sondern eher noch wächst. Nie hat Goethe in einer solchen Nähe zu jemand gelebt, nie hat er so deutlich über sie gesprochen, sie nie so oft beschworen. Wenn es Trübungen gab, dann waren sie meist durch Frau von Stein verursacht, die vor der enger werdenden Bindung offenbar immer wieder zurückscheute, auch nach so vielen Jahren ihn zurückwies, auf Distanz hielt.

Für andere Frauen zeigt Goethe in dieser Zeit kein Interesse, und wenn er sie gegenüber Charlotte von Stein erwähnt, dann nur, um sie wieder einmal ein wenig eifersüchtig zu machen, nicht, weil sie eine ernste Gefährdung bedeutet hätten. Corona Schröter, von Goethe aus Leipzig nach Weimar geholt, ist keine Konkurrenz. Häufiger wird eher noch die Marquise Branconi erwähnt – die schöne Frau, von Goethe oft als solche bezeichnet, aber offenbar ohne Wärme und Ausstrahlung, eher eine kalte Schönheit, die gegen Charlotte von Stein in Goethes Augen nicht im entferntesten ankommen kann. Schön ist auch die Gräfin Jeanette von Werthern, welcher der Herzog unverhohlen nachstellt; aber sie läßt ihn ebenfalls kalt, selbst wenn er im dritten Buch seines *Wilhelm Meister* sie literarisch abbildet. Luise von Imhoff, die jüngere Schwester Charlottes, findet er anziehend, aber Charlotte stellt auch sie in den Schatten, und an Caroline von Ilten, die nach der Trennung von Prinz Constantin im Hause der Charlotte von Stein lebt, findet er ebenso wenig Interesse. Goethe hat nur einen Blick für Charlotte von Stein – und seine Liebe ist nach sechs intensiv miteinander erlebten und gelebten Jahren ungebrochen.

Das neue Jahr 1782 ändert nichts; der Neujahrsgruß zum 1. Januar bestätigt die unverbrüchliche Liebe Goethes. Er schreibt: «Mit dem ersten langsamen Scheine des Tages sag ich dir einen Willkomm in's neue Jahr, du weisst mit welcher Zufriedenheit ich es anfange, und daß ich nur Einen Wunsch habe dir recht danckbaar seyn zu können, da ich dir alles schuldig bin. Es ist mir als wenn mich nun kein Übel berühren könnte, die schönsten Aussichten liegen vor mir.» Zufriedener ist Goethe nie gewesen; das Gefühl der Unverwundbarkeit zeigt, wie sehr diese Liebe zu Charlotte ihn aus der Zeit herausgetragen hat, denn sie ist wie ein schützender Panzer um ihn.

Die erste Redoute des Jahres steht an, und er freut sich nur deswegen, weil auch sie hingeht. Er trifft sich mit ihr auf dem Eis – Goethe hatte den Eislauf bei Hofe eingeführt, er wurde zur Gesellschaftsunterhaltung, und gelegentlich pflegte man sogar auf dem Eis zu speisen. Am liebsten aber ist er mit ihr allein. Er wünscht, daß ihr seine Liebe sein möge, was die ihre für ihn ist und bleibt – eine kunstvolle Formel, und doch aufrichtig. Manchmal rekapituliert er sein Leben; es berührt ihn sonderbar, daß es ihn zu ihr geführt hat, und er ist glücklich darüber. Als er einmal abends zu ihr geht und sie nicht zu Hause findet, murrt er einen Augenblick – und findet dann ihr «liebliches Wort», ist sofort wieder guter Stimmung. Ein Tag ohne Charlotte ist ein verlorener Tag.

Gelegentlich kommt über den Austausch von Alltäglichkeiten und Alltagswünschen, so aufrichtig sie auch gemeint gewesen sein mögen, etwas Neues in seine Briefe, etwa, wenn er ihr sagt: «Es ist mir in deiner Liebe als wenn ich nicht mehr in Zelten und Hütten wohnte als wenn ich ein wohlgegründetes Haus zum Geschenck erhalten hätte, drinne zu leben und zu sterben, und alle meine Besitzthümer drinne zu bewahren.» Einmal schreibt er: «Ich möchte mir die Haare abschneiden und sie dir als so viel Worte der Liebe schicken» – es wäre ein Liebeszeichen gewesen, wie die Zeit es schätzte; vielfach trug man Haare des oder der Geliebten in einem Medaillon.

Die Liebesbezeugungen nehmen kein Ende, nur manchmal kommen wie auch in den Jahren zuvor Trübungen hoch. Am 18. Februar schreibt er: «Lotte, ich habe eine

Sorge auf dem Herzen eine Grille die mich plagt, und schon lange ängstigt du must mir erlauben daß ich dir sie sage, du must mich aufrichten. Mit Schmerzen erwart' ich die Stunde da ich dich wiedersehe. Du must mir verzeihen. Es sind Vorstellungen die aus meiner Liebe aufsteigen, Gespenster die mir furchtbar sind, und die nur du zerstreuen kannst» – wir wissen nicht, was gemeint ist, wissen nur, daß es keine längeren Schatten waren, die da sichtbar geworden waren. Denn die folgenden Briefe lassen nichts mehr von Irritationen erkennen, enthalten nur immer wieder die Bitte um ein gutes Wort.

Betrübnis kommt auf, wenn er sie nicht sehen kann – es ist ihre reine Gegenwart, auf die er nicht verzichten mag, und wenn er doch einmal dazu gezwungen wird, überfällt ihn Melancholie. So schreibt er aus Dornburg: «Als ich heute früh erwachte und die schöne Sonne sah, hofft ich du würdest kommen und so bracht ich meinen ganzen Tag zu. Jetzt da es Nacht wird sinckt mein Vertrauen nach und nach, und die Resignation tritt ein.» Als er Knebel einen Bericht über sein Weimarer Dasein gibt, schreibt er über seine Geliebte: «Die Stein hält mich wie ein Korckwamms über dem Wasser, dass ich mich auch mit Willen nicht ersäufen könnte.»

Dieser Briefwechsel mit Charlotte von Stein, voller Alltäglichkeiten und Kleinigkeiten, nur hin und wieder durchsetzt mit Geständnissen, die über die immer gleichen Beteuerungen seiner Liebe hinausgehen – sprachlichen Glanz hat er dennoch. Nur selten findet sich Durchschnittliches, wirklich Abgegriffenes. Oft geht es um Kulinarisches, um Speisen, die er von ihr erbittet oder die er ihr ins Haus schickt. Aber auch das sind letztlich Liebesboten, selbst wenn derartige Sendungen von einer sparsamen Sprache begleitet sind. Ein paar beigegebene Worte machen manchmal Liebes-Devotionalien daraus.

Aber die Hochstilisierungen, die wirklichen Poetisierungen dieser Liebe gelangen anderswo, nicht nur in den Gedichten, sondern auch in Dramen, an denen er in dieser Zeit schreibt. Wieweit Goethe mit Torquato Tasso im gleichnamigen Drama gleichzusetzen sei, soll hier nicht erörtert werden. Die wichtigere Identifikationsfigur ist ohnehin Leonore Sanvitale, die nicht das direkte Spiegelbild der Charlotte von Stein ist, aber in die Goethe hineinverlegt hat, was Charlotte hätte denken und fühlen können. In der Mitte des Dramas, im 3. Auftritt des III. Aufzugs, führt Leonore ein Selbstgespräch, und in dieses hat er das Zögern und Zaudern der Charlotte von Stein, ihre Reserve und ihre Haltung zu ihm überhaupt eingebracht. Es geht um Charlotte von Steins Ansprüche an Goethe und um ihren Vorbehalt ihm gegenüber. Goethe hat ihre zögernden Bedenklichkeiten in ein Selbstgespräch verlegt, in dem aber auch ihre Liebe zu ihm und ihr Bild vom einzigartigen Genie miteingeflochten ist. Ein Teil des Monologs lautet:

> Bist du nicht reich genug? Was fehlt dir noch?
> Gemahl und Sohn und Güter, Rang und Schönheit,
> Das hast du alles, und du willst noch ihn
> Zu diesem allen haben? Liebst du ihn?
> Was ist es sonst, warum du ihn nicht mehr
> Entbehren magst? Du darfst es dir gestehn. –
> Wie reizend ist's, in seinem schönen Geiste
> Sich selber zu bespiegeln! Wird ein Glück
> Nicht doppelt groß und herrlich, wenn sein Lied
> Uns wie auf Himmels-Wolken trägt und hebt?
> Dann bist du erst beneidenswerth! Du bist,
> Du hast das nicht allein, was viele wünschen;
> Es weiß, es kennt auch jeder, was du hast!
> [...]
> Wo ist ein Mann, der meinem Freunde sich
> Vergleichen darf? Wie ihn die Welt verehrt,
> So wird die Nachwelt ihn verehrend nennen.

Goethe hat hier in Verse gefaßt, was ihn an Charlotte von Stein am meisten verstört haben dürfte: ihre Zweifel, ihre Zurückhaltung, ihre Frage an sich, wieweit sie dieser Liebe nachgeben dürfe. Aber zugleich hat er sich auch selbst ein Denkmal gesetzt: als Dichter, der seine Zeit überleben werde. Daß das, was vergänglich sei, sein Lied bewahre – hier ist im eigentlichen Wortsinn seine Beziehung zu Charlotte von Stein poetisiert, aus der Zeit her-

ausgehoben und damit auch sie, die Geliebte, in seinem
Lied alterslos. Die glückselige Zeitlosigkeit dieser Liebe:
Goethe wußte, daß sie, jedenfalls in ihrer in Weimar gelebten Form, in Wirklichkeit nicht ewig dauern würde.
Doch zugleich ist auch ihr Wunschbild enthalten: ihn an
der Seite zu haben, sich mit ihm der Zukunft mit leichtem
Schritt zu nahen: Es ist Leonores Verlangen, daß das Leben
mit ihm ewig dauern möge, daß der «freche Ruf» der
Menge nicht störend sei, daß die Beziehung All-Gegen-
wart bleiben möge. Goethe hat hier seiner Freundin zuge-
schrieben, was er sich selbst gleichermaßen erhofft.

Aber Goethe ist in diesem Drama nicht nur im Gedan-
kenhorizont der Leonore Sanvitale, also der Charlotte von
Stein, anwesend. Er spiegelt sich offenbar auch direkt,
etwa dort, wo er Tasso sprechen läßt:

> Da dacht' ich manchmal an mich selbst, und wünschte
> Dir etwas sein zu können. Wenig nur,
> Doch etwas, nicht mit Worten, mit der That
> Wünscht' ich's zu sein, im Leben dir zu zeigen,
> Wie sich mein Herz im Stillen dir geweiht.
> Doch es gelang mir nicht, und nur zu oft
> That ich im Irrthum, was dich schmerzen mußte.

Leichter Ärger über die Zurückweisungen seitens Charlottes drücken sich wohl in den Versen aus:

> So liebenswürdig sie erscheinen kann,
> Ich weiß nicht wie es ist, konnt' ich nur selten
> Mit ihr ganz offen sein, und wenn sie auch
> Die Absicht hat, den Freunden wohlzuthun,
> So fühlt man Absicht und man ist verstimmt.

Das ist ein Spiel, jedes direkte Abbild der Wirklichkeit ist
hier vermieden. Aber verstimmt war Goethe ja gelegentlich. Wiederum zur Prinzessin sagt Tasso:

> O lehre mich das Mögliche zu thun!
> Gewidmet sind dir alle meine Tage.
> Wenn dich zu preisen, dir zu danken sich
> Mein Herz entfaltet, dann empfind' ich erst
> Das reinste Glück, das Menschen fühlen können;
> Das göttlichste erfuhr ich nur in dir.

Aber vor allem stilisiert Goethe seine Liebe zu Charlotte von Stein:

> Was auch in meinem Liede widerklingt,
> Ich bin nur Einer, Einer alles schuldig!
> Es schwebt kein geistig unbestimmtes Bild
> Vor meiner Stirne, das der Seele bald
> Sich überglänzend nahte, bald entzöge.
> Mit meinen Augen hab' ich es gesehn,
> Das Urbild jeder Tugend, jeder Schöne;
> Was ich nach ihm gebildet, das wird bleiben.
> [...]
>
> Es sind nicht Schatten, die der Wahn erzeugte,
> Ich weiß es, sie sind ewig, denn sie sind.
> Und was hat mehr das Recht, Jahrhunderte
> Zu bleiben und im Stillen fortzuwirken,
> Als das Geheimniß einer edlen Liebe,
> Dem holden Lied bescheiden anvertraut?

«Geheimnis einer edlen Liebe» – das ist fast schon eine klassizistische Formulierung, um seine Beziehung zu Charlotte von Stein zu kennzeichnen. Noch einmal begegnet Goethe in Tasso:

> Ich träumte mich dem höchsten Glücke nah,
> Und *dieses* Glück ist über alle Träume.
> [...]
>
> Was that ich je, daß sie mich wählen konnte?
> Was soll ich thun, um ihrer werth zu sein?
> Sie konnte dir vertraun, und dadurch bist du's.
> Ja, Fürstin, deinen Worten, deinen Blicken
> Sei ewig meine Seele ganz geweiht!
> Ja, fordre was du willst, denn ich bin dein!

Natürlich sind auch solche Verse keine direkten Reflexe, sondern poetische Umsetzungen dessen, was Goethe in seiner Liebe zu Charlotte empfindet. Seine Glückserwartungen, aber auch seine Gefährdungen sind gleichermaßen anwesend, und die hochproblematische Figur des Tasso spricht nur aus, was bei Goethe eher Empfindung, eher Ahnung war. Goethe hat sich Charlotte von Stein nicht so ungestüm genähert, wie Tasso sich der Schwester der Her-

zogin nähert, er ist vermutlich nie so unbeherrscht und
auch nie so wankelmütig gewesen wie sein poetisches Gegenbild. Sind es potentielle Ängste, die er in seine dichterische Sprache übersetzt hat, ist es eine drohende Zukunft,
die hier gleichsam schon abgearbeitet wurde, bevor sie
Wirklichkeit geworden war? Jede nur biographische Deu-
tung ist unzureichend, das Drama ist auch ein Denkspiel;
aber es will andererseits ebenfalls gelesen werden als Sub-
limation all dessen, was Goethe in Wirklichkeit erlebte
und als Steigerung dessen, was er erhoffte oder befürch-
tete.

In *Torquato Tasso* wird gleichsam ein Dialog geführt
zwischen Goethe und Frau von Stein, und das Abbildähn-
liche in Tassos Versen ist unüberhörbar:

> Beschränkt der Rand des Bechers einen Wein,
> Der schäumend wallt und brausend überschwillt?
> Mit jedem Wort erhöhest du mein Glück,
> Mit jedem Worte glänzt dein Auge heller.
> Ich fühle mich im Innersten verändert,
> Ich fühle mich von aller Noth entladen,
> Frei wie ein Gott, und alles dank' ich dir!
> Unsägliche Gewalt, die mich beherrscht,
> Entfließet deinen Lippen; ja, du machst
> Mich ganz dir eigen. Nichts gehöret mehr
> Von meinem ganzen Ich mir künftig an.
> Es trübt mein Auge sich in Glück und Licht,
> Es schwankt mein Sinn. Mich hält der Fuß nicht mehr.
> Unwiderstehlich ziehst du mich zu dir,
> Und unaufhaltsam dringt mein Herz dir zu.
> Du hast mich ganz auf ewig dir gewonnen,
> So nimm denn auch mein ganzes Wesen hin!

Wir wissen, was folgt: Tasso umarmt die Prinzessin und
drückt sie fest an sich – und besiegelt damit sein Schicksal bei Hof: sie stößt ihn von sich und eilt hinweg. Steht
dahinter die Furcht, daß Charlotte, wenn er sich ihr zu
sehr nähere, ihn ebenfalls hinwegstoßen und er vom Weimarer Hof verwiesen werden könne? Das Drama treibt
eine Möglichkeit ins Extrem, die Goethe geängstigt haben
mag, und gleichzeitig enthalten diese Verse ein aufrichti-

ges Bekenntnis, denn es ist die Geschichte seiner Bindung an sie, die erzählt wird. Die Antwort der Prinzessin wird nicht erst hier, im 4. Auftritt des V. Aktes, gegeben, sondern früher, als sie zu Tasso sagt:

> Nicht weiter, Tasso! Viele Dinge sind's,
> Die wir mit Heftigkeit ergreifen sollen:
> Doch andre können nur durch Mäßigung
> Und durch Entbehren unser eigen werden.
> So sagt man, sei die Tugend, sei die Liebe,
> Die ihr verwandt ist. Das bedenke wohl!

Wenn aus Tasso am Schluß des Dramas Goethe spricht, so hier aus den Worten der Prinzessin Charlotte von Stein. Es ist Goethes Heftigkeit, gegen die sie ihre Mäßigung setzt, das «Entbehren», und es kann kein Zweifel sein, daß Goethe auch hier Charlotte von Stein sprechen läßt, wie er sie gekannt hat. Die Aufforderung zum Maßhalten, zur Läuterung, zum «Erlaubt ist, was sich ziemt» wird von Tasso schließlich akzeptiert, und als «Heilung» erscheint, was vorher eine Art Liebeskrankheit war:

> Wie den Bezauberten von Rausch und Wahn
> Der Gottheit Nähe leicht und willig heilt;
> So war auch ich von aller Phantasie,
> Von jeder Sucht, von jedem falschen Triebe
> Mit Einem Blick in deinen Blick geheilt.
> Wenn unerfahren die Begierde sich
> Nach tausend Gegenständen sonst verlor,
> Trat ich beschämt zuerst in mich zurück
> Und lernte nun das Wünschenswerthe kennen.

Später, im Alter, wird Goethe dies «Entsagung» nennen. Hier akzeptiert Tasso, was die «Besänftigerinn» von ihm fordert. Ob Goethe es akzeptiert hat, wissen wir nicht. Manches in seinen Briefen und Gedichten spricht dafür, daß auf seiner Seite von Entsagung keine Rede sein konnte – es sei denn, er wäre dazu gezwungen worden.

Ein zweites Abbild: Iphigenie. In Goethes *Iphigenie* spiegelt sich sein Schicksal, reflektiert sich die Beziehung zu Charlotte von Stein auf kryptische und dennoch leicht zu durchschauende Weise. Charlotte: das ist Iphigenie in

ihrer Stilisierung als Priesterin, die so unnahbar ist, wie
ihr Amt es erfordert. In *Iphigenie* tauchen alte Motive auf:
so das der geliebten Schwester, der inzestuösen Bindung,
wie sie sich schon in der allerersten Phase der Liebesbeziehung zu Charlotte finden. Erscheint Goethe als der ge-
rettete Orest? Ist das Verhältnis zwischen ihm und Charlotte hinübergespiegelt in die brüderlich-schwesterliche
Beziehung zwischen Orest und Iphigenie? Oder ist Goethe
Thoas, dem sich Iphigenie verweigert? «Mein Schicksal ist
an deines fest gebunden», sagt Iphigenie zu Thoas – dieser
Satz steht so oder so ähnlich dutzendfach in Goethes Briefen an Charlotte von Stein. Aber auch hier ist das wirklich
Gelebte transzendiert. Goethes Verhältnis zu Frau von
Stein, die Liebesbeziehung zwischen ihnen findet sich,
verdeckt und verfremdet, in *Iphigenie* als gleichsam
mythisches Geschehen. Ein Spiel mit Masken, was die
Wirklichkeit angeht, und doch in höherem Sinne richtig.

Beide Dramen, vor allem aber *Torquato Tasso*, zeigen
die Tiefendimensionen, in die diese Liebe reicht, und so
wollen sie denn immer wieder hinzugelesen werden zu
den Briefen und den Tagebuchaufzeichnungen, die nur die
nüchterne Seite des Verhältnisses preisgeben. In der Prinzessin des *Tasso* spiegelt sich Charlotte als «Besänftigerinn», im Amazonenhaften der Iphigenie erscheint das
gelegentlich so Schroffe und Abweisende Charlottes, aber
auch ihre Fähigkeit als «Heilerin», als « Priesterin». In der
Uraufführung vom 6. April 1779 trat Goethe als Orest auf,
Corona Schröter als Iphigenie. Charlotte von Stein besuchte diese Aufführung nicht – vielleicht aus Eifersucht:
Sie wollte die Liebe des Geschwisterpaars nicht sehen.
Aber, bei aller Nähe: Tasso war die eigentliche Identitäts-
figur, nicht Thoas.

«Du bist mir in alle Gegenstände transsubstanziirt»

Die Liebessprache

Das Jahr 1782: ein ruhiges, für Goethe ein erfülltes Jahr. Von allen Briefen, die er in dieser Zeit geschrieben hat, gelten nur wenige alten Freunden, Lavater, Merck, Jacobi, dem Herzog. Fast alle anderen sind an Charlotte von Stein gerichtet, und es ist, wie in den Jahren zuvor, kaum ein Tag, an dem nicht irgendein Gruß gewechselt wird, von den persönlichen Zusammenkünften ganz zu schweigen. Wieder viele belanglose Alltäglichkeiten, aber immer wieder neue Bekenntnisse seiner Liebe in einer immer neuen Sprache; er beschäftigt sich mit ihr, seit er morgens erwacht, schreibt einige Zeilen, damit er zu etwas anderem geschickt werde. Ist er nicht bei ihr, lebt er in tiefer Einsamkeit, braucht aber ein gutes Wort von ihr, um die zu überstehen. Zwischendurch dann noch einmal eruptive Liebesbekenntnisse:

Mein erstes Verlangen beym Aufwachen geht wieder zu dir, und es will gar nicht mit der Nothwendigkeit übereinstimmen mich bald zu entfernen. Lebe wohl. Mein ganzes Wesen wird dir immer fester verbunden. Du weisst es, aber fühl es auch und sey glücklich wie du mich glücklich machst. Leb wohl! ich kan so wenig von diesem Papier als von deiner Gegenwart mit Willen scheiden.

So am 14. März 1782. Eigentlich hatte das Jahr zuvor schon engste Annäherungen gebracht – aber sie lassen sich immer noch steigern. «Ich bin auf alle Weise dein» – das taucht oft in den Briefen auf. Er kann ohne sie nicht leben, nicht denken, nicht zu sich finden. Das Zeichen, daß er kommen solle: ein Licht in ihrem Fenster. Erscheint es nicht, sind es finstere Nächte für ihn. «Ich komme nicht weg von dir» – das ist, aufs einfachste gesagt, sein immer erneutes Liebesbekenntnis. Manchmal stockt seine Feder vor Sehnsucht nach ihr: «Mein Verlangen zu dir meine Geliebte läßt mich dir fast nicht schreiben, wenn ich ihm folgte, so setzte ich mich auf und ritte hinein, denn der Zeit nach wär ich doch Morgen zur rechten Stunde wo ich seyn soll. Wäre es lieblich Wetter so geschäh es auch, nun hält mich der Sturm, und der entsetzliche Weeg von dir ab.»

Goethe ist in Buttstedt, getrennt von ihr und doch mit ihr vereinigt. Jede Faser seines Wesens reißt ihn zu ihr, und er gesteht ihr: «O du beste! Ich habe mein ganzes Leben einen idealischen Wunsch gehabt wie ich geliebt seyn mögte, und habe die Erfüllung immer im Traume des Wahns vergebens gesucht, nun da mir die Welt täglich klärer wird, find ich's endlich in dir auf eine Weise daß ichs nie verlieren kann. Lebe tausendmal wohl.» Wenn er nur hört, daß sie gut geschlafen hat, so gibt das auch ihm neue Kräfte für den ganzen Tag. Wenn er weiß, daß er Charlotte am nächsten Tag sehen wird, schläft er glücklich ein, und wenn er auf Reisen ist, schreibt er ihr: «Wir sind im eigentlichen Sinne nicht von einander entfernt gewesen» – so am 24. März 1782. Er spricht von der «lieben süsen Ordnung» seiner Tage und Stunden, die nur dann gestört wird, wenn er unterwegs ist, aber er führt sie immer mit sich, im «feinsten Herzen», wie er hinzufügt. Es gibt nichts, wo sie nicht wäre, sie ist in allem und immerfort anwesend, und er schreibt ihr am 10. April: «Ich schäme mich dir zu wiederhohlen, wie und wie immer ich an dich dencke. Du bist mir in alle Gegenstände transsubstanziirt, ich seh alles recht gut und sehe dich doch überall, ich bin weder abwesend noch zerstreut und doch immer bey dir und immer mit dir beschäfftigt.»

Für die ökonomischen Tätigkeiten ihres Mannes hat er nur Spott übrig, meint, daß er schwer von seiner Neigung zur Landwirtschaft geheilt werden könne. Das Urteil über ihn ist nicht ohne Härte: «Ich habe mich diese Tage her recht bemüht meine Gedancken auf die Erdschollen zu konzentriren, und bin nur überzeugter daß ein Mensch der seine Lebzeit am Spieltisch zugebracht hat, nicht ein

*Schloß Kochberg, seit 1733 in Besitz der Familie
des Freiherrn von Stein*

Bauer werden kann. Man muß ganz nah an der Erde gebohren und erzogen seyn um ihr etwas abzugewinnen.»
Stein war das nicht und scheiterte mit seinem Wirtschaf-
ten.

Doch der Ehemann ist bestenfalls ein Randthema. Die
Briefe enthalten vor allem Liebeserklärungen, und sie werden immer dann inniger, wenn sie nicht in Weimar ist. Er
gehört ihr ganz, so sehr, daß nichts hereinkönne bei ihm,
ohne daß Zoll und Akzise an sie bezahlt werden müßten.
Und noch einer dieser einfachen Sätze: «Wer dich gefunden hat weis warum er in der Welt ist» – so am 15. Mai
1782. Fritz, Charlottes Sohn, ist auch sein Liebling, er
nimmt ihn mit auf Reisen, führt ihn überall herum, liebt
Charlotte in ihm. Er ist beruhigt und glücklich, wenn er
hört, daß sie ihn liebt, und wenn das ausbleibt, ist er ge-
quält und neigt zu Depressionen. Sie ist die «immer gleich
Geliebte», und es gibt kein Nachlassen in seinen Gefühlen. Daß er mit ihr gleich empfindet, erfüllt ihn mit
unaussprechlicher Glückseligkeit, und nur gelegentlich
kommt ein Mißverständnis auf – er ist dann wie betäubt
davon, schreibt: «Es war wie der Todt man hat kein Wort
und keinen Begriff für so etwas.» Aber derart dunkle Wolken verfliegen schnell. Er ist sich seines Glückes nur zu
gewiß, in ihr ruhen die Hoffnung und die Freude seines
Lebens. Und er träumt immer wieder von ihr:

Mein ganzes Wesen ist an dich geknüpft und ich fühle es ist unmöglich dich zu entbehren. Schon mögt ich statt zu schreiben
wieder zu dir eilen und dich mündlich meiner Liebe versichern.
Wo seh ich dich heute? Schreibe mir und schreibe viel. Lebe wohl.
Ich scheide auf iede Weise ungern von dir. Auch mag ich das Blat
nicht verlassen das du in Händen halten sollst.

Das klingt, als sei er auf einer Weltreise begriffen – aber er
ist in Weimar. Wenn sie ihm wirklich von ihrer Liebe
schreibt, dann antwortet er: «Meine liebste meine einzigste wie danck ich dir für alles was du mir thust.» Immer
wieder die Aufforderung: «Liebe mich, das ist das einzige
und schönste Band meines Lebens.» Steigerungen sind
durchaus noch möglich: Am 25. August heißt es: «*So* hab

Der Wohnraum von Charlotte von Stein
auf Schloß Kochberg, «Roter Salon»

ich noch nie an dich geschrieben, *so* noch nie deine Entfernung gefühlt. Ich sehe dich immer unter den deinigen,
bin in euch transsubstanziirt. *Liebe Lotte!* hab ich wieder
zwanzigmal des Tages mit leisen Lippen ausgesprochen.»
Und als er Geburtstag hat, bekennt er, daß er das Jahr seines Lebens nicht gerne verlasse, das ihm soviel Glück gegeben habe und daß es ihm durch die Versicherung ihrer
Liebe unvergeßlich sei. Für das nächste: wenige Wünsche,
«nur den sehr eifrig daß du mir bleiben und gleich bleiben
mögest». Aber er fürchtet ab und zu immer noch, daß
Charlotte sich von ihm lossagen könne, und wie eine vor-
weggenommene Trennung sind ihre Reisen: sehr schmerz-
haft dann jeder Augenblick.

1782 ist es sieben Jahre her, daß Goethe nach Weimar
kam, und er kann immer noch nicht von Charlotte lassen,
wünscht sich eine neue Epoche, ihr noch gefälliger zu
sein. Er schickt ihr eine Weltkarte zurück; kein Ort sei
darauf gezeichnet oder darin enthalten, wo er nicht ihrer
mit Liebe und Treue gedenke. Und wenn er einmal eine
Unart begeht, bittet er sofort um ihre Verzeihung – und
erhält sie offensichtlich auch. Manchmal träumt er sich
in Vergangenheit und Zukunft hinein, weiß, daß sie der
einzige Faden ist, an dem er hängt, braucht «die lebendige
Gegenwart» ihrer «süsen Liebe».

Auch wenn er nicht da ist, ist er seit dem frühesten
Morgen so oft bei ihr, daß er ein eigentümliches Doppelleben führt: in Geist und Seele mit ihr vereint, physisch
von ihr getrennt. Am Ende des Jahres gesteht er ihr:
«Meine Gedancken waren immer bey dir und ich wieder-
hole dir immer: iemehr ich Menschen sehe desto mehr bin
ich dein.» Offensichtlich ein glückliches, ein sehr glückliches Jahr – daß er ihr immer wieder von seiner Liebe
schreiben muß, zeigt, daß es nicht bei Gefühlen bleibt;
ihm ist unerläßlich, daß er sie in Worte fassen und ihr
diese mitteilen kann, und auch das läßt erkennen, wie
sehr diese Liebe der Worte bedarf, um wirklich gefühlt zu
werden. Es hat sicherlich auch stumme Zeichen gegeben,
Umarmungen und nicht-rhetorische Küsse: aber ein wichtiges Band zwischen ihnen ist die Sprache, die Liebesspra-

che. Goethe beherrscht sie in ihrer einfachsten und gleichzeitig perfektesten Form.

Sprache – was ist sie, was kann sie leisten? Wir verlassen für einen Augenblick Goethes Liebessprache, um den Hintergrund auszuleuchten, vor dem sie zu lesen ist. Wer in der Variationskunst Goethes auch dort, wo es um einfach zu sagende Dinge geht, einen hohen Grad an Artistik vermutet, beurteilt die kunstvoll-kunstlose Sprache gewiß richtig. Daraus darf freilich nicht geschlossen werden, daß es zwischen den Gefühlen und der Verbalisierung von Gefühlen eine Diskrepanz gibt.

Goethe lebt am Rande des empfindsamen Zeitalters, und das heißt: in einer Epoche, in der nicht so sehr das Fühlen als vielmehr das Sprechen über Gefühle wichtig ist, und es sieht fast so aus, als seien Gefühle erst lebendig und vor allem erst dann mitteilbar, wenn sie in Sprache gefaßt werden. Daß man sich über seelische Zustände derart mitteilen kann, ist ein sprachlicher Gewinn etwa seit der Mitte des 18. Jahrhunderts; damals wurden erstmals seelische Befindlichkeiten breit diskutiert. Das aber hieß zugleich, daß auf vernünftige Weise darüber gesprochen wurde, daß also die Regungen der Seele dem Verstand nicht verborgen, sondern ihm zugänglich und übersetzbar waren. In den Dramen etwa von Gellert oder auch von Johann Elias Schlegel, die auch noch in Goethes frühen Jahren häufig gespielt wurden, gibt es keine dunklen Zonen im Gefühlsleben der dramatischen Figuren, so wenig wie überraschende seelische Mutationen; selbst noch Gefühlsaufwallungen sind von der Vernunft kontrolliert, denn im Seelenleben geht es letztlich ähnlich zu. Sprache ist von da an das wichtigste Mittel der Erkenntnis und der Selbsterkenntnis, nur durch sie werden Gefühle verständig reproduziert und mitgeteilt.

Eigentlich ist alles sagbar, und wenn sich in der zweiten Hälfte des 18. Jahrhunderts so etwas wie ein Vokabular des Herzens in der Literatur entwickelt, so ist das nur eine Vertiefung dessen, was bereits die Zeit der frühen Empfindsamkeit kennzeichnete. Der Ton der Mitteilungen wird intimer, vertraulicher, aber alles Gesagte bleibt ver-

ständig und verständlich. Ein Brief ist immer noch ein sti-
lisiertes Gespräch, frei von den Zufälligkeiten und Digres-
sionen einer direkten Rede, aber er gilt als natürliche
Äußerungsform des Menschen, in der er sich frei und ungebunden darstellen kann. Auch wenn das Herz spricht,
das Gefühl – die Sprache ist ein williger Transporteur
selbst der Leidenschaften, und sie sorgt dafür, daß sie mitteilbar werden. Daß Sprache nicht nur Ausdruck eines jeweiligen Naturells sei, sondern sich auch der jeweiligen
seelischen Beschaffenheit des einzelnen Naturells anpas-
sen könne und anzupassen habe, das ist die große Entdeckung der Empfindsamkeit, und sie wirkt bis in die
Goethe-Briefe an Charlotte von Stein nach. Zwar gibt es
gelegentlich Ausrufe, Gedankenstriche – aber sie stehen
mehr für die Intensität eines Begriffs, als daß sie gleichsam
nur eine stumme, weitergeführte Sprache wären.

Man muß diesen Hintergrund kennen, um zu verstehen,
warum die Briefe Goethes nie den Rahmen des Sagbaren
und der wohlgesetzten Rede durchbrechen. Es war späteren Jahrzehnten vorbehalten, die Sprache in ihrer
Fetzenhaftigkeit, in ihrer abgerissenen Kürze, in ihrer
bloß andeutenden, zeichenhaften Vermittlungsfunktion
zu nutzen.

Goethes Briefe an Frau von Stein sind Zeugnisse einer
immer maßvollen Sprache, so einzigartig seine Bilder,
seine Formulierungen auch manchmal zu sein scheinen.
Letztlich ist mit dieser Form der Verbalisierung von Gefühlen auch eine Kontrolle der Gefühle verbunden, und
wo immer Goethe über die Einzigartigkeit seiner Liebe
spricht – er tut es in Worten, die wohlgeordnet sind, in
denen Sprachspiele durchaus zugelassen sind und Formen
der Rhetorik Anwendung finden, nicht, weil seine Gefühle nur moderat wären, sondern weil die Tradition des
Sprechens und die Geschichte des Briefes, auch des persönlichen Briefes, anderes in diesen Jahrzehnten gar nicht
zuläßt.

Goethe weiß das wie jeder gebildete Mensch seines
Zeitalters, er kennt freilich auch die Grenzen einer so
definierten Ausdrucksweise. Und vielleicht dürfen wir die

kleinen Billetts und Zettelchen, die da gewechselt werden, das Sprechen über Alltägliches, über alles kontrolliert Gesagte hinaus sogar als einen stummen oder unbewußten Protest gegen das bis dahin wohltemperierte und manchmal allzu maßvolle Sprechen, auch in Liebesdingen, sehen. Es bedarf keiner Kunst, um über schlichte Sachen zu reden, um einen Morgengruß zu bestellen oder um ein Essen zu bitten. Aber da ist Goethes Sprache direkter, als man das vom vorgegebenen Briefstil seiner Zeit her erwartet hätte. Es ist, mit anderen Worten, also auch ein Versuch, wirkliche Wirklichkeit zu verbalisieren – und so wird uns das Sprechen über Lebenskleinigkeiten, das kunstlos zu sein scheint und doch höchst kunstvoll ist, vielleicht verständlicher. Die Gefühlssprache ließ sich am ehesten erneuern, neu auf die Wirklichkeit beziehen, wenn sie Einfaches und Einfachstes beschrieb.

Nachträglich besehen ist das Jahr 1782 wie schon das Jahr davor ein später nicht mehr erreichter Höhepunkt in der Beziehung der beiden Liebenden. Goethes Briefe zeigen eine Innigkeit, die kaum noch zu steigern war. «Meine liebste, meine einzigste wie danck ich dir für alles was du mir thust», schreibt er Ende Juli 1782. «Ich wäre auch ohngefordert gekommen wie kannst du es anders dencken. Aber ich bedarfs auch glaub es mir. Jeder Zweifel von dir erregt ein Erdbeben in den innersten Festen der Tiefe meines Herzens.» Goethe verträgt keine Störungen, jede Irritation wirkt sich zerstörerisch aus. Wir wissen nicht, was Charlotte von Stein für ihn getan hat, es sei denn, hier wären wiederum alltägliche Dinge gemeint, Sendungen mit Häuslichem. Aber selbst die wurden Symbole für ihn, so wie er umgekehrt solche Zeichen sandte. Schon kurz zuvor hatte es geheißen: «Meiner L. L. schick ich neues Brod, mögten wir es doch recht lange zusammen geniessen.»

Das neue Brot – es symbolisiert die Lebensspeise, die er braucht und die er nur bei Charlotte von Stein zu finden weiß. Nahezu jeden Tag sieht er sie, nahezu jeden Tag schreibt er ihr, gleichsam um ihre Gegenwart dauernd zu machen, indem er ihrer gedenkt, wenn er schon nicht bei ihr sein kann. Wir sehen: das Schreiben ist Lebensersatz,

ist Liebesersatz. Seine Amtspflichten vernachlässigt er
nur zu gern, und wenn er ihnen dennoch folgen muß, so
macht es ihm Schwierigkeiten. Er sagt liebe Worte dutzendfach, aber jede Botschaft ist anders, jedes Bekenntnis
seiner Liebe einzigartig – es wiederholt sich so gut wie
nichts in diesen Briefen, und er wird nicht müde, seine
Liebessprache zu verfeinern. Wenn er einen Brief schließt
mit «Adieu geliebteste über allen Ausdruck», so darf man
das nicht als leere Liebesrhetorik mißverstehen: er meint
es ernst. Es gibt für ihn nichts Wichtigeres auf dieser Welt,
und man muß nur einen Amtsbrief an den Herzog oder an
den Baron von Fritsch lesen, um das ganze Ausmaß der
Andersartigkeit seiner Liebessprache zu sehen.

Wenn Goethe krank ist, verlangt es ihn nach der Geliebten, wenn er gesund ist, aber nicht weniger. «Zur
guten und schlimmen Stunde sehnt sich mein Wunsch
nach dir. Gute Nacht von einem Halbkrancken», schreibt
er am 9. August 1782. Doch er mag noch so leiden, seine
Sprache versiegt ihm nie. Ist es Zufall, daß er in diesem
Jahr, in dem er auch an *Wilhelm Meisters Theatralische
Sendung* schreibt, Charlotte von Stein gegenüber feststellt: «Eigentlich bin ich zum Schriftsteller gebohren»?
Hat sie ihn nicht in einem tieferen Sinne zum Schriftsteller erst gemacht, weil sie der Anlaß, die Ursache für eine
neue Sprache war, die weitgehend ohne Formeln auskam,
in der sein Herz aber so unmittelbar wie möglich zu sprechen versuchte? «Erhalte mir die Seele meines Lebens,
Treibens und Schreibens», bittet Goethe im gleichen Brief.

Freilich: nicht alles mag er dem Briefpapier anvertrauen,
der direkten Sprache bleiben noch genügend andere Botschaften. «Wie vieles musst ich verschweigen was ich nur
dir sagen kann», heißt es, als sie ein paar Tage aus Weimar
abwesend ist. «Wie du mir fehlst mag ich dir nicht sagen»,
so im nächsten Brief, und: «Meine Gedancken verlassen
dich nicht.»

Man meint, es könne in der Liebessprache Goethes
keine Steigerungen geben, aber wenn es auch immer wieder das gleiche ist, was er zu sagen hat, er sagt es auf hun-
dertfach verschiedene Weise. Nie hat er vorher jemanden

so geliebt, nie wird er später solche Briefe schreiben. Sie sind immer neue Versuche, Raum und Zeit zu überwinden, die er in Gedanken schon längst hinter sich gebracht hat. Ein Tag ohne Charlotte von Stein ist leer, seine Sehnsucht nach ihr droht alles zu überschwemmen. «Wenn ich einen Tag gearbeitet habe, ohne dich Abends zu finden, so weis ich eben nicht wozu alle die Mühseeligkeit soll» – er ist allein, und allein ist er unglücklich. So schreibt er am nächsten Tag schon «Liebe Lotte komm zurück! Ich weis bald nicht mehr warum ich aufstehe.» Wenn er eine öffentliche Ausfahrt vermeiden kann, so tut er es, kriecht unter sein altes Schindeldach, um dort im Stillen zu sein – «mir und dir zu leben». Was sie ihm auf seine Botschaften, Billetts, Einladungen und Zettelchen geantwortet hat, wissen wir nicht. Aber sie müssen ihn stimuliert haben, sich immer wieder neu zu erklären. Eigentlich gibt es denn auch keine freie Stunde in seiner Liebe zu ihr. «Ich träume alle Nacht von dir und hoffe es soll bald wahr werden», bekennt er am 31. August 1782.

Vielleicht waren es die glücklichsten Tage seines Lebens. Er lebt mit ihr, in ihr, bei ihr, und wenn er nicht bei ihr ist, leidet er. Eigentlich sollen die Briefe nur die kurze Zeitspanne zwischen den einzelnen Treffen überbrücken, die Wartezeit verkürzen. Was war an dieser Liebe Fiktion, Traum, Wunsch, Sehnsucht, was war Wirklichkeit? Nie wird sich das gegeneinander abgrenzen lassen, aber die Briefe legen den Verdacht nahe, daß sich Goethe hier in eine Beziehungsintensität hineingesteigert hat, die ihn am Ende einsam werden lassen mußte. Charlotte von Stein war nicht nur Goethes Geliebte, sie war seine Angebetete, seine Göttin. Das ging fast über alles irdische Maß hinaus, und so genügte denn auch der Hauch eines Mißklangs, um ihn zweifeln zu lassen, mehr noch: um ihn auf sich selbst zurückzuwerfen.

Und noch eine andere Angst stellt sich ein: die vor einer Trennung. Kleine Abwesenheiten – und Goethe ist todunglücklich. Ein Klagelied schreibt er ihr Mitte September: er sei «von mehr als einer Seite verwaist», «nicht allein meine Liebe verreist / Meine Tugend verreist mit dir». Das

ist ein poetischer Ausdruck des Unbehagens, des Miß-
muts, der Stimmungsverdüsterung, aber noch etwas anderes kommt hier auf: sein Leichtsinn, seine Leidenschaft
«nach dem und ienem Gute iagen», seine Lust und die
Gefahr, «ein Abenteur zu wagen»; sein Herz «geräth in
Brand» – aber das sagt er seinem Schutzgeist, damit der
sich bereit finde zur «Lindrung meiner Plagen». Er beläßt
es nicht bei dem Gedicht, drückt auch prosaisch aus, was
er denkt, schreibt ihr am 12. September abends: «Du solltest sehen wie ich dich überall suche Liebe Lotte! Meine
Geschäffte gehn stille hin, Zerstreuung hab ich nicht,
meine Erhohlungen selbst sind absichtlich und gebunden,
zu dir allein kann meine Seele noch einen Flug nehmen,
denn in irrdischen Dingen gilt waten, nicht schwimmen.
Sonst gehn meine Sachen gut.»

Gehen sie wirklich gut? Die amtlichen sicherlich – aber
er leidet, begibt sich am 17. September «ganz stille» nach
Hause, um «zu lesen, zu kramen und an dich zu dencken».
Er flüchtet sich in die Dichtung, sucht «den Anfang meines Mährgens ausführlicher zu dencken». Diese ständigen
Abschiede, sie nagen an seiner Seele, denn er möchte das
andere: ihre ständige Gegenwart.

Charlotte von Stein wird am 25. Dezember 1782 ihr 40.
Lebensjahr vollenden, Goethe ist damals 33. Sie ist also
nach damaligen Vorstellungen schon eine alternde Frau, er
immer noch ein Heißsporn, aber die Distanz der Lebens-
jahre zwischen ihnen scheint keine Rolle zu spielen. Oder
vielmehr: Goethe sieht, was er sehen will, und das ist
nicht ihre Wirklichkeit.

Die Wirklichkeit sah vielleicht nicht gar so einzigartig
aus. Die Briefe standen in gewissem Sinne im Widerspruch zu den Alltäglichkeiten des Lebens, wie sich uns
das nachträglich darstellt. Aber Goethe überspielt das in
seinen Briefen alles. Er war der Familie von Stein tiefer,
unlösbarer verbunden, als nur der Freund des Hauses es gewesen wäre. Er war bei Lotte nicht nur abends, oft auch
tagsüber, zu Mittag; er war nicht immer zum Abendessen
eingeladen – aber dann lud er sich selbst ein, kam von sich
aus. Er ließ Lebensgaben schicken, Wein, Fasan, Tauben,

und viel Obst wurde herüberspediert. Es gab Gartenfeste
in Goethes Haus an der Ilm, und Frau von Stein war dabei
die Hausfrau, so wie Goethe der eigentliche Mann in
Kochberg und im Weimarer Domizil der Frau von Stein
war. Und der Baron von Stein? Er war's zufrieden, war
gerne einverstanden, daß Goethe ihm einiges von seinen
Wirtschaftssorgen abnahm.

Der Zauber Charlottes bleibt, schlägt sich in kurzen Sätzen, in Abschiedsgrüßen in Goethes Briefen nieder. «Lebe
wohl und sey und bleibe mein Glück» – so am 2. Oktober
1782. Beide leben in einer Enklave. Will man erfahren,
womit Goethe sich sonst beschäftigt hat, was ihn bewegt
hat, worüber er nachdenkt – die Briefe an Charlotte von
Stein geben darüber höchst spärliche Auskunft, mancher
Brief an Lavater oder an Jacobi enthält ungleich mehr an
Informationen und freundschaftlichem Dialog. Wir wissen
kaum, worüber die beiden gesprochen haben, wenn sie zusammen waren, aber wir wissen nur zu gut, daß es da ein
gemeinsames Leben und Fühlen gab, das Goethe immer
wieder in Sprache umzusetzen suchte. Oder, vorsichtiger
formuliert: Goethe wird seiner eigenen Stilisierungskunst
nicht müde, sagt ihr stets aufs neue mit der Kunst ein-
facher Variation, die dennoch kaum eine Wiederholung
kennt, daß er sie unendlich liebt.

Sein Sehnen nach ihr ist unersättlich, er wartet morgens
um neun auf «das versprochne Wort von meiner lieben»,
hofft, daß sie von zwölf bis eins mit ihm spazieren gehen
möge, damit er sie noch einmal in den Garten führen
könne, will sie abholen, mit ihr zusammen zu Mittag
essen, sie den Nachmittag über verlassen, «um Abends
wieder da zu seyn wo es gut seyn ist»: so denkt er sich den
Tageslauf des 10. Oktober, und während er noch schreibt,
kommt endlich ihr «liebes Zettelgen», das er schon vermißte. Was immer er ihr mitteilt, es bezieht sich auf ihre
Gemeinsamkeit, berichtet von seinen Gefühlen – in Ab-
breviaturen, aber das nur Angedeutete reicht aus, um zu
ermessen, wie innig-intensiv diese Beziehung ist. Wenn er
zu ihr kommt, dann nicht zuletzt deswegen, um «zu sagen
und zu hören was man nicht satt wird». Wenn er allein

sein muß in seinem Haus, in seinem Garten, ist er glücklich, weil er «in ihrem Andencken» lebt. Und wenn es sich
einmal ereignen sollte, daß er ein oder zwei Tage nichts
von ihr hört, dann schreibt er, als seien Jahre vergangen:
«Schon lange sehn' ich mich nach einer Bothschafft von
dir meine Geliebte. Wie du dich befindest. Denn wenn
meiner Hälfte übel ist, wird mir Ganzen weh.»

So geht es Tag für Tag, Woche für Woche. Ab und zu ein
fast poetisches Bild: «Wollen wir heute wieder reisen und
die Vulkanischen Gebürge besuchen. Wenn du mich recht
lieb hast sind alle Weege eben.» Manchmal wird die Familie Stein eingeladen, also auch der Baron, aber es heißt
dann verräterisch: «Komm nicht zu spät damit du zu-
erst meine neuen Stuben betreten mögest. du erstes und
letztes.» Wirklichkeit und Traum gehen ineinander; der
Traum ist die stärkere Realität, die von der wirklichen
dann eingeholt werden muß. Anfang November 1782 an
Charlotte von Stein: «Von dem frühsten Morgen an habe
ich dich bey mir gehabt und hoffe zu Mittage auf die
Erfüllung dieses wachenden Traumes. Recht sehnlich er-
warte ich dich und bin immer dein. [...] Erfreue mich bald
mit deiner Gegenwart.» Manchmal vermeiden sie den
Hof, sind allein zusammen, «wollen schreiben und lesen
und was der Himmel giebt».

Zeit und Raum verschwimmen in seinem Liebesbe-
wußtsein – und er versucht auch das auszudrücken. «Lebe
wohl du nimmer Abwesende», oder auch: «Nachmittag
bin ich bey dir und immer und ewig.» Nur ganz gelegentlich Mißklänge, meist von ihm verschuldet, am nächsten
Tag dann die Bitte um Vergebung; es ist ihm unerträglich,
daß sie auch nur eine einzige unangenehme Empfindung
gehabt habe. Er schließt das dritte Buch von *Wilhelm Meisters Theatralische Sendung* ab – er möchte es ihr vorlesen und ihren Beifall haben. Manchmal ein Hauch von
Melancholie, von Unruhe und Verstimmung. Aber dann
schreibt er: «Nur brauch ich deine Liebe täglich mehr um
den bösen Geistern zu widerstehn die mich anfallen», und
es verlangt ihn nach einem Zettel als Liebesbeweis, ohne
den er den Tag nicht beginnen mag.

Doch das bisher so glückliche Jahr 1782 trübt sich ein. Wir wissen nicht, was ihn bedrückt, was ihm die Seele verdüstert. Am 17. November macht er einen Morgenspaziergang zu ihrem Haus, seine «Wallfahrt»; sie hat einen besonderen Stein im Garten, und er schreibt vieldeutig: «Er ist ietzt der einzige lichte Punckt in meinem Garten. Die schönen Thränen des Himmels rollten an ihm herunter, es soll hoff ich nichts zu bedeuten haben.» Tautropfen? Regentropfen? Natürlich haben sie etwas zu bedeuten, sonst hätte Goethe es nicht erwähnt. War es die Nähe des Gartenhauses zum Hause Charlottes, die er nicht aufgeben mochte, seit er am 2. Juni das Haus am Frauenplan bezogen hatte? Sie hatte ihm geholfen, das neue Haus einzurichten; vor allem waren die sich vergrößernden Sammlungen Goethes ein Zwang, das Gartenhaus zu verlassen. Es gibt einige äußere Anlässe, die Grund zum Trauern bieten:

Ich strich um mein verlassen Häusgen, wie Melusine um das ihrige wohin sie nicht zurückkehren sollte, und dachte an die Vergangenheit von der ich nichts verstehe, und an die Zukunft von der ich nichts weis. Wie viel hab ich verlohren da ich ienen stillen Aufenthalt verlassen muste! Es war der zweyte Faden der mich hielt, ietzt hänge ich ganz allein an dir, und Gott sey Danck ist dies der stärckste. Seit einigen Tagen seh ich die Briefe durch die an mich seit zehen Jahren geschrieben worden, und begreife immer weniger was ich bin und was ich soll. – Bleibe mir l. Lotte du bist mein Ancker zwischen diesen Klippen.

Ein Alarmsignal, ein nicht zu überhörendes – Goethe ist seiner eigenen Existenz in Weimar überdrüssig. Er möchte sich zurückziehen, schreibt ihr: «Was es auch sey, so fühl ich ein unendliches Bedürfniß einsam zu seyn. Unter einem Vorwande daß ich nicht wohl sey will ich mich vom Hof und Conseil entschuldigen, zu Hause bleiben, alte Schulden abthun und mein Haus bestellen.»

Eine Lebenskrise, ganz offensichtlich. Es ist schwer auszumachen, wo der Kern dieser Krise zu suchen ist, aber manches spricht dafür, daß es sich hier um soziale Insuffizienz handelt, um seine Schwierigkeit, sich innerlich noch in die Gesellschaft einzufinden, in der er lebt,

und ganz verborgen steht dahinter wohl auch schon der
Wunsch, auszubrechen, sich zu wandeln und zu verwan-
deln durch eine Flucht aus den Verhältnissen, die ihm das
Leben schwer machen. In etwas kryptischen Formulier-
ungen schreibt er schon am 17. November 1782 an F. H.
Jacobi:

Von meiner Lage darf ich nichts melden. Auch hier bleibe ich
meinem alten Schicksale geweiht und leide wo andere genießen,
genieße wo sie leiden. Ich habe unsäglich ausgestanden, und
freue mich herzlich daß du mit Vertrauen nach mir hinsiehst.
Laß mich ein Gleichniß brauchen. Wenn du eine glühende Masse
Eisen auf dem Heerde siehst, so denkst du nicht daß soviel
Schlacken drinn stecken als sich erst offenbaren wenn es unter
den großen Hammer kommt. Dann scheidet sich der Unrath den
das Feuer selbst nicht absonderte und fließt und stiebt in glühen-
den Tropfen und Funken davon und das gediegne Erz bleibt dem
Arbeiter in der Zange. Es scheint als wenn es eines so gewaltigen
Hammers bedurft habe um meine Natur von den vielen Schlacken
zu befreyen, und mein Herz gediegen zu machen. Und wieviel,
wieviel Unart weis sich auch noch da zu verstecken.

Ein Selbstreinigungsprozeß als Antwort auf die Krise, in
die er geraten ist? So bedrohlich diese Alarmzeichen auch
zu sein scheinen, Goethe hat diese Krise hinter sich gebracht, gestärkt durch ein bewährtes Mittel, das oft auch
später ihm helfen sollte: Einsamkeit. «Ich sehe fast niemand, ausser wer mich in Geschäfften zu sprechen hat,
ich habe mein politisches und gesellschafftliches Leben
ganz von meinem moralischen und poetischen getrennt
(äusserlich versteht sich) und so befinde ich mich am
besten», so schreibt er an Knebel am 21. November. Das
klingt so, als habe er in einem Wahn gelebt, aus dem er
sich jetzt befreit hätte, und er setzt hinzu: «Und so fange
ich an mir selber wieder zu leben, und mich wieder zu erkennen.» Er trennt den «Geheimrath» von seinem anderen Selbst, meint, daß jener sehr gut ohne dieses bestehen
könne. Er schreibt: «Nur im innersten meiner Plane und
Vorsäze, und Unternehmungen bleib ich mir geheim-
nißvoll selbst getreu und knüpfe so wieder mein gesellschafftliches, politisches, moralisches und poetisches

Leben in einen verborgenen Knoten zusammen. Sapienti
sat.»

Wir ahnen, daß er des Weimarer Treibens, des Zusammenseins mit dem Herzog, der «seine Existenz im Hezen
und Jagen» sucht, überdrüssig ist, daß ihm die Amtstätig-
keiten über den Kopf zu wachsen drohn. Immerhin: er
schreibt, geht seinen *Werther* noch einmal durch, läßt ihn
ins reine bringen, die ersten Bücher seiner *Theatralischen
Sendung* kopieren. Wichtig ist ihm der Rückblick auf die
vergangenen zehn Jahre, und der endet gleichsam mit
einer moralischen Selbstbesinnung. Eine Person ist ihm
unersetzliche Hilfe in diesen Betrachtungen und Rechtfer-
tigungsversuchen vor sich selbst: Charlotte von Stein.

Die Einsamkeit, die Stille seines Hauses verstärken dieses eigentümlich mystische Band seiner Beziehung zu ihr,
und so lebt er denn im Geiste mit ihr und bei ihr, selbst
wenn sie entfernt ist – wenn auch bloß um eine kurze
Strecke. Den gesellschaftlichen Pflichten kommt er nur so
gerade nach durch jene «Thees», die er der Weimarer Gesellschaft gibt, aber Leben ist für ihn nur mit Charlotte,
und als ob der Himmel ihn bestätigte, findet er einen alten
Vers und schreibt ihr: «Laß mich den Athem deiner Liebe
aus einem Blättgen ahnden»:

> Bin so in Lieb zu ihr versuncken
> Als hätt ich von ihrem Blut getruncken.

Hier wieder die Neigung zur Metaphorisierung seiner Leidenschaft, wenn er vom Atem ihrer Liebe spricht, aber
man darf darin nicht bloße Artistik sehen, sondern einen
Versuch, in neuen Bildern zu reden. Doch Metaphern sind
selten. Goethes Liebessprache bleibt so gut wie immer
einfach, ist deswegen überzeugend und aufrichtig. Manchmal geht er in Gesellschaft – und fordert sie auf, ebenfalls
da zu sein, den «stillen Thee» mit ihm allein zu verlegen,
und fügt hinzu: «Ich will nur seyn wo du bist denn da ist
mein Himmel.» Auch wenn er sie bald trifft, ein Briefchen
mit der Bitte: «doch wünsch ich noch ein Wort von dir vor
her der ich mit Herz Leib und Seele dein eigen bin.»

Ende November, an irgendeinem Tag, kann er es nicht

abwarten, sie zu sehen, schreibt aber vorher ein Zettelchen und notiert darauf: «Du lieber Magnet. Recht schön
und artig wäre das Loos, wenn es dich mir gäbe.» Der
Ehemann ist auch zu etwas nutze – er soll Goethe, zum
wiederholten Male, einen Schlitten und Pferde schicken,
damit er ausfahren kann. Bei einer Schlittenfahrt werden
die Teilnehmer ausgelost – Goethe hofft, daß Charlotte
dabei sei und bittet sie, sich ihm anzuvertrauen. Wenn sie
leidend ist, leidet er mit, versucht, sie zu heilen. Seine
Sympathie ist mitleidend im eigentlichen Sinne, wenn es
ihr nicht gut geht: «Dein Wohl ist mein Wohl und Dein
Leiden das meine. Adieu Liebste, einzige» – so am 8. Dezember.

So geht es weiter, Tag für Tag, und Goethe wird nicht
müde, sie seiner Liebe zu versichern, ihr so gut wie täglich
zu schreiben, immer wieder auch mehrfach an einem Tag.
Der Herzog möchte verreisen, Goethe für acht Tage mitnehmen, und Goethe bekennt: «Fast mögt ich wünschen
einmal durch fremde Lufft durchzugehen, und kann mich
doch nicht von dir getrennt dencken»; das klingt fast
wie eine Vorwegnahme späterer Ausbruchsversuche, von
denen der nach Italien dann endlich glücken sollte, aber
später, auf dem Weg in den Süden, wird eine solche Bemerkung, daß er sich von ihr nicht getrennt denken
könne, eben nicht mehr fallen. Er ist bei ihr, wenn nicht
in Wirklichkeit, so doch in Gedanken, sie ist bei ihm, und
so schreibt er: «Die ganze Nacht habe ich von dir geträumt, es wird dir lustig seyn, wenn ich dirs erzähle und
bin den Abends dein hier oder dort.» Er klammert sich an
Charlotte wie der Schiffer an den Felsen am Schluß seines
Tasso-Dramas.

Die Gesellschaft langweilt Goethe, um so fester wird
das Band, das ihn mit Lotte verbindet, und er kann nicht
enden mit Beteuerungen, daß dem so sei. Wenn er mit
dem Herzog verreisen muß – er hofft, es müsse nicht sein.
«Eigentlich bin ich nirgends wenn ich nicht bey dir bin,
und wünschte ich hätte nichts versprochen und könnte
morgen schon wieder bey dir seyn. Die Feder ist abscheulich, ich mag sie nicht zum Dolmetscher meiner Liebe

brauchen. Lebe wohl allerbeste iemehr ich Menschen und Frauen sehe desto lieber wirst du mir» – so aus Erfurt am 11. Dezember 1782.

Wie die Wirklichkeit der Begegnungen aussah, wissen wir nicht, aber sie dürfte dem, was in den Briefen gesagt ist, nicht wesentlich nachgestanden haben. Denn die Briefe sind ja doch nur Behelfsbrücken, sie werden von Goethe geschrieben, um sich die Zeit zwischen den Besuchen zu verkürzen, sie sind Ersatz-Treffen, nehmen die wahren Begegnungen im Hause der Frau von Stein vorweg, und wenn Goethe denn einmal abwesend sein sollte, so müssen sie herhalten, die Lücken zu füllen.

Die Liebesprosa, die Goethe hier schreibt, ist kaum noch zu überbieten, es sei denn, poetische Bilder, Vergleiche, Metaphern würden sich einschleichen – aber sie finden sich nur höchst selten. Die Briefe haben sich um eine Unendlichkeit von denen entfernt, die Goethe an die Gräfin Stolberg geschrieben hatte – da war der Überschwang der Empfindsamkeit fast in jeder Zeile zu finden, und darin erwiesen sich jene Botschaften letztlich als Spiegelungen des eigenen Selbst. Keine Spur davon in den Briefchen an Charlotte von Stein. Es ist eigentlich immer nur ein Satz, bestenfalls sind es zwei, in denen ihm gelingt, das zu sagen, was er fühlt – nicht was er denkt oder fühlen möchte. «Ich bin ganz auf dich beschränckt» – dieser Schlußsatz aus dem Brief vom 12. Dezember 1782 hat einen tieferen Sinn, er zeigt, wie sehr Goethe sich in dieser Zeit tatsächlich auf diese eine Beziehung festgelegt hat. Keine andere zählt.

Aber es ist nicht nur die Mitteilung, die immer wiederholte, daß er sie liebe – er will versichert sein, daß auch sie ihn liebt, und die Bitte um Zuwendung zieht sich wie ein roter Faden durch die Briefe. Charlotte von Stein scheint ihm so viel davon gegeben zu haben, wie er brauchte, um sie ihrerseits lieben zu können. Vielleicht kommt gelegentlich sogar so etwas wie eine verborgene Neigung zur Selbstbespiegelung hoch, will Goethe sich in ihr gleichsam selbst erkennen. Aber auf der anderen Seite ist diese Liebesbeziehung zu Charlotte von Stein die intensivste, die Goethe je gehabt hat, die längste dazu, und wohl auch die aufrichtigste. Und sie macht ihn auf unerhörte Weise produktiv – nicht nur, was seine poetischen Arbeiten angeht, sondern vor allem in seiner Liebessprache, in der Fähigkeit, so überzeugend in sehr wenigen, sehr sparsamen Worten seine Liebe auszudrücken, daß wir heute diese Briefe noch als deren direkteste Zeugnisse lesen können, ohne daß wir sprachliche Schwierigkeiten oder Verständnisprobleme kultureller Art hätten, obwohl uns mehr als zweihundert Jahre von diesen Briefen, dieser Beziehung trennen.

Das Einfachste und zugleich Schwierigste sehr allgemein und zugleich unverwechselbar einzigartig auszudrücken: diese Fähigkeit hat Goethe sich im wahrsten Sinne in diesen über 1700 Briefen erschrieben, und das Jahr 1782, sieht man von der Trübung im November ab, ist ein Höhepunkt in seiner Liebesbriefkunst, läßt eine Nähe und einzigartige Offenheit seiner Geliebten gegenüber erkennen, wie sie, so sollte man denken, eigentlich nicht mehr steigerbar war.

Dennoch kommen, verräterisch genug, wiederholt Fluchtgedanken bei ihm hoch, vielleicht gerade deswegen, weil Lotte abwesend ist, und er schreibt – ein weiteres Signal seiner zunehmenden Neigung zur Flucht – : «Mein Herz ist zusammengezogen mein Geist ist enge. O liebe Lotte wenn ich dich nicht hätte ich ging in die weite Welt.» Frau von Stein hat auch dieses Alarmsignal offenbar nicht verstanden, oder wenn sie es verstanden haben sollte, dann hat sie es nicht ernst genommen. Freilich dürfte ihr bewußt geworden sein, daß sie allein es war, die Goethe in Weimar hielt und daß auch nur sie es war, die seine Fluchtgedanken zerstreuen konnte, denn darin war Goethes Aussage unmißverständlich: «Ich lebe nur in dir, die übrige Welt will nicht an mir hafften. Nochmals Adieu ich kann nicht von dir kommen.»

Da er in Leipzig ist, berichtet er ihr genau von allem, was er dort treibt, auch von seinen Eindrücken, die er damals, als er dort Student war, gewann. Eine neue Welt, die er entdeckt; Leipzig gefällt ihm, er sieht um sich «eine

kleine moralische Republick». Er trifft mit vielen Menschen zusammen, aber: «Niemand der mich näher angeht
oder auf irgend eine Weise an mein innerstes rührt.» Alle
Geselligkeit verblaßt vor der Erinnerung an Charlotte von
Stein. Er lebt auf, als er wieder in ihrer Nähe ist, schreibt:
«Sehnsuchtsvoll erwart' ich die Stunde die mich wieder zu
dir bringt» – und so geht es Tag für Tag weiter. Wenn er
einmal einen Abend nicht bei ihr sein kann, dann berichtet er am nächsten Tag: «Gestern Abend habe ich tausendfach an dich gedacht» – so am 13. Januar 1783.

Manchmal ist auch er geplagt von Mißhelligkeiten, aber
er hat ein Wundermittel zur Heilung: «Wenn es nicht weiter geht und mir die liebe Hoffnung bleibt dich den nächsten Tag wieder zu sehen ist alles gut. Lebe wohl. beste!
einzige und bleibe deinem bleibenden.» Wenn er unpäss-
lich ist, bittet er Charlotte zu kommen, um sie bei sich zu
sehen, und die Einladung schließt mit «Lebe wohl du
meine sehnlichst erwartete.» Charlotte kommt, und danach heißt es: «Dein Bild ist in meiner Stube geblieben es
wandelt um mich herum wenn ich sitze und arbeite.»

Er sieht sie so gut wie täglich, und nur übermäßig viel
Tätigkeit ist der Anlaß, daß er ihr nicht täglich schreibt.
Aber manchmal schickt er ein Billett und kommt dann,
drei Stunden später, selbst. Wenn er nach einem reichen
Arbeitstag nicht auf die Redoute geht, fordert er sie auf, sie
möge auch zu Hause bleiben – «so bin ich bey dir». Wenn
es scharf auf ihn einstürmt, sucht er Erholung bei Lotte,
bittet immer wieder um ihre Liebe. Sie bleibt bei ihm, auch
wenn sie fortgegangen ist, und einmal schreibt er: «Guten
Morgen Geliebte! Wenn Du wüsstest wie artig du in deiner Gestrigen Gestalt im Traume und vor meiner wachenden Seele vorbeygleitest, du hättest selbst ein Vergnügen
das Kleidgen angezogen zu haben. Lebe wohl. Diesen Abend
bist du bey mir. Stein kommt doch auch.» Wenn Josias
von Stein mitkommt, dann beeinträchtigt ihn das nicht,
denn er weiß sich in seiner Liebe Charlotte verbunden, und
daß sie ja eigentlich mit Stein verheiratet ist, ist schon
lange kein Störfaktor mehr in der Beziehung zwischen
Goethe und Charlotte, war es wohl auch nie ernsthaft.

Mitte 1783 werden die Briefe um einen Hauch kühler, wird die Sprache ein klein wenig ritueller, aber es wäre wohl falsch, daraus auf eine dauerhafte Distanzierung zu schließen – Goethe hat wieder einmal sehr viel zu tun, muß seinen gesellschaftlichen Verpflichtungen nachkommen, interessiert sich für Bilder, seine eigenen noch zu schreibenden oder fertigzustellenden Werke, für Osteologie, und zwischen seine Briefe an sie schieben sich andere, stärker jedenfalls, als das in den letzten Wochen des vorausgegangenen Jahres bemerkbar war. Goethe arbeitet seit März 1783 an *Elpenor*, einem Stück, mit dem er aber nicht zurechtkommt; der alte Plan sei fehlerhaft gewesen, er habe es von vorne neu arbeiten müssen. Aber dazwischen gibt es doch auch wieder Briefe, in denen er so vertrautvertraulich schreibt wie früher. Daß er nicht auf sie verzichten kann, nirgendwo und nie, das sagt er ihr auch in diesem Frühjahr mehr als einmal. Eigentlich ist es nur Lotte, die ihn noch mit der Welt verbindet – und die ihn die Welt ertragen läßt. Und immer das Verlangen nach Liebe und danach, es zu hören, daß sie ihn liebt: «Sage mir daß du immer gleiche Neigung zu mir fühlst. sage mir, daß du mir ewig bleiben willst.»

Er kann es nicht oft genug hören. Und er wird es auch nicht leid, die Abende bei ihr, mit ihr zu verbringen. Wenn er einmal fort muß, versucht er, Fritz mitzunehmen: «Friz soll dein Bildniß seyn.» Fritz, ihr Sohn, ist zugleich ihr Stellvertreter, in ihm liebt er sie, sie sieht er in ihm widergespiegelt.

Seit Mai 1783 hat Fritz im Gartenhaus gewohnt, wie Goethes eigenes Kind. Als es nach Ilmenau geht, berichtet Goethe vom munteren Fritz, der die Mutter grüßen läßt, und fügt hinzu: «Ich gehe mit schweerem Herzen von dir meine beste. Ich werde dir immer eigner und finde um dich mein Glück und meine Bestimmung. Adieu.» Und als er auf Reisen ist: «Dein liebes Andencken begleitet mich immer, es ist mir der größte Schatz meines Lebens, und der beste Zehrpfennig den ich auf die Reise mitnehmen kann.»

Verliert diese Liebe vielleicht an Realität, hat Goethe sie zu sehr spiritualisiert in seinen Briefen, sie über alles irdi-

Goethe und Charlottes Sohn Fritz von Stein,
1781/82

sche Maß hinausgehoben? Ist er von Charlotte von Stein in gefährlichem Ausmaß abhängig geworden? Wenn er nicht in Weimar ist, so gibt es so etwas wie eine mystische Symbiose zwischen ihr und ihm, und er wird nicht müde, die Vereinigung der beiden Seelen auch aus der Ferne darzustellen. Lotte erscheint als Retterin: «Wieviel bin und werde ich dir schuldig du liebe Wohlthäterinn, und womit kann ich dir dancken?»

Immer stärker aber kommen Irritationen hoch, ist Goethe beunruhigt. Er ist geängstigt, als Lotte ihm eines Abends eine Geschichte erzählen will, fürchtet, das sei etwas mit Bezug auf seine Liebe, «und ich weis nicht warum, seit einiger Zeit bin ich in Sorgen. Wie wundersam wenn des Menschen ganzes schweeres Glück an so einem einzigen Faden hängt», so schreibt er am 4. Mai 1783. Doch die Wolken verfliegen wieder. Fritz ist sein Liebesunterpfand, und er freut sich, daß er es von ihr bekommen hat. Als er für ein paar Tage in Jena ist, schreibt er: «Liebe mich, denn das ist der Grund, worauf mein ganzes Schicksaal gestickt ist. Ich bin dir immer nah und möchte dir ieden guten Gedancken mittheilen. Lebe wohl, ich kann nicht vom Blatte wegkommen worauf du deine Augen heften wirst.»

Es hat immer noch kein Ende mit den Liebesbeteuerungen, und die Kunst Goethes, sich nicht zu wiederholen und dennoch immer wieder das Gleiche zu sagen, nimmt nicht ab. Der Zauber dieser Frau muß ungeheuerlich gewesen sein, sonst ließe sich kaum erklären, warum Goethe ihr so unendlich zugetan war. «Mein Glück und Wohlseyn besteht in dem deinigen und in deiner Liebe», so heißt es am 5. Juni, und ein paar Tage später, als er in Erfurt ist: «Du hast gefühlt wie leid es mir that von dir zu gehn ohne dir noch ein Herzlich Wort sagen zu können. Wenn du wüsstest was für ein lieber Anblick du mir warst, ich konnte mich nicht satt an dir sehen. Ich reise und habe dich ganz in meinem Herzen [...]. Adieu ich komme nicht von deiner Seite. Leb wohl und empfange mich wieder wie du mich verabschiedet hast.»

Je länger er sich entfernt, desto größer wird die Sehnsucht, ihr wieder nahe zu sein. «Bey allem guten und schönen gedencke ich nur an dich, was sonst meine Seele erhob, macht ietzo nur den Wunsch rege es mit dir zu geniessen», schreibt er am 16. Juni. «Mit Sehnsucht verlang ich wieder bey dir zu seyn, denn ich habe nichts eignes mehr. Manchmal wünsch ich es mögte anders seyn, manchmal wünsch ich meinen Gedancken eine andre Richtung zu geben. Es ist und bleibt unmöglich. Lebe wohl. Bleibe mir!» Sie ist tatsächlich der Magnet, der ihn immer stärker anzieht, und wenn man den Wunsch nach Befreiung auch heraushört und er ihn hier sogar deutlich aufschreibt, so gibt es doch nichts, was ihn von ihr trennen kann – er weiß es nur zu gut und will es jedenfalls in den Briefen, die er ihr schreibt, auch gar nicht anders.

Seine Liebe ist fordernd, kompromißlos, und so wie er sich von ihr vereinnahmt fühlt, so möchte er auch nichts anderes als sie besitzen. Er spricht vom «Genuss des Lebens», wie er ihr durch ihn und ihm durch sie aufgeschlossen werde. «Behalte mich recht lieb, den du dir allein ausgesucht hast», schreibt er ihr am 27. August. Und am Tag nach seinem Geburtstag bittet er: «Behalte mir deines lieben Herzens Gefühle für den Rest meines Lebens.» Ist Schwärmerei mit im Spiel? Gewiß – nur darf man die Liebesbeteuerungen nicht am jetzigen Sprachgebrauch und am heutigem Gefühlsverständnis messen. Im ausgehenden 18. Jahrhundert hat die sprachliche Wendung vermutlich manches stumme Zeichen ersetzt, lebte das Gefühl im Medium der Sprache mindestens so sehr wie in dem der Geste. Selbst in der Zeit des Sturm und Drang, die Goethe längst hinter sich gelassen hatte, war das ausgesprochene Gefühl wichtiger als die große Gebärde, eine nicht verbalisierbare Stimmung auch nicht mitteilbar, und zu einer Liebesbeziehung gehörte unverzichtbar die sprachliche Kommunikation. Sie ist die Basis dieser Liebesbriefe, und es ist verständlich, daß sich die Sprache steigert, wenn Charlotte nicht anwesend ist und Goethe sie gleichsam dennoch herbeizitieren muß.

Manchmal scheint die Sturm-und-Drang-Sprache wiederzukehren, wenn er schreibt: «Lotte meine Lotte du bist mir alles» – das könnte auch in den *Leiden des jungen Werthers* stehen. Aber an Goethes Briefroman gemessen ist die Sprache moderater, freilich nicht weniger aufrichtig und intensiv. «Ich liebe, ich werde geliebt, und habe auch nicht einmal Freundschafft zu vergeben übrig», so heißt es am 20. September, und dann ist von der ängstlichen Sehnsucht nach ihr die Rede, «die keine Worte ausdrücken» können. Wenn er von ihr entfernt ist, dann weiß er, «daß ich nirgend nichts als bey dir zu suchen habe». Er wünscht sich Lotte sehnlich an seinen Arm, um ihr die schönen Gegenden zeigen zu können, aber dann folgt: «Du bist das liebste womit ich alle schöne Gegenden ziere. Du wirst geliebt wie du es wünschest, und ich kann allein in dir finden was ich mein ganzes Leben durch gewünscht habe.» Und er versichert ihr, nicht zum ersten und nicht zum letzten Mal: «Ja liebe Lotte meine Liebe zu dir ruht auf gutem Felsengrund.» Und als er hätte er es nicht schon so oft gesagt, erklärt er ihr erneut: «Ich bin dein und komme nicht von dir weg.»

Nur manchmal scheint Widerspruchsvolles in die Briefe hineinzukommen. Am 17. November versichert er Lotte seiner «ewigen Anhänglichkeit», und zwei Tage danach schreibt er: «Meine Lotte sollte mir würcklich auf einige Zeit Urlaub geben und mich nicht immer enger und enger an sich ziehen und befestigen.» Das klingt wiederum wie Flucht, aber er fügt später hinzu: «Unser Weeg bleibt immer zusammen.» Natürlich weiß Goethe, daß er sich hier wiederholt, aber er will es nicht anders und schreibt ihr am 1. Dezember: «Was du zu hören und zu sehen nicht müde wirst sollst du auch in dieser neuen Schrifft lesen: dass ich dich liebe, dass ich dein bin, und dass ich mich auf diesen Abend herzlich freue wenn ich ihn mit dir zubringen kann.»

Charlotte von Stein war sich seiner wohl auch absolut sicher. Ob sie das als Triumph genossen hat oder als selbstverständlich empfand – wir wissen es nicht, aber Goethe war gewiß nicht ihre «Eroberung». Wirkliche Zärtlichkeit dürfte mit im Spiel gewesen sein, davon zeugen einige Hinweise in Goethes Briefen an sie. Seitens

Goethes war es Leidenschaft, eine unstillbare; die Intensität seiner Beziehung zu ihr kannte Schwankungen, aber seine Neigung hielt sich über Monate und Jahre. Sie muß ihm sicherlich auch ihre Gefühle gezeigt haben, denn von einer unerfüllten Liebe ist bei ihm nirgendwo und zu keiner Zeit die Rede. Das schloß für Goethe nicht aus, daß er in ihr ein Ideal gefunden hatte, das eigentlich in den Weimarer Hof nicht hineinpaßte, das sie aber auch von allen anderen Frauen, die Goethe in Weimar kennengelernt hatte, so außerordentlich unterschied. Sie erwiderte seine Zuneigung auf eine Weise, die seine Liebe nur immerfort befestigte, und so war er für sie ebenso einzigartig wie sie für ihn. Dabei muß Charlotte in hohem Maße selbstsicher und den üblichen Amouren eines kleinen Hofes nicht zugänglich gewesen sein. Vielleicht war es gerade die von ihr so deutliche Distanz zum lockeren Treiben in Weimar und ihre gelegentlich etwas spröde Natur, die sie für Goethe um so anziehender machte.

Erfolglose Liebeskonkurrentinnen

Fatale Verstrickung

An liebenswerten Geschöpfen war in Weimar kein Mangel. Sophie von Schardt gehörte dazu, Lottes Schwägerin, als Gesellschafterin in Weimar gesucht, weil sie ebenso intelligent wie reizvoll war, und daß Goethe sie mochte, geht daraus hervor, daß er sie die «Kleine» oder die «liebe Unschuld» nannte; zeitweise wohnte sie sogar in Goethes Gartenhaus, das er ihr eingeräumt hatte. Er war auf ihren Gesellschaften, sie auf den seinigen; sie gehörte sicherlich nicht zu dem von Goethe und Schiller später so verachteten Typ der Schwärmerinnen und der im Grunde nichtsnutzigen Dilettantinnen. In einem Brief an Knebel vom 3. Februar 1782 hat Goethe über einige Damen der Weimarer Gesellschaft etwas geschrieben. Über Sophie von Schardt hieß es schon damals sehr freundlich: «Die Schardt ist ein gutes treffliches Wesen. Sie hat neulich in meinem Stück das beste Wort das drinne war, aus dem Munde eines schlechten Ackteurs gleichwie aus der Luft geschossen, das den andern allen entgangen war.» Das spricht für ihre Intelligenz, ihre Sensibilität, auch ihre Impulsivität. Sie schrieb Gedichte, übersetzte Byron, Shakespeare, Petrarca.

Im Brief an Knebel wurde aber auch noch eine andere Dame des Hofes erwähnt: «Die Werthern gewinnt nichts durch deine Abwesenheit. Ihre Natur die du ausgetrieben oder in die Enge getrieben hattest, kehrt in ihre alten Rechte zurück. Ich seh ihr so im Stillen zu, sie will mir gar nicht gefallen. Vielleicht sollt ich dir so was nicht sagen, aber warum auch immer schweigen.» Emilie von Werthern-Beichlingen war mit sechzehn Jahren an einen sehr viel älteren Weimarer Hofbeamten verheiratet worden, und sie, die immerhin fünfzehn Jahre jünger war als

Charlotte von Stein, hat offenbar versucht, Goethe auch für sich zu gewinnen – und für sie sprach, daß sie klug und eine gute Schauspielerin war (mit Goethe trat sie in Richard Cumberlands *Westindiern* auf, als seine Partnerin).

1783 geschah aber etwas Unglaubliches. Die Baronin von Werthern reiste zu ihrem Bruder, Baron Münchhausen, und starb dort angeblich – die Todesnachricht gelangte rasch nach Weimar, machte dort schnell die Runde. Doch sie hatte nur eine Puppe begraben lassen und war selbst mit dem ebenfalls aus Weimar abgereisten Baron Einsiedel durchgebrannt, nach Afrika, wo Einsiedel Goldminen suchte – Goethe nahm den Skandal eher von seiner erheiternden Seite und schrieb: «Der kleinen Werthern wollt ich auch lieber eine Wohnung bei ihrem Geliebten in Afrika als im Grabe gönnen.» Goethe hatte das Wesen der Werthern von Anfang an ziemlich gründlich durchschaut und berichtete an Charlotte, wenn er etwas von ihr bekam, so am 3. November 1783: «Die Werthern hat mir ein Briefgen geschrieben das völlig in ihrer Art ist. Du sollst es sehen. Liebe mich mit deiner Liebe, die dir ganz eigen ist und Lebe wohl.»

Die beiden Flüchtlinge kamen später aus Afrika zurück, Baron von Münchhausen nahm sie in Leitzkau wieder auf, und Goethe berichtete darüber nicht ohne Amüsement: «Nun ein Wort von des Afrikaner Einsiedel Negotiation! Er war bey der Werthern Bruder und hat freundschafftlich mit ihm getruncken. Dieser edle Bruder ist des Morgens düster, nachmittage betruncken und das Resultat der Unterhandlungen ist sehr natürlich und sehr sonderbar ausgefallen. Münchhausen erklärt: daß wenn seine Schwester von ihrem Manne ordentlich geschieden, mit ihrem Liebhaber ordentlich getraut sein werde, er sie für seine Schwester erkennen und bey der Mutter auswürcken wolle daß sie auch als Tochter anerkannt und ihr das Erbtheil nicht entwendet werde. Für einen Trunckenen ein sehr nüchterner Vorschlag. Nun aber unsre Flüchtlinge! Wie abscheulich! – Zu sterben! nach Afrika zu gehen, den sonderbarsten Roman zu beginnen, um sich am Ende auf

die gemeinste Weise scheiden und kopuliren zu lassen. Ich
hab es höchst lustig gefunden. Es lässt sich in dieser
Werckeltags Welt nichts auserordentliches zu Stande bringen.»

Goethe hatte einen gewissen Sinn für das Sonderbar-
Verquere dieser Geschichte und für die Aufregung, die sie
auslöste. Charlotte von Stein aber war nicht amüsiert. Das
zeigte sich, als die neuverheiratete Baronin von Einsiedel,
frühere Baronin von Werthern, 1799 nach Weimar zurück-
kam; dort gab es immer noch Ressentiments vor allem
bei den Damen der besseren Gesellschaft. Die Herzogin-
mutter aber zeichnete sie aus, Herder, Knebel, Wieland,
Goethe behandelten sie freundlich. Charlotte von Stein
war zu streng, wollte möglicherweise auch einen nachträglich deutlichen Unterschied machen zwischen ihrer
Liebesbeziehung zu Goethe und jener ganz anderen, von
ihr verachteten Liebesflucht der Baronin von Werthern.

Es gab noch andere Frauen, die sich für Goethe interes-
sierten und für die Goethe sich hätte interessieren können
– so die bereits erwähnte Marquise Branconi. Sie war
Goethe schon als Schattenriß zusammen mit dem von
Charlotte von Stein begegnet, und sie war es, über die er
damals notiert hatte: «Siegt mit Pfeilen.» 1779 hatte er sie
in Lausanne gesehen, «so schön und angenehm», daß er
sich fragte, «obs auch wahr seyn möchte dass sie so schön
sey. Einen Geist! ein Leben! einen Offenmuth! dass man
eben nicht weis woran man ist.» 1780 war sie in Weimar.
In sein Tagebuch notierte er damals einiges über die
schöne Frau und den «Nachklang der Schönen Gegenwart»,
schrieb ihr auch, dankte ihr für die paar Tage, die sie den
Weimarern gegönnt hatte: «Erst iezt spür ich dass Sie da
waren, wie man erst den Wein spürt wenn er eine Weile
hinunter ist. In Ihrer Gegenwart wünscht man sich reicher
an Augen, Ohren und Geist, um nur sehen, und glaubwürdig und begreiflich finden zu können, dass es dem Himmel, nach so viel verunglückten Versuchen, auch einmal
gefallen und geglückt hat etwas Ihresgleichen zu machen.»

Das war 1780, Goethe damals von ihrer außergewöhn-
lichen Schönheit so geblendet, daß er ihr in einer Weise

huldigte, wie er das sonst sehr selten getan hat. Im Herbst 1781 traf er sie wieder; in Clausthal sah er sie und berichtete gleich an Charlotte von Stein: «Ich werde dir viel von der schönen Frau erzählen, sie wusste nicht woran sie mit mir war, und gern hätte ich ihr gesagt: ich liebe, ich werde geliebt, und habe auch nicht einmal Freundschafft zu vergeben übrig. Vielleicht seh ich sie noch einmal in Göttingen oder Cassel denn sie geht in diesen Tagen nach Strasburg.» Gefahr ging in dieser Zeit nicht mehr von ihr aus, Goethe betrachtete sie wohl eher als ein schönes Monument, zu dem er auf keinen Fall mehr eine innere Beziehung hatte.

Hatte er eine solche zu Corona Schröter? Schon 1776 hatte es in einem Brief an Charlotte geheißen: «Die Schröter ist ein Engel.» Sie war eine Iphigenien-Gestalt, und sie hat die Iphigenie ja auch in Weimar gespielt, neben Goethe als Orest. Sie widerstand dem Herzog, der um sie warb, und Goethe war damals eine Art Mittelsmann, der zu verhindern wußte, daß Corona Schröter ins Gerede kam. Aber um 1780 war alles, was damals hätte gefährlich werden können, schon vorbei. Überaus bezeichnend ist Goethes Eintrag in sein Tagebuch vom 1. April 1780, daß Corona Schröter zu ihm gekommen sei, zusammen mit ihrer Anstandsdame: «Las ich ihnen die Sch. Reise. Kam der Herzog Abends und da wir alle nicht mehr verliebt sind und die Lava Oberfläche verkühlt ist, giengs recht munter und artig, nur in den Rizzen darf man noch nicht visitiren. da brennts noch.» Corona Schröter hat Goethe sicherlich sehr viel mehr beeindruckt als die schöne Marquise Branconi, aber sie wurde dennoch keine Konkurrentin für Charlotte von Stein. Goethe hat ihr jedoch in dem Gedicht *Auf Miedings Tod* ein sehr schönes Denkmal gesetzt: «sie ist's, die stets gefällt; / Als eine Blume zeigt sie sich der Welt: / Zum Muster wuchs das schöne Bild empor, / Vollendet nun, sie ist's und stellt es vor», heißt es da, und weiter:

> Es gönnten ihr die Musen jede Gunst,
> Und die Natur erschuf in ihr die Kunst.
> So häuft sie willig jeden Reiz auf sich,
> Und selbst dein Name ziert, *Corona*, dich.

Sie tritt herbei. Seht sie gefällig stehn!
Nur absichtslos, doch wie mit Absicht schön.

Goethe wollte nicht ausbrechen aus seiner Liebe, sah dazu
auch nicht den geringsten Anlaß. «Wenn du mir bleibst
hab ich alles», so hatte er Charlotte von Stein am 16. August 1783 geschrieben. Die Briefe des Jahres 1784 setzen
das fort, und immer wieder erscheint in ihnen die Bitte,
ihn zu lieben. Sie hatte ihm schon 1780 als Zeichen des
Gedenkens einen Ring gegeben; er schickt ihn Mitte
Februar 1784 an sie zurück, aber fügt hinzu, daß es ganz
unheimlich sei, diesen Ring zu entbehren. Und am 21. Februar noch einmal: «Deinen Ring vermiss ich recht sehr. Er
war mir sonst so ein liebes Zeichen deines Bleibens bey
mir.»

Treten Ermüdungen ein in diesem unablässigen Briefwechsel, nutzt sich die Sprache ab, werden die Empfindungen blasser? Die Briefe zeigen das Gegenteil. Nur
Charlotte bindet ihn in und an Weimar, sie ist das Zentrum seiner Welt. Bezeichnend ist, daß er mit ihr alleinbleiben will, daß er die Gesellschaft flieht, es sei denn,
sie müsse dorthin – dann will er dort sein, wo sie ist. Er
schreibt: «Lebe wohl damit ich wohl lebe denn ich lebe in
dir. Gute Nacht beste. Ich komme nicht von deiner Seite.»
Goethe gebraucht eine fast rituelle Sprache, es sind religiöse Formeln, die er nutzt, und das «Ich lebe in dir» zeigt
deutlich genug, daß die Liebe bei aller Leidenschaft hier
sakralisiert wird.

Ihre Worte sind seine Seelennahrung, der Wunsch, sie zu
sehen, ist tagtäglich derselbe, er wird nie schwächer. Man
könnte von Hörigkeit sprechen, wüßte man nicht, daß
Goethe es gar nicht anders will. «Wie viel lieber blieb ich
in deiner Nähe als daß ich wieder wandre. Liebe Lotte
wie machst dus nur daß ich dir alle Tage eigner werde»,
schreibt er, aus Weimar nach Weimar, am 7. März. Und
so geht es Tag für Tag weiter, die einzigartige Liebesgeschichte kristallisiert sich in diesen kurzen Billetts deutlicher aus, als das lange Beteuerungen könnten. Es ist ihm
ganz unmöglich, ohne sie zu leben, nicht an sie zu denken,
und der Morgengruß ist nicht Ritual, sondern schiere Not-

wendigkeit. Dazwischen immer wieder die fast flehentliche Bitte: «Liebe mich.»

Sollte es eine ganz unsinnige Liebe gewesen sein, auf pure Verehrung beschränkt, eine Beziehung idealistischer Natur, in der Charlotte beinahe wie eine Heilige verehrt wurde, also eine Liebe ohne alle zärtliche Vertraulichkeit? Das ist schwer vorstellbar, und wenn wir auch keine Zeugnisse über die Wirklichkeit der Begegnungen zwischen den beiden Liebenden haben – der Ton der Briefe spricht für eine Nähe, die sicherlich nicht nur spiritueller Natur war. Immerhin war in dem Gedicht *Der Becher* davon die Rede, daß er (wer? nur ein fiktives Ich?) ihren lieben Leib umfasse, von den Lippen der Liebe Balsam koste. Das diese Beziehung zugleich aber auch eine *unio mystica* war, ist kein Widerspruch – und letztere war sie gewiß. «Ja wohl ist mein Herz und Geist immer da wo mein Schatz ist, wenn mich gleich die bösen Weltlichen Dinge trennen», schreibt er am 25. März 1784.

Auffällig und bezeichnend, daß der Briefwechsel in dieser Zeit völlig leer ist von Andeutungen oder Anspielungen auf äußere Vorgänge, nahezu leer auch in Bezug auf das, was zwischen beiden beredet worden ist, was beide miteinander gelesen haben. «Du Gute wie bist du mir so werth und wie ungern entlies ich dich gestern. Wann ich heute kommen kann weis ich nicht, doch bin ich dir gewiß», heißt es am 3. April. Der für damalige Lebensverhältnisse große Altersunterschied von sieben Jahren spielt immer noch nicht die geringste Rolle, und wie ausgeklammert ist immer noch, daß sie sieben Kinder geboren hat, verheiratet ist und daß der Hof und ganz Weimar um diese Beziehung weiß. Das ist selbst dann auffällig, wenn man die liberalen gesellschaftlichen Verhältnisse jener Zeit bedenkt.

Goethe und Charlotte von Stein treten in Gesellschaften natürlich gemeinsam auf; er geht ja oft nur in eine, weil er weiß, daß sie da ist, und wenn sie nicht kommen kann, liegt auch ihm nichts an öffentlicher Präsentation. Immer wieder lesen wir freilich vom Wunsch, miteinander allein zu sein, sich gemeinsam zurückzuziehen.

Natürlich blieben auch die abendlichen Besuche bei Charlotte nicht unbekannt, aber wenn wir die Briefe Goethes lesen, scheint es keinen ernsthaften öffentlichen Widerspruch gegeben zu haben, keine Intrigen und keine Anzüglichkeiten – daß Goethe das nicht bemerkt haben sollte, ist völlig unwahrscheinlich, seine Beurteilung der gesellschaftlichen Verhältnisse ist immer sicher und ohne Ressentiment.

Er kennt Charlotte nun schon viele Jahre lang. Am 29. April 1784 schreibt er: «Mit immer neuen Banden fesselst du mich an dich Geliebte ich habe es recht witzig angefangen mich in dich zu kleiden und wollte nun fast ich hätte es nicht gethan. Es dringt etwas ganz neues durch mein Wesen und eine angenehme Unruhe zieht mich zu dir.» Man hätte nach allem, was schon von Goethe gesagt worden ist, Steigerungen nicht für möglich gehalten – aber die Briefe bezeugen das ständig noch nähere Ineinander der Liebenden, ohne daß sie dabei an Aufrichtigkeit verlören.

Dieser Brief vom 29. April 1784 enthält kein falsches Wort, er ist unmittelbarster Ausdruck seiner Empfindungen, zeigt die ihn wirklich verwandelnde Kraft dieser Liebesbeziehung. Keine Rede hier von Fluchtgedanken, keine verletzende oder gar böse Bemerkung zwischen den beiden. Er schreibt am 4. Mai 1784: «Ich bitte dich um ein Wort und ein Zeichen ich kann nie genug von dir haben. Sag mir daß du wohl bist, daß du mich magst, daß ich dir willkommen seyn werde. Heute früh seh ich dich noch.» Und einen Tag später: «Ich dancke dir für gestern und alle vergangne Tage und drücke dich an mein Herz. Lebe wohl. Die Zeit wo ich dich verlassen soll ängstigt mich. Lebe wohl.»

Soll er sie wirklich verlassen? Warum? Ihre Attraktivität ist unverändert, Goethe weiß es und fürchtet, in diesen Strudel immer tiefer hineinzugeraten. «Recht feyerlich liebe Lotte mögt ich dich bitten vermehre nicht durch dein süses Betragen täglich meine Liebe zu dir. Ach meine Beste warum muß ich dir das sagen! Du weist doch wohl wie voll Dancks mein Herz für dich ist» – so am 6. oder 7. Mai 1784. In dieser Zeit werden auch zwei Briefe an die

Marquise Branconi geschrieben – kühl, Goethe bedauert, daß er sie nicht habe treffen können, «die Nothwendigkeit hielt mich zurück». Aber zu Lotte immer wieder «liebe mich», «mein Herz ist bey dir».

Als Goethe wieder einmal nach Eisenach muß, kann er sich nur sehr schwer von ihr trennen und schreibt: «Alles ist eingepackt und ich habe nur noch von dir Abschied zu nehmen, wie sehr fühle ich daß du der Ancker bist an dem mein Schifflein an dieser Rhede festhält! Du innig Geliebte! Möge dir in deiner Ruhe recht wohl seyn, wo du recht zeit hast an den deinigen zu dencken.»

Er beschäftigt sich mit Lotte mehr, als es ihm gut tut, versichert sie seiner Liebe, erinnert sich der letzten glücklichen Zeiten, die er nie so schön mit ihr zusammen zugebracht habe. Bevor er schlafen geht, muß er sich noch einige Augenblicke mit ihr unterhalten, obwohl er ihr schon auf dem «vorigen Blatte» gute Nacht gesagt hat. Er schreibt deswegen noch einmal oder vielmehr weiter, weil es ihm ungewohnt ist, daß er ihr nicht alle seine Gedanken mitteilen kann. Er muß sich wieder an ihre Handschrift gewöhnen, da er sonst die Worte von ihren Lippen hat.

Immer mehr setzt ihm jede Trennung von ihr zu; er schreibt am Ende eines langen Briefes: «Sehr wohl habe ich auf unsern letzten Spaziergängen gefühlt wie schlecht ich deine Abwesenheit würde ertragen können. Schon heute hab ich Projeckte gemacht ob es nicht möglich sey dich auf einen Tag zu besuchen. Dann habe ich mich gescholten daß ich dich nicht beredet mit hierher zu gehn und finde daß es so schön angegangen wäre, daß es so natürlich gewesen wäre. Tausendmal Adieu. Ich bin mehr als iemals dein.»

Die verheiratete Frau eines Kammerherrn allein auf Reisen mit Goethe, ihrem Liebhaber: er scheint sich nicht die geringsten Gedanken darüber gemacht zu haben, wie sich das in den Augen der Welt ausnehmen würde, aber es interessiert ihn auch nicht, kann er sich doch nur aus seiner Beziehung zu ihr definieren.

Goethe wird bei aller Geselligkeit geradezu zum Einsiedler, wenn sie nicht bei ihm ist, er nicht bei ihr: Die

Stunden, die ihr nicht gehören, bringe er allein zu, schreibt
er ihr; «so freundlich mir die Menschen sind kann ich
doch nichts mit ihnen verkehren. Ich bin nun eingewöhnt
und verwöhnt dir anzugehören und bin auf diesen Punckt
abgeschnitten, das heist nach Lavaters Terminologie so
gut wie wahnsinnig». Er sieht, wie ausschließlich seine
Beziehung zu ihr geworden ist; er weiß, daß er in 31 Stunden in Frankfurt sein kann, und hat nicht den flüchtigsten
Gedanken, dorthin zu gehen, fügt hinzu: «So hast du
meine Natur an dich gezogen daß mir für meine übrigen
Herzenspflichten keine Nerve übrig bleibt.» In der Tat: das
ist Liebeswahnsinn, und er weiß es. Was er erleidet, ist das
Schicksal Werthers, mit dem einzigen Unterschied, daß er
sich geliebt weiß; aber wenn wir seinen Briefen glauben
wollen, gleitet er langsam ab in einen Zustand völliger Ab-
hängigkeit. Am 17. Juni schreibt er:

Ich kann mir nun nicht helfen daß ich dich lieber habe als mir gut
ist desto besser wird mir seyn wenn ich dich wiedersehe.
Meine Nähe zu dir fühl ich immer, deine Gegenwart verläßt
mich nie. Durch dich habe ich einen Maasstab für alle Frauens ia
für alle Menschen, durch deine Liebe einen Maasstab für alles
Schicksal. Nicht daß sie mir die übrige Welt verdunckelt, sie
macht mir vielmehr die übrige Welt recht klar, ich sehe recht
deutlich wie die Menschen sind was sie sinnen wünschen, treiben und geniesen, ich gönne iedem das seinige und freue mich
heimlich in der Vergleichung, einen so unzerstörlichen Schatz zu
besitzen.

Sollte hier (auch) ein Grund liegen für die spätere Flucht
aus Weimar, die alledem ein so gründliches Ende berei-
tete? Die Briefe verraten es nicht, aber zeigen nur zu deutlich, daß er nicht übertrieben hat. Sie nehmen immer stärker mystische Züge an, wenn er in der Fremde ist, sie nur
für Briefe erreichbar. «Jedermann beruft mich über meine
Einsamkeit, sie ist iedermann ein Rätsel und niemand
weis mit welcher köstlichen Unsichtbaren ich mich un-
terhalte», so berichtet er ihr aus Eisenach am 18. Juni
1784. Die Sprachvielfalt ist an sich nicht groß, wenn es
um Schlußformeln für Briefe geht, aber Goethe variiert
seine Liebesbezeugungen immer neu.

Etwas führt er stets wieder bei sich: Charlottes Ring. Er ist nichts weniger als «eine wahre Wohlthat und accurat recht». Briefe, die sie an ihn schreibt, liest er mehrfach, gewöhnt sich daran, auch den geschriebenen Worten ihre Liebe anzusehen, fügt hinzu: «Verzeih mir wenn der Mangel deiner Gegenwart mir selbst die geliebte Handschrifft kalt machte.» Die Zeit des künftigen Winters sehnt er herbei, weil das «wieder unsre beste Zeit seyn» wird, «wenn die andern im Schauspiele sind und wir für uns ein hergebrachtes liebes stilles Leben führen [...]. Schreibe mir nur recht viel. Ohne dich ist mir eine Lücke in meinen Tagen die ich noch nicht ausfüllen lerne. Lebe wohl du lieber Innbegriff aller meiner Freuden und Schmerzen Lebe wohl», so heißt es am 21. Juni. Er schickt ihr ein kleines Gedicht, das er gemacht hat und für das er noch einen Platz sucht, ihm schwebt ein Felsen vor, in den er es einhauen könnte:

> Was ich leugnend gestehe und offenbarend verberge
> Ist mir das einzige Wohl, bleibt mir ein reichlicher Schatz
> Ich vertrau es dem Felsen damit der Einsame rathe
> Was in der Einsamkeit mich was in der Welt mich beglückt.

Ihre Briefe müssen jetzt den seinen einigermaßen nahe gekommen sein, was die Beteuerung der Liebe angeht, denn er schreibt ihr: «Wie dancke ich dir für deine Liebe meine beste und daß du sie so ausdrücken magst. Wie eifrig hoffe ich auf's wieder sehn.» Er legt ein zweites Gedicht am nächsten Tag bei, das er der «Herrmannsteiner Höhle» zugedacht hat:

> Felsen sollten nicht Felsen und Wüsten Wüsten nicht bleiben
> Drum stieg Amor herab sieh und es lebte die Welt.
> Auch belebt er mir die Höle mit himmlischem Lichte
> Zwar der Hoffnung nur doch ward die Hoffnung erfüllt.

War das noch von dieser Welt, was da geschah? Trafen Goethes Briefe die Wirklichkeit? Welche Hoffnung war erfüllt worden? Oder hatte er sich, was seine Beziehung zu Charlotte anging, in ein Ideal verstrickt, dem nichts Tatsächliches mehr entsprach?

Charlotte von Stein hat zwar oft geantwortet, aber sie hat wahrscheinlich auch jetzt niemals und nirgendwo die Kraft und den sprachlichen Glanz erreicht, der selbst die einfachen Billette Goethes umgibt. Das aber würde bedeuten, daß Goethe sich gleichsam allein tief in diese Liebesgeschichte hineingeschrieben hat, bis er irgendwann merken mußte, daß es seitens Charlottes nicht die Antworten geben konnte, die er erwartete. So wäre es denkbar, daß er sich geradezu in eine neue Einsamkeit begab, daß er eine Frau idolisierte, die ihn zweifellos liebte, aber in Grenzen, was die sprachliche Artikulationskraft, in Grenzen wohl auch, was die Liebesintensität anging.

War Goethe blind dafür, daß diese Liebe am Ende ihn enttäuschen *mußte*? Sah er nicht, daß er es in seinen eigenen Briefen mit einer Iphigenie zu tun hatte, die er noch höher stellte als die Iphigenie seines Dramas? Man kann sich bei der Lektüre seiner Briefe nicht des Eindrucks erwehren, daß er sie letztlich immer mehr an ein Phantom richtet, von dem er glaubt, daß es lebendig sei. Goethe muß wie in einem Traum gelebt haben, mit den bekannten sozialen Folgen: Isolation, ein Sich-Hineinsteigern in eine illusionäre Wirklichkeit, der wenig Alltägliches entsprach. Daß dies fast schon ein krankhafter Zustand ist, dem Liebeswahnsinn nahe, hat er selbst gesehen und darin zum Ausdruck gebracht, daß ihm um seinen Kopf «bange» werde. Die geringste Störung konnte ihn aus diesem Traum aufwecken und das zauberische Idyll beenden, das er sich selbst zurechtgesponnen hatte. Oder, schlimmer noch: irgendwann mußte er erkennen, daß er ein Gefangener war – nicht der Charlotte von Stein, sondern einer seiner selbstgeschaffenen Träume und Illusionen. Wollte er überleben, konnte nur eines die Folge sein: Ausbruch, Befreiung, Flucht.

Aber wir greifen vor. 1784 bezeugen die Briefe Goethes eine immer wieder erneuerte Gefühlsintensität; er wird geradezu zum Fetischisten, besitzt Haare von ihr, bekommt etwas übersandt als «das neue Zeichen» ihrer Liebe, und sein Dank ist «über allen Ausdruck». Er fügt hinzu: «Wenn ich mir das Glück bey dir zu seyn recht lebhafft dencke; so wird mir die Ferne ganz und gar unerträglich.» Und: «O Lotte wie ganz und wie gern bin ich dein.»

Verbaliter gibt es immer noch Neuerungen, aber Goethe steigert sich auch in seine Liebeseinsamkeit immer stärker hinein. «Nun wird es balde Zeit liebe Lotte daß ich wieder in deine Nähe komme denn mein Wesen hält nicht mehr zusammen, ich fühle recht deutlich, daß ich nicht ohne dich bestehen kann», schreibt er am 28. Juni 1784, und etwas später im Brief:

Ja liebe Lotte ietzt wird es mir erst deutlich wie du meine eigne Hälfte bist und bleibst. Ich bin kein einzelnes kein selbstständiges Wesen. Alle meine Schwächen habe ich an dich angelehnt, meine weichen Seiten durch dich beschützt, meine Lücken durch dich ausgefüllt. Wenn ich nun entfernt von dir bin so wird mein Zustand höchst seltsam. Auf einer Seite bin ich gewaffnet und gestählt, auf der andern wie ein rohes Ey, weil ich da versäumt habe mich zu Harnischen wo du mir Schild und Schirm bist. Wie freue ich mich dir ganz anzugehören. Und dich nächstens wieder zu sehen. Alles lieb' ich an dir und alles macht mich dich mehr lieben [...]. Lotte bleibe mir und was dich auch interessiren mag, liebe mich über alles.

Ist das die Werther-Krankheit, neu erfahren? Dieses Bedürfnis, von anderen geliebt zu werden, wird immer übermächtiger in ihm. Es ist Charlotte von Stein, die ihm diesen fast ans Pathologische reichenden Liebeswunsch erfüllen kann – nur sie allein. Am Leben in der Gesellschaft hat er endgültig kein Interesse mehr, es ist ihm gründlich verleidet. Am 4. Juli 1784 schreibt er: «Dein Nahme deine Briefe, iede Erinnerung lockt mich zu dir. Ich habe wenig gesellschafftlichen Sinn und du hast mich noch über dies von allem abgezogen, und wenn ich mit Frauens bin leb ich immer in Vergleichung. Jedes kleine Intresse wird verschlungen, sobald ich meine Augen nach Dir wende.» Ein paar Tage später setzt sich das fort: «Die Artigkeit, Anmuth, Gefälligkeit der Frauen die ich hier sehe, selbst ihre anscheinende Neigungen, sie tragen alle die Zeichen der Vergänglichkeit an der Stirne, nur du bist auf der beweglichen Erde bleibend und ich bleibe dir.» Sie hatte ihm geschrieben, offenbar angedeutet oder sogar befürchtet, daß sich seine Sehnsucht nach ihr in der Ferne verlieren oder vermindern könne. Aber seine Antwort lautet in einem Satz: «Wo ist irgend etwas zu finden, das deiner Liebe gleicht.»

Alles liebt er an ihr, selbst ihre ökonomischen Anstrengungen, die Kochberger Wirtschaft, und er schreibt: «Was kannst du thun worinne nicht dein köstliches Wesen erscheine?» Stein, der Ehemann, war mit auf der herzoglichen Partie, und im selben Brief, in dem er ihr davon schreibt, daß der Sommer viel «Schwärmen» für ihn bedeute, da er für den Herzog auf Reisen sei, daß der Winter sie aber wieder zusammenbringe «und uns gute Tage bereiten» werde, da schreibt er auch vom Ehemann der Angebeteten, berichtet, daß er «mit Stein von seiner Wirthschafft» gesprochen habe, daß sein Vater Fritz die Haare wieder einmal habe abschneiden lassen, daß der Knabe deswegen «ein albern Aussehn» bekommen habe.

Wer ist mit wem verheiratet? Ist Stein der gehörnte Ehemann, der vom Liebhaber seiner Frau bestenfalls in ein Gespräch über die Landwirtschaft verwickelt wird? Nicht der Ehemann, sondern der Liebhaber schreibt: «wie freu ich mich daß ich so bin daß du mich lieben kannst». Und zwei Tage später, als sei es noch der gleiche Brief, die gleiche Liebeserklärung: «Wie sehn ich mich nach dem Augenblicke dich wieder zu sehn! welche Freude sind mir deine Briefe! Jedes Zeichen, iedes Wort deines Liebevollen Herzens. Man thut mir sehr artig, man gefällt sich sogar mich zu lieben, nur schade daß ich dieses Glücks sehr unvollkommen geniesen kann. Alle Versuche und Proben laufen dahinaus daß ich nur für dich bin, und daß wer dich kennt, wer dein gehört hat, keiner andern auch nicht auf eine Zeitlang angehören kann.»

Also eine alles andere ausschließende Liebe, und Goethe, leicht entflammbar, versagt sich allen Annäherungen von fremder Seite. Immer neue Steigerungen seiner Liebesbeteuerungen – wiederum nicht in rhetorischen Floskeln, sondern im Versuch, so einfach wie möglich zu sagen, was Lotte für ihn bedeutet, wie wenig er ohne sie leben kann. «Ich widme dir die letzte Stunde des Tags, dir der mein ganzes Leben gehört» – so am 23. Juli. Ist Goethe für kurze Zeit wieder in Weimar, kann sie lesen: «Ach daß ich dieses Glückes so kurz geniesen soll [...]. Leb' wohl süseste.» Als er ein paar Tage später wieder auf Reisen ist, an dem schwerbeladenen Wagen eine Achse bricht und er einen unfreiwilligen Aufenthalt hat, schreibt er ein Gedicht, «um mich zu beschäfftigen und meine unruhigen Gedancken von dir abzuwenden». Es ist der ursprüngliche Anfang des Gedichts *Die Geheimnisse*, das Fragment geblieben ist, und was er an Herder mit der Bitte schickt, es sofort an Frau von Stein weiterzuleiten, sind Verse, die «zum Eingang bestimmt, statt der hergebrachten Anrufung und was dazu gehört». Was Charlotte von Stein dann liest, ist wiederum nichts anderes als eine neue Liebeserklärung, diesmal eine in Versen:

> Für ewig
>
> Denn was der Mensch in seinen Erdeschranken
> Von hohem Glück mit Götternamen nennt,
> Die Harmonie der Treue, die kein Wanken,
> Der Freundschaft, die nicht Zweifelsorge kennt;
> Das Licht, das Weisen nur zu einsamen Gedanken,
> Das Dichtern nur in schönen Bildern brennt,
> Das hatt' ich all in meinen besten Stunden
> In ihr entdeckt und es für mich gefunden.

Goethe hatte Frau von Stein erklärt: «Du wirst dir daraus nehmen was für dich ist, es war mir gar angenehm dir auf diese Weise zu sagen wie lieb ich dich habe.» Eigentlich ist es kein Liebesgedicht, aber es läßt verräterisch klar erkennen, daß Goethe in Charlotte von Stein so etwas wie ein Götterbild verehrt, und nicht zufällig ist vom «Götternamen» die Rede. Ein poetischer Stilisierungsprozeß hat hier stattgefunden, der auf seine Weise andeutet, wie weit Goethe sich von der wirklichen Wirklichkeit entfernt hat, wenn er Charlotte in seinen Briefen anbetet. Er besteigt Berge im Harz, schreibt: «Auf Höhen und in Tiefen schicke ich dir meine Gedancken zu und freue mich die Berge wieder zu sehen die ich schon vor Jahren mit Sehnsucht zu dir im Herzen bestiegen habe. Meine Gedancken gehen

immer darauf dir was ich gesehen zu erzählen oder dir
etwas zu dichten das dich erfreuen könnte.» Als er später
im August in Braunschweig ist, schreibt er ihr auf Französisch – der Inhalt aber ist der gleiche. Ein Brief schließt
mit «Adieu encore une fois ma douce mon adorable amie.»

Aber die folgenden Briefe sind im Ton verhaltener, haben
nicht mehr die Gefühlsoriginalität, die sie früher kennzeichnete. Gab es etwas, was ihn verstimmt haben könnte?
Er berichtet etwa am 5. Oktober 1784 aus Ilmenau: «Ich
weis daß es meine liebe Lotte freut auch nur wenig Worte
von mir in ihrer Einsamkeit zu hören.» Mehr nicht? Doch,
wenig mehr: «Ich hoffe, du hast dich auch des schönen
Tages gefreut und des deinigen gedacht. Wie hätt' ich dich
an meiner Seite gewünscht.» Aber auch das klingt jetzt
eher konventionell als unbedingt liebevoll; allenfalls am
Schluß des Briefes kommt noch etwas von der alten Vertraulichkeit durch. Charlotte ist wiederholt in Kochberg,
Goethe besucht sie, hat auch «vergnügte Stunden», freut
sich bei jedem Schritt auf dem Rückweg, seine «Liebe
lebhafft zu fühlen».

Doch Schatten werden sichtbar. Zwei Tage später fragt
er zwar nach ihrem Befinden, berichtet ihr aber, daß er den
Abend nicht frei sei, dem «Rath Schmidt» einen Besuch
nicht abschlagen könne. Hätte er das auch früher gesagt?
Am 19. Oktober wiederum ist ihm eine «Gefälligkeit» dazwischen gekommen. Charlotte verreist. Er schreibt ihr:
«Alle meine Freuden verreisen mit dir», aber er hat eigentlich nicht mehr als ein tausendfaches Lebewohl zu
bieten, und das ist nicht wörtlich gemeint. Sie möge ihm
schreiben, wann sie zurückkäme, überhaupt: ein Wort.
Verlustempfindungen kommen wieder hoch, das Gefühl,
ihrer Liebe beraubt zu werden, und da er nichts in seinen
Briefen je verschwiegen hat, schreibt er ihr nun auch, daß
er sich durch sie in neue Einsamkeit verstoßen sieht. Am
28. Oktober: «Es geht ein Bote und ich kann dir einen
Morgengrus schicken. Es ist nicht gut daß du so lange aussenbleibst, ich habe Mutter und Vaterland um deintwillen
zurückgesetzt und nun muß ich diese Tage allein zu bringen. Daraus kann nichts guts entstehen. Ohne dich ist mir

das Leben nur eine Träumerey, und wenn ich dich missen sollte müsste ich eine völlige Umkehrung meines Haushaltes machen. Komm ia bald Geliebteste. Und Lebe recht wohl.» Fürchtete er, daß sie ihn innerlich verlassen könnte, vielleicht schon längst verlassen hat?

Es ist die Unbedingtheit seiner Liebe, die hier ihre Kehrseite zeigt, und diese Kehrseite heißt: Liebesentzug, Liebesverlust. Er fürchtet nichts mehr als das. Er hat gelegentlich zwingende Gründe, fort sein zu müssen, und seinen Briefen ist zu entnehmen, wie sehr er unter diesen Trennungen gelitten hat. Aber Charlotte kann, jedenfalls aus der Sicht Goethes, diese Gründe nicht vorweisen, und so fühlt er sich zurückgesetzt, weil sie, so mag er im Stillen gedacht haben, nicht fort mußte wie er.

Doch auch diesmal ordnen sich die Liebesverhältnisse wieder – noch einmal. Als sie zurückkommt, nutzt er jede Gelegenheit, sie wiederzusehen. Sie bestimmt, so will er, seinen Tagesablauf. Produktionsfördernd ist ihre Gegenwart ohnehin: er berichtet ihr, daß er «heute früh an Wilhelm gedacht und geschrieben» habe, also an seinem Roman, das «liebe Phantom» helfe ihm sehr freundlich fort: Literatur und Leben gehen ständig ineinander über.

Die Tage beschließt er bei ihr, schreibt ihr vorher: «Diesen Abend bin ich bey dir und wir lesen in denen Geheimnissen fort, die mit deinem Gemüth so viele Verwandtschafft haben» – gemeint ist Spinozas *Ethik*. Und bei Hemsterhuis hat er gelernt, daß sie seine «liebe Seelenführerinn» sei. Die Abendunterhaltungen bestehen sicherlich nicht nur aus Liebkosereien; sie lesen viel zusammen, diskutieren darüber. Am 11. November lädt er sie ein, um ihr eine neuentdeckte «Harmoniam naturae» vorzutragen. Offensichtlich steht schon die *Metamorphose der Pflanzen* im Hintergrund. Im übrigen berichtet er auch Knebel davon, daß er abends Lektüre mit Charlotte von Stein treibe: «Ich lese mit der Frau v. Stein die Ethick des Spinoza. Ich fühle mich ihm sehr nahe obgleich sein Geist viel tiefer und reiner ist als der meinige.» Wenn er sich in seine Akten vergraben muß, doch die Botschaft: «Meine Gedancken waren schon vielmals bey meinem geliebtesten Wesen.» Muß sie abwesend sein, schreibt er ihr am nächsten Morgen, und manchmal schickt er ihr auch den «gewöhnlichen Tribut», ein kleines Liebesbillett.

Als der Herzog verlangt, daß er nach Frankfurt fahren solle, sagt er ab – nicht der schlechten Jahreszeit wegen, sondern weil er sich von Lotte länger entfernen müßte, als es ihm gut tut. Aber die Schatten werden spürbar länger: Goethe wandelt sich ein wenig vom Liebhaber zum Lehrmeister. Sie nimmt es hin – vielleicht gar nicht einmal so ungern.

Das Jahr 1785 – aufkommende Krisen

Abschied auf Raten

Das Jahr 1785 bringt nicht viel Neues, aber um die Intensität des Briefwechsels scheint es dennoch allmählich geschehen zu sein. Die Liebesbekenntnisse des vergangenen Jahres fehlen, es fehlt den kleinen Billetts aber auch an sprachlicher Kraft. Am 6. Januar, als Goethe nach Hause kommt, wünscht er sich zu ihr zurück oder sie zu sich – und schickt «ein wenig Süsigkeit». Am gleichen Tag noch ein Briefchen mit der Bitte: «Du musst ia kommen, Lotte sonst ist unsre Freude nichts.» Zwischendurch, am 3. März, kommt ein Brief mit der etwas schlichteren Anfrage: «Wie befindest du dich Gute?» – «Schreibe mir wie du dich befindest», heißt es auch am 7. März – eine Schwundform, was Liebesbezeugungen angeht. Es geht Charlotte nicht gut, er erkundigt sich nach ihr, schreibt ihr dann: «Wie lieb ist mir's zu hören daß du besser wirst.» Gelegentlich wird deutlich, daß der Himmel umwölkt war. Am 15. März gesteht er ihr: «Ich habe nur zwey Götter dich und den Schlaf. Ihr heilet alles an mir was zu heilen ist und seyd die wechselsweisen Mittel gegen die böse Geister.» Er sucht offenbar mehr das Gespräch mit ihr als die Liebesgesten, will mit ihr manchmal abends «in den Wissenschafften fortfahren». Zuweilen überfällt ihn auch wieder Einsamkeit – diesmal aber ist sie nicht Bedürfnis, sondern Schrecknis.

Er feilt an den Stanzen der *Geheimnisse*, berichtet ihr davon – ist aus der Liebesgemeinschaft so etwas wie eine Geistesfreundschaft geworden? Es wird mehr denn je gemeinsam gelesen, gearbeitet. Außer den Stanzen ist die Rede von einer kleinen botanischen Abhandlung für Knebel. Aber daneben immer wieder das Gefühl der Einsamkeit.

Gelegentlich flüchtet Goethe in den Schlaf, der bei ihm wirklich vieles heilt, auch Krankheiten, wie sie ihn hie und da heimgesucht haben. Er fragt an, ob sie nach der Oper bei ihm sein werde, fügt hinzu: «Frage Steinen ob er auch kommen will», so, als handele es sich um einen entfernten Bekannten. Derartiges gehörte offensichtlich zur Exklusivität dieser Beziehung, und Goethe dachte gar nicht daran, den Ehemann der Charlotte von Stein anders als einen Außenseiter zu behandeln. Im April Briefe, daß er glücklich sei, wenn sie komme, allerdings zugleich der Hinweis: «Es ist mir auch ganz wohl, nur fehlt mir eine gewisse Elastizität des Gemüths, die vielleicht der Frühling bringen wird.» Manchmal auch Schwüre unverbrüchlicher und ewiger Liebe: «Ich befinde mich wohl mein lieber Schutzgeist und freue mich deines Wohlseyns. Wir wollen immer zusammen bleiben meine Liebe. Darüber sey ohne Sorge. Gegen Abend komm ich zu dir und wir schwäzen uns recht aus», so schreibt er am 20. April 1785.

Monoton kann man auch diese Briefe nicht nennen, selbst wenn sie stets von Gleichem berichten. Es verlangt ihn immer wieder, immer noch nach ihrer Liebe, genauer: daß sie ihm sage, wie sehr sie ihn liebe. Wir wissen nicht, ob Charlotte von Stein sich unmerklich zurückgezogen hat, aber manchmal ist Goethe enttäuscht, mahnt sie etwa: «Du schreibst mir gar nicht mehr wenn ich dich nicht auffordre. Wie befindest du dich. Sage mir ein freundlich Wort. Liebe!» Wenn er ein Zeichen ihres Andenkens bekommt, ist er glücklich. Die Bitten um Liebe tauchen auch in anderen Briefen auf, etwa an Herder – dort aber wohl eher formelhaft, wenngleich sie auf ein Liebesbedürfnis Goethes nicht weniger hindeuten als die sehr viel dringlicheren Bitten um Liebe in den Briefen an Charlotte. Auf Reisen begleitet ihn Fritz, und so ist sie ihm durch ihn nahe, «nah, wie du mir auch ohne ihn bist».

Eine gemeinsame Reise nach Karlsbad steht in Aussicht, er schreibt ihr am 11. Juni 1785: «Mein Verlangen dich wiederzusehen wächst mit iedem Tage und meine Hoffnungen den nächsten Monat ganz an deiner Seite zuzubringen werden mir mit iedem Augenblicke theurer.»

Auch sie schreibt ihm Briefe, da er so lange fort ist, er freut sich darüber, erwartet «immer noch einen», der aber nicht kommt, und so fügt er hinzu: « Besser wird's seyn wenn wir zusammen sind und des Schreibens nicht bedürfen.» Am Schluß die Formel: «Lebe wohl und liebe mich du einziges Wesen.» Er schreibt ihr schon nach Karlsbad, bevor er selbst kommt, spricht davon, daß er «lange so keine freudige Aussicht gehabt als dich zwischen den Bergen zu finden», äußert den Wunsch: «Sorge daß wir nicht weit auseinander wohnen und daß wir zusammen essen können.» Als sich seine Reise verzögert: verlorene Tage, und er wünscht: «Lebe wohl du liebes a und o du Innbegriff meiner Freuden und Schmerzen, da ich dich nicht habe was kann ich besitzen, da du mein bist was kann mir fehlen.»

Dann die Tage in Karlsbad – man kann aus seinem Brief vom 7. August erschließen, was Goethe vermißt, als Charlotte von Stein früher weggeht als er: «Wie leer mir alles nach deiner Abreise war, kann ich dir nicht beschreiben und brauch es dir nicht zu sagen. [...] Ich habe dich innig und einzig lieb. Nirgends finde ich eine Übereinstimmung wie mit dir.» Als beide wieder in Weimar sind, setzt sich die alte Korrespondenz fort, Morgenbilletts wandern von ihm zu ihr, von ihr zu ihm. Manchmal Verstimmungen seitens Charlottes – Goethe spricht von den «gelinden Vorwürfen», fährt aber dann fort: «Du süse! laß dich nicht irre machen denn ich bin doch dein. Alles befestigt mich nur mehr an dich.» Wie immer drängt es ihn zu ihr, wenn er allein ist, und selbst wenn er unter den besten Menschen weilt, will ihm «kein Stern scheinen, ich verlangte herein um mit dir zu bleiben».

Eigentlich schließen Goethes Briefe an Charlotte von Stein bruchlos aneinander an; aber was er in ihnen schreibt, ist so gut wie immer auswechselbar, die Liebeserklärungen sind nicht an Ort und Tag gebunden, sondern gleichsam Inseln außerhalb des Zeitflusses. So beginnt der Brief vom 11. September 1785, wie er auch hätte enden können: «Wüsstest du liebste Seele wie sehr du mir fehlst du würdest wenig Ruhe in deiner Einsamkeit haben, du

würdest iede Stunde wünschen zu mir herüber zu fliegen
und ein Leben mit mir zu theilen das mir ohne dich ganz
und gar abgeschmackt und unerträglich wird. Deine Entfernung ist mir cin rechter Probstein meiner Selbst. Ich
sehe wie wenig ich für mich bestehe und wie nothwendig
mir dein Daseyn bleibt daß aus dem meinigen ein Ganzes
werde.» Für Goethe ist die Einsamkeit jetzt fast unerträglich, er schreibt ihr: «Wenn du doch balde wieder kommen
könntest! da mir auch Fritz fehlt möcht ich kranck werden für Sehnsucht. Ich kann dir nicht beschreiben wie mir
zu Muthe ist. Was ich thue verschwindet mir und was ich
schreibe scheint mir nichts. O komm wieder damit ich
wieder mein Daseyn fühle. Gute Nacht beste. Wann werd
ich dir es wieder mündlich sagen können. Adieu. Ich bin
ewig dein.» Aber Charlotte bleibt fern, und so schreibt er
ihr denn: «du lässt mich wenig hoffen».

Die Flucht von 1786 könnte vielleicht durch Goethes
Stimmung dieser Wochen ohne Charlotte von Stein erklärt werden. Er ist, was seine Dichtungen angeht, nicht
untätig gewesen, hat an der *Theatralischen Sendung* weitergeschrieben, aber da bahnt sich eine Krise an, und ihr
sichtbarster Ausdruck ist das Gefühl der Verlassenheit,
das ihn überfällt, wenn Charlotte von Stein sich entfernt
hat. Die täglichen Beteuerungen der Liebe sind unterbro-
chen, die täglichen Besuche zu Mittag und oft auch noch
zu Abend, die für Goethe eine unablässige Kette von Be-
stätigungen durch Lotte waren, sind in weiter Ferne, und
wenn er an Lotte schreibt, daß ihm alles ohne sie nichts
sei, dann sind das keine Floskeln, sondern Auskristallisationen jener Stimmung, die sich in den folgenden Wochen
auf gefährliche Weise steigern sollte. Goethe, der sein Ein-
samkeitsbedürfnis früher oft genug betont hat, kann dieser
Einsamkeit, in die er jetzt gestoßen ist, kaum noch widerstehen, und auch Briefe Charlottes können ihn aus dieser
Verlassenheit nicht erlösen, zumal sie spärlich genug sind
und seinen Hunger nach ihr nicht stillen können. Er
braucht sie, ihren Anblick, die Gespräche mit ihr; wenn
sie nicht da ist, ist er in einem totenähnlichen Zustand,
und so bittet er: «Lebe wohl du süses Herz komme bald

zurück damit mein Leben wieder anfange, und habe mich recht, recht zärtlich lieb.»

Hat Goethe die lange Abwesenheit von Charlotte als Ausdruck einer schwindenden Zuneigung empfunden? Die krisenhaften Zeichen nehmen zu. «Wie gerne wäre ich bey dir und ginge meinem Wesen in der Stille nach und erfreute mich an deinem Daseyn, wenn du noch lange aussenbleibst wird es übel mit mir werden», schreibt er ihr am 22. September. Das ist sicherlich keine leere Drohung, sondern das Eingeständnis seines Seelenzustands sich selbst gegenüber. Am 25. September: «Dieses Jahr werd ich nicht viel mehr mit dir spazieren können.» Ist das ein Menetekel? Am Ende folgt ein enigmatischer Satz, der witzig gemeint sein soll, aber seine tiefsinnige Komponente kaum verbergen kann: «Ich bedaure dich und das deinige um des bösen Wetters willen. Die Endursachen sind dem Gemüthe zu dencken so nötig daß du aus den Nichtendursachen erst eine rechte End-Ursache machst.»

Ist es ein verhüllter, indirekter Blick voraus auf das kommende Jahr? Charlotte bleibt weiter fort, und am 3. Oktober noch einmal ein fast flehentlicher Brief: «Wollte Gott du bestimmtest deine Rückkunft denn ohne dich ist doch kein Leben.» Fast ist es, als sei sein Lebensfaden abgerissen. «Ich habe nun kein Verlangen als dich wiederzusehen, ich lebe den ganzen Tag stille für mich hin und bin fleisig wie es gehen will», schreibt er am 7. Oktober, und: «Behalte mich recht in einem warmen Herzen denn ich will und kann von Glück und Zufriedenheit ausser dir nicht wissen.» Drei Tage später die gleiche Klage: «Es ist Zeit daß du kommst mich durch deine Gegenwart wieder zu erquicken, denn es will mir alle Lebensfreude ganz und gar ausgehn. Selbst der Anblick der Imhof hat mir weh gethan, da sie dir so ähnlich ist und doch nicht du. Sie ist wie eine Septime die das Ohr nach dem Akkorde verlangen macht.»

Dann ist sie endlich zurück – wir wissen wenig, weil nur kurze Briefe gewechselt werden, aber er freut sich, so schreibt er, in der Stille herzlich ihrer Nähe. Manchmal träumt er noch von ihr, aber die Sehnsucht nach der wirk-

lichen Lotte überwiegt alles – immer noch. Zuweilen findet er auch wieder in die alte Liebessprache zurück,
schreibt ihr etwa: «Du liebstes bestes einziges Wesen
nimm mein ganzes Herz in diesem Morgengruse.» Aber
dann auch wieder ein fast prophetischer Blick ins nächste
Jahr: «Ach werden wir denn auch ie wieder Sommer
haben?» Natürlich fehlt es nicht an gegenteiligen Versicherungen: «Ich bin ganz und gar dein, nichts scheidet
mich von dir.» Aber das nächste Jahr sollte das Gegenteil
beweisen.

Goethe ist bei alledem fleißig, arbeitet an der *Theatralischen Sendung* weiter, widmet sich botanischen Studien
und dem Sammeln, wie es zum damaligen Dilettanten-
wesen gehörte. Wenn er schreibt: «Es fehlt nichts als der
Thee», so verrät diese Äußerung natürlich, daß es nicht an
dem Getränk, sondern an Lottes Gegenwart fehlt. Er berichtet, daß es ihm in Ilmenau ganz gut gehe, «nur daß
ich dich Abends immer vermisse». Nur abends? Er ent-
schließt sich, nicht so rasch nach Weimar zurückzukom-
men, als es möglich wäre, sondern erst nach Gotha zu fahren, und das bedeutet: «Ich komme einige Tage später zu
dir, das ist alles was mich abhält.» Das ist verständlich,
und es ist auch wieder völlig unverständlich. Denn hat er
ihr nicht gerade versichert, daß er sie überall wiederfinden
wolle, daß er nicht von ihr weichen möchte? Daß er es
kaum aushalten könne, wenn sie fort ist, weil alle Lebensfreude ihm ohne sie ausgegangen sei? So war das noch vier
Wochen zuvor zu lesen – nun locken ihn Freunde, und verräterisch ist auch der Satz: «Von mir kan ich dir nichts
weiter sagen, wenn ich unbeschäfftigt bin dencke ich an
dich.»

Nur dann? Es gab Zeiten, wo sie ihm ständig gegenwärtig war, auch wenn er beschäftigt war, und wenn man
seine Worte gewiß auch nicht auf die Goldwaage legen
sollte – sie bekommen im Kontext der anderen Andeutungen doch ihren nahezu prophetischen Sinn. Ist die Reise
nach Gotha ein Weg aus seiner melancholischen Stimmung heraus? Er will dorthin, «um dort meinen Freunden
auch einmal Freude zu machen». Wie zur Entschuldigung

schreibt er ihr am gleichen Tag in einem Zusatz: «Lebe wohl meine Beste, ich hoffe daß meine verlängerte Abwesenheit auch dir zur Freude gereichen werde, denn es wird mich aufmuntern mehr Menschen zu sehen.» Aber war nicht vorher davon die Rede gewesen, daß nur sie ihn aufmuntern könne? Er schließt mit Worten, die jetzt freilich eher als Formel zu lesen sind: «Adieu mein süses bestes Herz, du fühlst doch wie lieb ich dich habe, wie dein ich bin und wie ich mich durch alles hin nach dir sehne.» Aber auch das ist ein eklatanter Widerspruch zu dem, was er vorher schrieb, und man kann sich nicht des Eindrucks erwehren, als lockerte sich die Beziehung, als sei sie einerseits noch vorhanden und drücke sich in Worten aus, die er oft benutzt hat – andererseits sind ihm die Freunde wichtiger als Lotte, der Umweg ertragreicher als der direkte Weg zu ihr.

Ein Stück Wanderschaft, wie sie sich später in extenso wiederholen sollte – vielleicht hat er sogar ein wenig ein schlechtes Gewissen ihr gegenüber gehabt, jedenfalls verbaliter, aber es wiegt bei weitem nicht das Vergnügen an der Reise nach Gotha auf. Er schreibt ihr am 13. November: «Lass dich die paar Tage längerer Abwesenheit nicht reuen, ich komme und eile wo möglich mit vollerer Seele zu dir zurück. Wie glücklich werde ich seyn dir ausdrucken zu können wie sehr ich deinen Werth fühle und wie allein du vor allen Wesen der Welt mich glücklich machen kannst. Die Schicksale meiner Wanderschafft werden dich, wenn ich sie dir erzähle, mehr davon überzeugen als die wärmsten Versicherungen kaum thun können. Ich bin dein und muß dein seyn. Alles leitet, treibt, drängt mich wieder zu dir. Ich mag nichts weiter sagen. Dienstag Abend bin ich wieder bey dir wenn nichts sonderliches vorkommt. Ich bin schon bey dir, mein Herz verzehrt sich für dich.»

Soll man ihm wirklich glauben? So echt seine Liebeserklärungen früher gewesen sein mochten, so fragwürdig scheinen sie jetzt, weil sie in so offenbarem Widerspruch zu dem stehen, was er tatsächlich tut. Wird hier zur Deklamation, was früher aufrichtige Beteuerung war? Liest man auch diesen Brief vom 13. November 1785 im Kontext jener Briefe, in denen sich Anzeichen für eine Krise ankündigen, dann werden die Schlußworte geradezu zweideutig, so eindeutig sie vorher waren. Sucht er die «Welt», weil sie ihm diese am Ende doch nicht bieten kann? Hat sie aufgehört, seine einzige Welt zu sein?

Er bleibt länger, als er ursprünglich vorhatte, seine Entschuldigung ist nicht sonderlich gut: «Ich habe dir geschrieben Beste», so am 14. November, «daß ich Dienstag Abends bey dir seyn würde, ich muß noch diesen tag bleiben, man verlangt es zu eifrig. Ich habe Conradin noch nicht bey Tage gesehen, der Herzog hat einige phisikalische Instrumente aufstellen lassen und so weiter. / Damit du nicht vergeblich wartest schicke ich dir diesen Boten. Denn meine Sorge um dich, ein Verlangen nach dir verlässt mich nicht einen Augenblick. Nur wünsche ich daß du es recht fühlen mögest. Ich hänge an dir mit allen Fasern meines Wesens und freu mich ieden Tages des nächsten Winters wenn du mir nur wohl bleibst. [...] Du gute, liebe, einzige! Mein Herz hängt mit der innigsten Leidenschafft an dir. Ich bin dir ganz verwandt und verbunden. Mittwoch Abends bin ich gewiß bey dir. Wie freue ich mich auf den Empfang. Daß ich doch nichts von dir vernehmen kann! Adieu. Montag Nachts. halb 1.»

Wieder der gleiche Widerspruch zwischen Liebesbeteuerung und tatsächlichem Tun, denn wer ist «man», der nach ihm verlangt und dessent- oder derentwegen er die Rückreise aufschiebt? Kommen ihm seine naturwissenschaftlichen Interessen in die Quere? Er läßt Lotte warten – vielleicht, weil sie ihn früher hat warten lassen? Um so auffälliger die Beteuerungen, daß er mit allen Fasern seines Wesens an ihr hänge, und daß er diese Beteuerung zweimal macht, soll wohl zeigen, wie ernst es ihm damit ist. Aber ist es das wirklich?

Diese Briefe sind widersprüchlich, und sie entsprechen gerade darin seiner eigenen Stimmung. Natürlich ist die Liebe zu Lotte noch da – aber andere Interessen haben sich in den Vordergrund geschoben, und es ist nicht mehr so, daß er bei Nacht und Nebel losreiten möchte, um möglichst schnell bei ihr zu sein. Ein Ablösungsprozeß hat offenbar begonnen, über den er sich selbst allenfalls nur teilweise bewußt ist. Charlotte scheint im übrigen wenig geantwortet zu haben, am 23. November schreibt er ihr: «Ich habe mich lange nach einem Worte von dir gesehnt.» Und das Ausbleiben von Liebesbotschaften seitens Lottes konnte im Grunde genommen seine zwiespältig gewordenen Gefühle nur bestärken.

Die folgenden Briefe sind verhalten. «Hast du mich recht lieb? und was wirst du heute beginnen? Wo seyn?», fragt er am 20. November. Fünf Tage später die jetzt fast schon stereotype Wendung «Ich liebe dich herzlich, und werde dich heute sehen wie immer». Arbeit überschwemmt Goethe – jedenfalls so sehr, daß er ihr am 29. November schreiben zu müssen glaubt: «Ich kann dich nicht begleiten. Ich bin im dicktiren begriffen, und muß noch vor Tische damit fertig werden. Lebe wohl es thut mir sehr leid dich allein auf dem Spaziergang zu wissen.» Hätte er nicht früher alles getan, um sie zu begleiten, den Amtskram beiseite geschoben?

Anfang Dezember aber ist er wieder häufiger abends bei ihr, doch die Briefe sind kurz, nur gelegentlich die alten Beteuerungen: «Ich muß dir noch einen guten Morgen geben und dir für deine Zärtlichkeit und treue Liebe dancken. Leb wohl du süse mein Herz bleibt bey dir», schreibt er am 11. Dezember. Dann folgt eine Reise mit dem Herzog, wieder nach Gotha, der er sich nicht entziehen kann – und sich wohl auch nicht entziehen will. Am 20. ist er von Gotha zurück – einen Brief hat es in diesen Tagen nicht gegeben. «Du bist mir herzlich lieb und es ist mir immer traurig dich zu verlassen», meint er am 22. Dezember. Im Jahr zuvor hat er dergleichen ganz anders gesagt, direkter und inniger, herzlicher und unverwechselbarer. Ein paar Zeilen nur an diesem Tag an Charlotte, zwei kurze Briefe – und ein unendlich viel längerer Brief über Mozarts *Entführung aus dem Serail*. Trennten sich bei ihm seine Liebe und seine allgemeinen Interessen am kulturellen Leben in Weimar?

Zu Weihnachten dann eine auffällige Vergeßlichkeit, er

schreibt ihr am 26. Dezember: «Ich wusste wohl am heiligen Abend daß ich dir noch etwas zu bescheeren hatte,
konnte mich's aber nicht besinnen. Hier schick ich's
nach.» Das wäre ihm früher nicht passiert; offenbar hat
ihn dann aber gereut, daß er mit seiner Bescherung un-
pünktlich war, denn am folgenden Tag schreibt er Charlotte von Stein: «Ich mögte dir immer etwas schicken und
etwas sagen damit du meines Andenckens gewiß bliebest.
Es schmerzt mich nur so immer von dir getrennt zu seyn.»
Am 28. Dezember hat Goethe eigentlich vor, in die Komödie zu gehen, kündigt jedoch an, daß er bei ihr bleiben und
allenfalls in die Vorstellung nur hineinsehen werde. Vor
Jahr und Tag aber hätte es nicht den geringsten Zweifel
gegeben, wohin er gehen sollte: zu ihr, nur zu ihr.

Kein Zweifel, daß sich die Beziehung abgekühlt hat.
«Wann werden wir wieder ruhige Abende und gesellige
Tage zusammen leben?» fragt er sie am 30. Dezember. Es
mag nicht immer in seiner Macht gelegen haben, die
Abende dort zu verbringen, wo er sie verbringen möchte –
aber man sieht sich seltener, und der Nachklang dieser
Abende mit Charlotte ist dürftiger. Am letzten Tag des
Jahres 1785 schreibt er ihr: «Ich freue mich iedes Blicks
iedes Buchstabens von dir. Laß uns einander auch im
neuen Jahre bleiben.» Die Neujahrsbotschaft klingt nicht
sehr viel anders: «Guten Morgen Geliebte. Ich bleib zu
Hause und richte mich ein. Gebe uns der Himmel ein
gutes Jahr. Ich liebe dich herzlich. bleibe mir wenn auch
ietzt getrennter als sonst, das mir offt fast zu schwer
wird. Lebe wohl. ich bin dein.»

Getrennter als sonst: ein Zeichen, das nicht zu über-
sehen ist, und sicherlich sind nicht nur die Verhältnisse
daran schuld. Am 3. Januar lädt er sie ein, nach Tisch zu
ihm zu kommen, es sei so schön Wetter – «und du könntest dich mit dem Mikroscop unterhalten. Auf den Abend
lüd ich die Imhof und Herders. Wie sehr wünscht ich wieder einmal ein Paar Stunden mit dir zu seyn.» Will er mit
ihr allein sein, damit sie sich mit dem Mikroskop unter-
hält? Oder will er bei ihr sein, aber nicht mit ihr allein,
und lädt er deswegen «die Imhof und Herders» ein? Sie

kam, seine Geliebte, und im Nachhall klingt alles etwas freundlicher: «Wie vergnügt ich war dich wieder gestern zu besitzen kann ich dir nicht ausdrücken, da ich um dich zeither soviel Unruhe gehabt habe.» Das «besitzen» ist sicher nicht im eindeutigen Sinne gemeint, sondern will nur besagen: daß Charlotte wieder einmal bei ihm war.

Gewichtiger ist die Unruhe, die er um sie gehabt habe – und es ist ein weiteres Indiz für die Annahme, daß in diesem Winter das Auseinanderleben längst begonnen hat. Er besucht sie am 6. Januar, will «gegen Abend bey dir seyn und mich deiner Liebe freuen. Gestern lies ich dich gar ungerne.» Auch das hat vermutlich keinen spezifischen Sinn, aber wichtiger ist, daß er am 5. nicht gekommen ist, sie nicht zu ihm kam. Am 7. Januar: wieder bei ihr, am 8. auch, «den Hamlet durchzugehen und dir auszulegen was du lange besser weisst. Liebe mich. Immer dein» – so die Botschaft am 8. Januar. Also gesellige Gespräche, vertraulich, aber eben bildungsorientiert. War sie, die sieben Jahre Ältere, nun seine gelehrige Schülerin geworden, wenn es um Literaturexegesen ging? Es sieht danach aus – jedenfalls waren die Abende gewiß nicht nur mit dem Austausch von Zärtlichkeiten gefüllt.

In der Folgezeit noch weitere Auffälligkeiten. «Mein Herz ist dir zärtlich ergeben was auch mein Auge für einen Blick haben mag», schreibt er ihr am 11. Januar 1786. Welch eine Differenz zwischen Herz und Auge tut sich da auf? Wie um das Herz zu bestätigen, schickt er ihr am 14. Januar «Zuckerwerck» und Blumen, «damit sie ein Bild habe wie süs und schön meine Liebe zu ihr sey». Viele Arbeiten sind zu erledigen; einmal kommt noch der alte Ton durch: «Ich kann es kaum mehr ertragen so von dir getrennt zu seyn», schreibt Goethe am 16. Januar. Am 19. Januar kommen Herders, also erwartet er auch Charlotte, fügt an das «Lebe wohl» noch den Nachsatz hinzu: «Stein kommt doch auch» – das sprichwörtliche fünfte Rad am Wagen. Aber dann sagt sie offenbar ab, er schreibt am gleichen Tag noch: «Es thut mir recht weh daß du nicht kommst.» Er hofft, daß sie am Abend zum Essen da sei, aber die Stunden davor sind nicht für ihn bestimmt.

Ausfahrten bei winterlich schönem Wetter, gemeinsames
Essen bei ihr, gelegentlich ein «Liebe mich». Am 24. reist
Goethe wieder nach Gotha, nimmt Abschied von Char-
lotte, aber: «ich nehme dich im Herzen mit». Als er in
Gotha die Verhältnisse nicht so vorfindet, wie er es sich
gedacht hatte, als er seine «Sachen» vorlesen muß, die
ihm längst mißfallen, schreibt er ihr: «Ich habe niemanden als dich dem ich meinen grosen Verdruß klagen kann.
[…] Lebe wohl. Liebe mich ich bin ganz und gar dein, du
musst mir eben alles ersezen, ich halte mich an dich.»
Doch immer häufiger kommt es vor, daß er, nach der
Rückkehr nach Weimar, keine Zeit für sie findet, notwen-
dige Arbeiten erledigen muß.

Die Verwaltungsarbeit, die Verhältnisse bei Hofe: alles
Gründe zu verhaltener Unzufriedenheit. Manchmal geht
Goethe nicht zu Hofe, schreibt: «Ich mag dem Hofe gern
alles zu gefallen thun nur nicht bey Hofe.» Und an Charlotte von Stein: «Habe du nur mit mir Geduld und laß dich
nicht irren wenn mir's manchmal fatal wird. Du bist mein
bestes. Das einzige recht zuverlässige auf Erden.» Er kann
sie zuweilen nicht begleiten – das Herz tut ihm weh,
sie «alleine gehen zu lassen». Ihre Gegenwart abends –
«rechte wahre stille Freude» für ihn. Kleine Billetts wechseln weiter hin und her, er schreibt ihr einmal: «Liebe
mich du gutes Herz und bleibe mir. Ich will so in der Stille
fort weben.» Wenn er nichts von ihr hört, erinnert er sie
daran: «Dieser Tag ist vorbey gegangen ohne daß ich etwas
von dir gesehen noch gehört hätte. Ich will dann auch so
still für mich endigen. Sag mir ein Wort.» Zwischendurch
schreibt er weiter an *Wilhelm Meisters theatralischer
Sendung*, sagt ihr aber immer wieder auch: «Werde nicht
müde wenn ich dir offt wiederhohle daß ich dich herzlich
liebe.» Am 17. März: «Was mir heute der Geist zurufen
wird weis ich nicht mein Herz spricht aber immer von der
Liebe zu dir.» Sie möge ihn lieben, obgleich seine Gestalt
sich verändert habe, schreibt er auch.

Das Frühjahr bringt gelegentlich Krankheiten für
Goethe, auch Charlotte ist krank und zurückgezogen. Nur
einmal flackert der alte Ton wieder auf: «Ich bin immer im

stillen bey dir und habe nie sehnlicher gewünscht mit dir unter Einem Dache zu seyn als ietzt», schreibt er ihr am 9. April 1786. Sonst bloß Tagesnotizen, immer wieder freilich die Versicherungen seiner Zuneigung. Wenn er fort ist, etwa wieder einmal in Jena, schließt er einen Brief mit: «Liebe mich. Alles bringt mich dir näher und deutet auf dich hin.» Als er wieder zurück ist, ein Billett, das mit «Liebe mich und lebe wohl. Ich habe dich herzlich lieb du einziges Wesen dessen Zärtlichkeit kein qui pro quo zulässt. Adieu» schließt. Er wünscht, sie möchte den schönen Tag in Jena mit ihm verbracht haben, fügt hinzu: «Es wird mir aber nicht so wohl werden, eh uns das Carlsbad vereinigt mit dir zu seyn und ein ruhiges Leben zu führen.» Sonst scheint es Schwierigkeiten gegeben zu haben, Goethe schreibt am 5. Mai: «Laß mich deine Liebe immer gleich finden, es will mit vielem andern nicht recht mehr fort.» Wenn er in Jena ist, versichert er: «Ich dencke an dich und freue mich deiner Liebe», dankt ihr für einen Brief, den er mit den Worten schließt: «Ich bin hier still und wohl.» Aber das ist er jetzt eben ohne sie.

Das Jahr vergeht ruhig, jedenfalls, was Goethes äußerliches Leben angeht. Seiner Geliebten schickt er immer wieder ein Wort, ein Briefchen, einen Gruß. Häufig jedoch ein Vorklang dessen, daß es nicht so bleiben wird. Am 25. Juni 1786 schreibt er ihr: «Thue meine Liebe was und wie dir's recht ist und es soll mir auch so seyn. Behalte mich nur lieb und lass uns ein Gut, das wir nie wiederfinden werden, wenigstens bewahren, wenn auch Augenblicke sind wo wir dessen nicht geniessen können. Ich korrigire am Werther und finde immer daß der Verfasser übel gethan hat sich nicht nach geendigter Schrifft zu erschiesen.» Das sieht nach *taedium vitae* aus, nach einer Ahnung, daß die glücklichen Zeiten endgültig vorüber sind. Die Zeichen sind nur zu eindeutig: ein Abschied auf Raten. Die Leidenschaft für sie ist erkaltet, vielleicht auch schon überwunden.

Beide wollen noch gemeinsam einige Zeit in Karlsbad verbringen, Goethe sehnt sich fort aus Weimar. Charlotte ist die einzige, der er mitteilen mag, was er denkt. Seine

Abschiedsstimmung ist natürlich zunächst nur auf die geplante Reise zu beziehen, er sagt ihr: «Ich selbst bin schon
nicht mehr hier, ich mag fast nichts mehr thun, ob ich
gleich noch zu thun habe und sehne mich fort [...]. Lebe
wohl, liebe mich! Ich komme bald.» Aber in einem tieferen Sinne ist es schon die Vorwegnahme der Abreise aus
Weimar nach Italien. In Weimar hält ihn nichts mehr, jedenfalls dann nicht, wenn Lotte nicht dort ist. Er schreibt
ihr am 9. Juli: «Ich bin nun fast so überreif wie die fürstliche Frucht, und harre eben so meiner Erlösung; meine
Geschäffte sind geschlossen und wenn ich nicht wieder
von vorne anfangen will muß ich gehen; nun kommt dein
Brief und vermehrt die Sehnsucht dich wiederzusehen.»

Weggehen aus Weimar? Weggehen von Charlotte? Charlotte von Stein ist schon am 1. Juli nach Karlsbad gereist.
Etwas von seiner unruhigen Stimmung schlägt auch in
diesem Brief durch, wenn er schreibt: «Ich bin von tausend
Vorstellungen getrieben, beglückt und gepeinigt [...]. Da
ich meine alte Schrifften durchgehe, werden auch viel alte
Übel rege. Es ist eine wunderbare Epoche für mich, in der
du mir eben fehlst. Heut über acht Tage hoff ich nicht weit
von dir zu seyn [...]. Nun lebe wohl du Geliebteste einzige,
der sich meine ganze Seele enthüllen und hingeben mag;
ich freue mich deiner Liebe und rechne darauf, für alle
künftige Zeiten.» In diese Zeit fällt auch Herders Plan,
möglicherweise nach Hamburg zu wechseln, für Goethe
ein drohender herber Verlust. Er schreibt an Charlotte:
«Ich verliere viel wenn er geht, denn ausser dir und ihm
wäre ich hier allein. Ich habe viele, viele Gedancken und
bin ein wenig dunckel drum wirst du heute nicht mehr
von mir hören.»

Endlich ist Goethe auf dem Weg nach Karlsbad, Frau
von Stein ist noch dort. Goethe kommt am 27. Juli an.
Sie leben einige Tage zusammen, bis Charlotte um den
10. August herum wieder zurückfährt. Goethe begleitet
sie bis nach Schneeberg zurück, trennt sich aber dann von
ihr, bleibt in Schneeberg. Er berichtet darüber: «Heute früh
lies ich beym Einfahren in die Grube deinen Ring vom
Finger, es fehlte mir immer etwas, so ist mir's auch da mir

deine Gesellschafft fehlt und ich dir immer etwas zu sagen
habe [...]. Nun lebe wohl und liebe mich, eh ich von Carlsbad gehe schreib ich dir, ich bin dir herzlich nah. Du
solltest immer mit mir seyn wir wollten gut leben.» Ein
Wunsch, im Irrealis vorgetragen; und Goethe wußte schon,
daß er sich nie erfüllen würde. Als er wieder in Karlsbad
angelangt ist, schreibt er ihr: «Die Freude die ich hatte mit
dir zu seyn und deine Liebe zu fühlen drucke ich nicht
aus. Lebe wohl du erhältst noch bald Briefe von mir.»

Am 23. August kommt aber ein unüberhörbares Ab-
schiedszeichen, als er Charlotte berichtet, daß er an der
Iphigenie arbeite und so gut wie fertig sei; er meint, noch
eine Woche dort bleiben zu müssen, und fügt dann den rät-
selhaften Satz hinzu: «Und dann werde ich in der freyen
Welt mit *dir* leben, und in glücklicher Einsamkeit, ohne
Nahmen und Stand, der Erde näher kommen aus der wir
genommen sind. [...] Ich habe dich herzlich lieb und das
Leben wird mir erst werth durch dich.» Noch einmal meldet er sich, am 27. August, und schließt mit dem Satz: «Eh
ich von hier weg gehe schreib ich dir noch und hoffentlich
mit freyer Seele, daß alles abgethan ist. Adieu.»

Er hat ihr «ein Lebewohl von Carlsbad aus» geschickt,
und darin spricht er aus, was ihn offenbar seit Wochen und
Monaten bewegt hat: «das wiederhohl ich dir aber daß ich
dich herzlich liebe, daß unsre letzte Fahrt nach Schneeberg mich recht glücklich gemacht hat und daß deine Ver-
sichrung: daß dir wieder Freude zu meiner Liebe aufgeht,
mir ganz allein Freude ins Leben bringen kann. Ich habe
bisher im Stillen gar mancherley getragen, und nichts so
sehnlich gewünscht als daß unser Verhältniß sich so herstellen möge, daß keine Gewalt ihm was anhaben könne.
Sonst mag ich nicht in deiner Nähe wohnen und ich will
lieber in der Einsamkeit der Welt bleiben, in die ich ietzt
hinaus gehe.» Schließlich kündigt er noch an, daß sie Ende
September erfahren solle, wohin sie ihm schreiben könne,
auch: «laß niemand mercken, daß ich länger aussenbleibe.
Liebe mich, und sage mirs damit ich mich des Lebens
freuen könne [...] liebe mich herzlich und mit Freude mein
ganz Gemüth ist dein. Du hörst bald von mir, adieu.»

Es war ein vorerst letztes «Adieu». Man ahnt, daß es
tatsächlich eine tiefe Verstimmung gegeben haben muß,
die Goethe aufzulösen und zu bereinigen gedachte. Wenn
sie ihm versichert, daß ihr wieder Freude zu seiner Liebe
aufgehe, dann darf man daraus schließen, daß das Verhältnis zwischen den beiden Liebenden gestört war, wohl so
sehr, daß die Beziehung überhaupt bedroht schien. Wir
wissen nicht, was diese tiefe Störung verursacht hat, auch
nicht, ob sich in der gemeinsamen Karlsbader Zeit die
Verhältnisse wieder zurechtgerückt haben. Das scheint
der Fall gewesen zu sein, aber manches spricht dafür, daß
das nur ein mühsam geheilter Bruch war, denn sein Entschluß, lieber in die Einsamkeit der Welt zu gehen als in
ihrer Nähe zu bleiben, ist ja von ihm in die Tat umgesetzt
worden.

Ein allerletzter Brief folgt noch vom 2. September: «Morgen Sonntags d. 3ten Sept. geh ich von hier ab, niemand weiß
es noch, niemand vermuthet meine Abreise so nah. Ich
muß machen daß ich fortkomme, es wird sonst zu spät im
Jahr», und nachts um elf Uhr, der alten Werther-Zeit, fügt
er hinzu: «Endlich, endlich bin ich fertig und doch nicht
fertig denn eigentlich hätte ich noch acht Tage hier zu
thun, aber ich will fort und sage auch dir noch einmal
Adieu! Lebe wohl du süses Herz! ich bin dein.» Am 3. September 1786, noch bei Dunkelheit, verläßt er Karlsbad. In
sein Tagebuch notiert er: «früh 3 Uhr stahl ich mich aus
dem Carlsbad weg, man hätte mich sonst nicht fortgelas-
sen. Man merckte wohl daß ich fort wollte; die Gräfin
Lanthieri setzte auch einen entsetzlichen Trumpf drauf;
ich lies mich aber nicht hindern, denn es war Zeit. Ich
wollte schon den 28ten. Das ging aber nicht, weil an meinen Sachen noch viel zu thun war.»

An seinem Geburtstag hatte er also vorgehabt abzureisen, und das gibt seinem ersten Satz im Brief vom 30. August an Charlotte von Stein einen besonderen Hintersinn:
«Nun geht es mit mir zu Ende meine Liebste, Sonntag d.
3ten Sept. denck ich von hier wegzugehn.» Er berechtigt
uns, auch die übrigen Bemerkungen über die Abreise
gleichsam auf einen doppelten Sinn hin zu befragen. Die

Abreise aus Karlsbad nach Italien war wohlüberlegt, die Pläne seit langem gefaßt. Daß er sie niemandem deutlich gesagt hatte, war nichts Neues; Goethe hat öfters kleine Reisen unternommen, ohne sich vorher darüber auszulassen, aber damals, in der Weimarer Zeit, führten sie allenfalls in den Harz. Die Abreise am 3. September war eine vorerst endgültige.

Die Reise nach Italien

Flucht oder Befreiung?

War es eine Flucht, und wenn es eine solche war: vor wem floh Goethe? Die Weimarer Hof- und Beamtenverhältnisse waren sicherlich nicht unschuldig an Goethes Fortgang – die Briefe an Frau von Stein spiegeln ein wenig von der Arbeitslast, die allmählich immer drückender wurde. Er schrieb damals: «Ich bin recht zu einem Privatmenschen erschaffen und begreife nicht, wie mich das Schicksal in eine Staatsverwaltung und eine fürstliche Familie hat einflicken mögen.» Früherer Ärger mit hohen Beamten war zwar verraucht, doch die Belastung durch die Amtsbürden war geblieben, wuchs eher noch. Goethe erfuhr andererseits allmählich, daß auch er in seinen Ämtern durchaus ersetzbar war, daß es Beamte gab, «Geschäftsmänner», die bessere Administratoren waren als er, auch wenn sie nicht immer den nötigen Weitblick hatten. Wenn Goethe daneben an seinen Werken schrieb, den *Werther* überarbeitete, *Iphigenie* in Angriff nahm, so waren das Arbeiten in Mußestunden, die eigentlich seine Hauptbeschäftigung hätten sein sollen.

Die wilden frühen Weimarer Jahre am Hof mit ihren Zügellosigkeiten waren vorüber, aber die gelegentlich sehr langen Briefe an den Herzog, das eine oder andere Promemoria bezeugen gut genug, daß Goethe nun in die Tretmühle der Verwaltung zu geraten drohte, und als Carl August sich auch als Politiker und Heerführer zu etablieren suchte, als er politische Pläne hegte, berichtete Goethe an Knebel: «Ich habe auf dies Kapitel weder Barmherzigkeit, Anteil, noch Hoffnung und Schonung mehr.» «Es läßt sich in dieser Werckeltags Welt nichts außerordentliches zu Stande bringen», schrieb er.

Im Sommer 1786 kulminierte sein Widerwille gegen die

Hofgeschäfte, und er meinte zu Charlotte von Stein: «Denn ich sage immer wer sich mit der Administration abgiebt, ohne regierender Herr zu seyn, der muß entweder ein Philister oder ein Schelm oder ein Narr seyn.» Das war eine mehr als deutliche Absage an das Leben als Hofbeamter, es war gewissermaßen schon der Schlußstrich unter diese Phase des Weimarer Ratsdaseins, das weniger seiner Liebesbeziehung zu Charlotte im Wege stand als vielmehr seiner dichterischen Tätigkeit. Dabei war Goethe ein stabilisierendes Element am Hof gewesen, sein Einfluß kaum zu überschätzen. Wieland stellt in einem Bericht fest, «welche unglaubliche Verdienste er um *unsern Herzog* in dessen erster Regierungszeit gehabt, mit welcher Selbstverleugnung und höchsten Aufopferung er sich ihm gewidmet, wie viel Edles und Großes, das in dem fürstlichen Jüngling noch schlummerte, *er* erst zur Entwicklung gebracht und hervorgerufen hat».

Herder hat ähnliches zu Protokoll gegeben, wie einem Brief Schillers an Körner vom 12. August 1787 zu entnehmen ist: «Nach Herders Behauptung ist er rein von allem Intriguegeist, er hat wissentlich noch niemand verfolgt, noch keines anderen Glück untergraben.» Aber diese Tätigkeit hatte ihren hohen Preis: er war, auf Dauer gesehen, zu hoch. «Flucht» war die Konsequenz. All das ist verständlich und motiviert seine seit längerem geplante Abreise.

Der Minister und der Literat – das wollte nicht zusammenpassen, und in der Bürokratie fanden sich bessere und geeignetere Köpfe, die ihn ersetzen konnten. Das Schreiben aber wollte und konnte er nicht aufgeben, obwohl die Weimarer Verhältnisse dazu angetan waren, ihn immer weniger schreiben zu lassen. Die Reise nach Italien sollte seine Existenz sichern: vor allem seine literarische Existenz.

War diese Abreise auch eine Flucht vor Charlotte von Stein? Man kann dies ebensogut bejahen wie verneinen. Die Leidenschaftlichkeit, die sich in den Briefen der Jahre 1781 und 1782 findet, hatte gewiß nachgelassen; er hätte Weimar andererseits schon längst verlassen, wenn Char-

lotte nicht gewesen wäre, denn daß sie die einzige war, die
ihn an Weimar band, das hat er ihr gegenüber ja oft genug
beteuert. «Flucht» taucht als Möglichkeit zwar schon früh
auf, aber es ist Charlotte, die diesen Wunsch bei ihm
immer wieder zerstreut. Sie rettet ihn aus Zweifeln und
Skepsis durch nichts anderes als durch ihre Gegenwart; sie
ist das stabilisierende Element in seinem Weimarer Dasein. So war es jedenfalls in den frühen 80er Jahren. Ein
Brief vom 8. Juli 1781 bezeugt, wie sehr Goethe damals
schon daran dachte, aus einer drückend gewordenen Umgebung zu fliehen, aber er zeigt zugleich, daß Charlotte
ihn hielt, trotz allem. Er schrieb damals:

Ich sehne mich heimlich nach dir ohne es mir zu sagen, mein
Geist wird kleinlich und hat an nichts Lust, einmal gewinnen
Sorgen die Oberhand, einmal der Unmuth, und ein böser Genius
misbraucht meiner Entfernung von euch, schildert mir die
lästigste Seite meines Zustandes und räth mir mich mit der
Flucht zu retten; bald aber fühl ich daß ein Blick, ein Wort von
dir alle diese Nebel verscheuchen kan. Lebe wohl meine Liebste,
die Tage die ich von dir entfernt seyn muß. Gar sehr verlang ich
nach einem Briefe von dir. Jeden Abend grüs ich das röthliche
Gestirn des Mars, das über die Fichtenberge vor meinem Fenster
aufgeht, es muß dir über meinem Garten stehn und bald seh ichs
mit dir an einem Fenster. Gute Nacht meine beste, entfernt von
seiner Liebe ist nicht zu leben.

Es ist zweifelsohne einer der aufschlußreichsten Briefe,
den Goethe je an Frau von Stein geschrieben hat, und
zugleich ein Brief, der über seine innere Situation in diesen frühen Weimarer Jahren Auskunft geben kann. Die
Ernüchterung nach den Anfängen war längst eingetreten,
und schon damals wurde deutlich, daß in dem Augenblick, wo die Verbindung zu Charlotte von Stein brüchiger
werden sollte, Goethe nichts mehr hatte, was ihn an Weimar binden konnte. 1782 sah er schon einmal die Liebesbeziehung selbst bedroht; hatte am 18. Februar 1782 von
den «Gespenstern die mir furchtbar sind, und die nur du
zerstreuen kannst», geschrieben. Hat er sich damals vor
Folgen seiner Liebesbeziehung geängstigt? Es spricht manches dafür, daß hier nicht irgendeine unbestimmt-illu-

sionäre Furcht aufgekommen war, sondern Konkreteres, obwohl Goethe mit keinem Wort andeutet, was er meint.

Mit der Öffentlichkeit der Beziehung konnte es eigentlich nichts zu schaffen gehabt haben, da in Weimar bekannt genug war, wie es um Goethe und Charlotte von Stein stand. Den Ehemann fürchtete Goethe offenbar nicht; ihn muß anderes als das gesellschaftliche Ansehen beängstigt haben. Wie dem auch sei – auch Fluchtpläne tauchten schon Ende 1782 auf. «Mich hält nur deine Liebe. Meine andern Sachen haben Raum. Fast mögt ich wünschen einmal durch fremde Lufft durchzugehen, und kann mich doch nicht von dir getrennt dencken», hieß es am 8. Dezember 1782, und drei Wochen später, am 24. Dezember: «Es wird mir hier nicht wohl werden, ich fühl es schon. Mein Herz ist zusammengezogen, mein Geist ist enge. O liebe Lotte wenn ich dich nicht hätte ich ging in die weite Welt.» Liest man diese Briefe genau, dann enthalten sie bereits Zukünftiges. Es sind die Verhältnisse, die drückende Enge des Weimarer Hofes, die ihn hinwegzutreiben drohn, aber: Charlotte von Stein ist es, die ihn damals hält, sie allein.

Sie hält ihn auch noch 1785, als er wieder einmal, schlimmer denn je, der Verwaltungsarbeit, des täglichen Einerleis in Weimar überdrüssig ist. Diesmal ist es nicht Charlotte, sondern Knebel, dem er seinen Ärger, seinen Mißmut, seinen Überdruß gesteht; am 5. Mai 1785 schreibt er ihm: «Ich flicke an dem Bettlermantel der mir von den Schultern fallen will.» Damals verschärft sich der Unmut schon fast zur Krise: «Behalte mich recht in einem warmen Herzen denn ich will und kann von Glück und Zufriedenheit ausser dir nicht wissen», bittet er Charlotte am 7. Oktober, und drei Tage später: «Es ist Zeit daß du kommst mich durch deine Gegenwart wieder zu erquicken, denn es will mir alle Lebensfreude ganz und gar ausgehn.»

Daß es nicht nur Alltagsunmut ist, sondern mehr, zeigt der Brief vom 1. Oktober, als er an sie schreibt: «Denn ich bin gestern in einer Art Verzweiflung von Jena herübergefahren.» Die Einsamkeit wird drückender, und wenn er

nicht in Weimar ist, verschlimmert sich seine Stimmung
eher noch. An Charlotte von Stein berichtet er aus
Ilmenau am 9. November 1785: «Hier ist der völlige Winter eingetreten und hat die ganze Gegend in sein weises
Kleid gehüllt. Man sieht keinen Berg für Wolcken und es
wäre recht heimlich wenn man nicht so allein wäre. Ich
dencke mir den armen Ernst hier, es wäre ein Aufenthalt
zum Erhängen.» Ernst: das war der schwer erkrankte Sohn
Charlottes, der Goethes tiefes Mitleid weckte.

   Es ist unschwer vorauszusehen, was geschehen würde,
wenn die Beziehung zu Charlotte sich lockerte: und eben
dieses muß 1786 eingetreten sein. Hat Goethe mit seiner
Vergangenheit überhaupt abgeschlossen? Jedenfalls gibt es
bei ihm keine Blicke zurück, dafür aber ein Ereignis, das
bezeichnend ist für die End- und Aufbruchstimmung
1786. Lavater ist kurz vor Goethes Abreise nach Karlsbad
in Weimar, der «Prophet», sein Vertrauter aus früheren
Jahren. Goethe aber macht nicht den geringsten Versuch,
die alte Beziehung wiederzubeleben, sondern schreibt an
Charlotte von Stein am 21. Juli 1786: «Die Götter wissen
besser was uns gut ist, als wir es wissen, drum haben sie
mich gezwungen ihn zu sehen. Davon sollst du viel hören.
Er hat bey mir gewohnt. Kein herzlich, vertraulich Wort
ist unter uns gewechselt worden und ich bin Haß und
Liebe auf ewig los. Er hat sich in den wenigen Stunden mit
seinen Vollkommenheiten und Eigenheiten so vor mir gezeigt, und meine Seele war wie ein Glas rein Wasser. Ich
habe auch unter *seine* Existenz einen grosen Strich gemacht und weis nun was mir *per Saldo* von ihm übrig
bleibt.»

   Hat Goethe nur unter Lavaters Existenz einen großen
Strich gemacht? Eigentlich hat er innerlich den großen
Strich auch schon unter seine Weimarer Verhältnisse gezogen, und dieser Brief enthält wie so mancher eine nur
wenig verschlüsselte Andeutung dessen, was kommen
wird. Charlotte hat freilich auch diesmal die tiefe Krise
nicht gesehen, in die Goethe nun endgültig hineingeraten
war. Vor allem aber hat sie nicht auf die Warnungen
gehört, die versteckt in Goethes Briefen schon so lange

ausgesprochen waren, oder vielleicht besser: sie war sich sicher, daß sie auch diesmal der ruhende Pol in der Erscheinungen Flucht sein, daß sie allein ihn halten werde. Vielleicht aber wollte sie auch nicht das Menetekel sehen.

Doch Goethe war offenbar nicht mehr bereit, auf alles andere zu verzichten, nur um Lotte nahe sein zu können. War die Beziehung zur Seelenfreundschaft erstarrt? Charlotte von Stein war nicht mehr der einzigartige Magnet, sondern die nur noch verbaliter geliebte Frau, die er in seine Reisepläne auch nicht mit einem Wort einweihte. Floh er, weil er genau wußte, daß er dazu nicht mehr fähig sein würde, wenn er es Charlotte gesagt hätte? Sie hätte ihn nicht reisen lassen, das darf man als sicher annehmen. Oder reiste er ab, weil es in Weimar kein «Leben» mehr gab, weil damit auch sein Schreiben zu erstarren drohte? War sein Aufbruch auch ein Schritt in eine neue literarische Freiheit?

Zum Erstaunlichsten gehört, daß die Abreise nach Italien von seiner Seite aus dennoch kein Bruch mit ihr war. Goethe reduzierte die Beziehung zu Charlotte von Stein auf das, was ihm daran so wesentlich geworden war: auf Mitteilungen, Berichte, Briefe; und was schließlich entbehrlich war, das war die persönliche Gegenwart der Geliebten: für Charlotte, die Zurückgebliebene, eine Katastrophe, für Goethe nur eine Transformation des früher Gelebten ins Literarische. Goethe hatte die engen Fesseln der Weimarer Welt abgestreift, aber er hatte nicht die literarische Kommunikation mit Charlotte von Stein abgebrochen. Natürlich wußte er, daß seine wilde Abreise bei ihr auf Zorn, Ablehnung, Verzweiflung stoßen mußte, aber sie blieb die Seelenfreundin, freilich nur das: Briefe waren das einzige, was es noch gab, und sie waren spärlich genug.

Daß Goethe nach Italien gegangen war, lag sicherlich nicht zuletzt daran, daß das Vorbild des Vaters sich auswirkte. Der war schon nach Italien gereist, und der Sohn tat es ihm nach. Nachträglich klingt es wie eine Ironie des Schicksals, daß Goethe bereits am 26. November 1783 eine Italien-Karte von Charlotte erbat: «Schicke mir doch

den Theil des Atlas worinne die Carten von Italien sich
befinden, und sage mir etwas näher was ich im Schatten
gegen dich gesündigt habe.» Es ist der erste deutliche Hinweis auf die Italien-Reise, aber Charlotte von Stein hat
ihn, wie auch so viele andere, nicht hören wollen. Wie ein
prophetischer Satz klingt, was Goethe in einem der letzten Briefe schrieb: «Nun weis bald kein Mensch mehr
woran er ist und es bleibt uns nichts mehr übrig als die
Vernunft gefangen zu nehmen.» Charlotte überhörte auch
das.

Am 18. September 1786 notierte er ihr zum erstenmal
auf einem Zettel: «Auf einem ganz kleinen Blätchen geb
ich meiner Geliebten ein Lebenszeichen, ohne ihr doch
noch zu sagen wo ich sey. Ich bin wohl und wünschte nur
das Gute was ich genieße mit dir zu theilen, ein Wunsch
der mich offt mit Sehnsucht überfällt.» Er setzte hinzu:
«Ich habe ein treues Tagbuch geführt und das Vornehmste
was ich gesehn was ich gedacht aufgeschrieben und nach
meiner Rechnung kannst du es in der Mitte Oktbr. haben.
Du wirst dich dessen gewiß freuen, und diese Entfernung
wird dir mehr geben als oft meine Gegenwart. Auch wirst
du einige Zeichnungen dabey finden. In der Folge mehr.
Sag aber niemanden etwas von dem was du erhältst. Es ist
vorerst ganz allein für dich.»

Ist es Zynismus, daß seine «Entfernung» ihr mehr gebe
als seine Gegenwart? Wohl kaum; eher der Reflex auf
Spannungen und leichte Verstimmungen des letzten Jahres, das er mit ihr zusammen verlebt hat. Aber daß sie gegenwärtig ist, daß er an sie denkt, zeigt das Reisetagebuch,
überschrieben als «Tagebuch der Italiänischen Reise für
Frau von Stein», das er am 3. September früh beginnt, in
das er seine Beobachtungen einträgt, in dem er aber auch
mit ihr spricht in quasi ungeschriebenen Briefen: «Wärest
du nur mit mir, ich wäre den ganzen Tag gesprächich,
denn die schnelle Abwechslung der Gegenstände giebt zu
hundert Beobachtungen Anlaß», notiert er schon unter
dem 3. September.

Aus dem dialogischen Briefwechsel der früheren Jahre
ist ein Monolog geworden; Goethe berichtet an Charlotte

von Stein, aber nur in seinem Tagebuch, und die Fiktion, daß sie das alles mithöre, mitsehe, mitfühle, ist durchgängig. Kein Zweifel, er denkt an sie, teilt ihr alles mit – aber er weiß zugleich, daß sie es ja gar nicht vernehmen kann. Die Literatur hat über das Leben gesiegt, das Gegenüber ist nur noch ein vorgestelltes Du, die Beziehung zu Charlotte lebt allein in der Phantasie – am Ende hat Goethe nur noch eine Leserin, die es eigentlich gar nicht gibt, sondern die das Geschriebene bestenfalls dann zur Kenntnis nehmen wird, wenn es längst tiefe Vergangenheit geworden ist.

Was Goethe an sich selbst erlebt, ist quasi eine Wiedergeburt. Es ist erneut die Erfahrung der *vita nuova*, und Goethe kostet sie voll aus. «Wie glücklich mich meine Art die Welt anzusehn macht ist unsäglich, und was ich täglich lerne! und wie doch mir fast keine Existenz ein Räthsel ist. Es spricht eben alles zu mir und zeigt sich mir an. Und da ich ohne Diener bin, bin ich mit der ganzen Welt Freund», schreibt er schon am 3. September, und die freudige Grundstimmung hält an. «Jetzt freut mich alles mehr, und ich fang in allem gleichsam wieder von vorne an», heißt es zwei Tage später. Aufbruch, Befreiung, Lebenserweiterung, neue Erfahrungen, das alles stellt sich bereits in Deutschland ein, und Charlotte nimmt teil an allem – aber nur in diesen Briefen, die sie vorerst gar nicht erreichen.

Goethe aber nimmt keinen Anstoß an ihrer nur chimärischen Gegenwart. «Lebe wohl. Du bist mir immer gegenwärtig und offt regt sich der Wunsch wieder: mögt ich doch Fritzen mitgenommen haben», heißt es von unterwegs. Wenn aber Tagebuch und Brief derart identisch sind, dann läßt sich daraus folgern, daß auch frühere Briefe, die er direkt an sie geschrieben hat, nicht nur Briefe an eine wirklich Lebende waren, sondern daß er manches nicht um der Botschaft willen mitteilte, vielmehr seiner Formulierungskunst wegen. Oder ist ihr Bildnis so mächtig in ihm, daß er gar nicht anders kann, als ihr zu schildern, was er sieht? Wie dem auch sei: er schreibt ihr, als läse sie wenige Tage später seine Berichte, ja, als sei sie tatsächlich gegenwärtig. Es läßt erkennen, wie sehr Goethe seine Liebesbeziehung zu Charlotte von Stein internalisiert hat, wie sehr er schrieb, um zu schreiben, und daß dics in ihrer Abwesenheit geschah, hat seiner Ausdrucksfähigkeit keine Grenzen gezogen.

Man wird Goethes Tagebuchnotizen Aufrichtigkeit zugestehen müssen, aber vor allem verraten sie, in welchem Ausmaß Charlotte von Stein zu einer Ikone, einem Idol, einer Seelenfreundin geworden ist, mit der er sich in einem ständigen, aber nur imaginären Zwiegespräch befindet – es scheint keine Rolle zu spielen, ob sie wirklich da ist oder nicht. Oder sollte er ein schlechtes Gewissen gehabt haben, das sich in diesen Tagebuchadressen an sie verbirgt? Doch im Gegensatz zu früher, wo er von Mißmut und Trübsinn geplagt war, schreibt er jetzt aus Begeisterung, aus einer unbedingt freudigen Grundstimmung heraus. «Ich hab eine herzliche, stille danckbare Freude über mein Glück und hoffe es soll nun so fort gehn.» Sie, die wirkliche Charlotte, ist an diesem verspätet und nur im Geiste beteiligt.

Das Brieftagebuch

Liebesverrat

Das Brieftagebuch will das aber nicht wahrhaben. Als er endlich auf dem Brenner ankommt, notiert er: «Mein erstes ist dir das Gute des vergangnen Tages mitzutheilen. Es war ein Tag an dem man Jahrelang in der Erinnerung genießen kann.» Innsbruck hat er gesehen und schreibt: «In Inspruck und der Gegend mögt ich mit dir einen Monat verleben.» Schon am 9. September, knapp eine Woche nach seiner Abreise, weiß er, daß er die Tagesnotizen zu einem Buch zusammenfassen und ihr widmen will: «Da ich meine flüchtige Bemerckungen dieser Tage zusammenbringe, schreibe und hefte; so findet sich's das sie beynahe ein Buch werden, ich widme es dir. So wenig es ist wird es dich erfreun und wird mir in der Folge Gelegenheit geben besser ordentlicher und ausführlicher zu erzählen. Wir werden nun gerne etwas von diesen Gegenden lesen, weil ich sie gesehn, manches über sie gedacht habe und du sie durch mich genießen sollst.»

Später, nach seiner Rückkehr, sollen die Italien-Berichte Anschauungs- und Gesprächsmaterial liefern für belehrende Unterhaltung – darauf hat sich das Liebesverhältnis am Ende offenbar reduziert. Am Brenner «seh ich nun noch einmal nach dir zurück», schreibt er, aber es steht nichts mehr da von Sehnsucht nach ihr, von dem Wunsch, mit ihr zusammen zu sein. Er ist es auf seine Weise, eben spiritualiter, und braucht das andere nicht. Früher war er am Gotthard umgekehrt – jetzt reist er weiter. Nicht wirklich bei ihr will er sein, sondern «Welschland» sehen, und er schreibt an diesem ebenso biographischen wie geographischen Wendepunkt: «Lebe wohl! Gedenck an mich in dieser wichtigen Epoche meines Lebens. Ich bin wohl, freyen Gemüths und aus diesen Blättern wirst du sehn wie

ich der Welt genieße. Lebwohl. Der ganze Tag ist mir über
diesen Papieren hingegangen.» Sie wird zur Zuschauerin
seiner Lebensabenteuer.

Goethe beginnt so etwas wie ein unendliches Gespräch,
aber er braucht keine Antwort, und schlimmer: er will gar
keine haben. Das Tagebuch, das eigentlich aus Briefen
oder zumindest brieflichen Mitteilungen besteht, wird
(noch) nicht abgesandt; er hat Charlotte ja nicht einmal
verraten, wohin er geht, geschweige denn, wo er gerade ist.
Daß seine tagebuchartigen Briefe, dieses briefartige Tagebuch sie vorerst gar nicht erreichen, ist ihm völlig gleichgültig, und so ist es einerlei, ob er ihr noch am späten
Abend oder am frühen Morgen schreibt. Aber er geht mit
ihr um, als sei sie eine immer noch nebenan wohnende
Empfängerin seiner Botschaften, die ein Diener rasch
überbringen kann. So setzt er gewissermaßen sein altes
Leben fort und versucht, doch gleichzeitig ein neues zu
führen. Welcher Art das neue Leben ist, schreibt er ihr
auch – natürlich ohne diese tagebuch-briefartigen Aufzeichnungen gleich an sie abzuschicken. Es heißt schon
im September:

Ich eilte fort damit mich nicht irgend einer erkennte, und hatte
ohne dies nichts da zu thun – Zwar wenn ich es recht gestehe; so
ist es der Trieb und die Unruhe die hinter mir ist; denn ich hätte
gern mich ein wenig umgesehen und alle die Produkte beleuch-
tet die sie hierher zusammenschleppen. Doch ist das mein Trost,
alles das ist gewiß schon gedruckt. In unsern statistischen Zeiten
braucht man sich um diese Dinge wenig zu bekümmern, ein andrer hat schon die Sorge übernommen, mir ists nur jetzt um die
sinnlichen Eindrücke zu thun, die mir kein Buch und kein Bild
geben kann, daß ich wieder Interesse an der Welt nehme und daß
ich meinen Beobachtungsgeist versuche, und auch sehe wie weit
es mit meinen Wissenschafften und Kenntnissen geht, ob und
wie mein Auge licht, rein und hell ist, was ich in der Geschwin-
digkeit fassen kann und ob die Falten, die sich in mein Gemüth
geschlagen und gedruckt haben, wieder auszutilgen sind. Komm
ich weiter; so sag ich dir mehr.

Es ist eine Schlüsselnotiz in diesem Tagebuch: sie erklärt
im nachhinein, was tatsächlich ein wichtiges Motiv seiner

«Flucht» war: das Gefühl, eingeschnürt und gefangen zu
sein, und was er nun vorhat, ist auch ein seelischer Befrei-
ungsfeldzug von den Schatten der Vergangenheit. Charlotte von Stein war die einzige, die ihn noch in Weimar gehalten hatte; nun hat sich ihr Bild spiritualisiert, ist sie
nur noch eine imaginäre Adressatin seiner Briefe und Notizen; er ist frei und kann die Freiheit nicht schnell genug
nutzen. Sein Leben ändert sich: er hat keinen Diener, muß
alles selbst machen, «dir schreiben anstatt daß ich sonst
nur dachte, wollte, sann, befahl und diktirte». Aber sie
bleibt illusionäre Gesprächspartnerin. So heißt es: «Könnt
ich nur mit dir dieser Gegend und Luft geniesen in der du
dich gewiß gesund fühlen würdest.» Auch später, weiter
unten in Rovereto: «Wie sehnlich wünsch' ich dich einen
Augenblick neben mich, damit du dich mit mir der Aussicht freuen könntest die vor mir liegt.» Er weiß, daß dieser Wunsch sich unmöglich erfüllen kann, was ihn nicht
hindert, ihn zu äußern. Ihre Nichtanwesenheit interessiert ihn nicht. «Nun will ich schliesen, wenn es kühle
wird noch einen Spaziergang machen, Morgen früh um
dreye von hier abfahren und dir dann wieder von Verona
schreiben», heißt es am 12. September, und: «Lebe wohl!
Heute hab ich an der Iphigenie gearbeitet, es ist im Ange-
sichte des Sees gut von statten gegangen. Ich muß ein-
packen und scheide ungern von dir, ich will noch heute
zeichnend an dich dencken.» Denken ja – aber mehr ist es
auch nicht.

Das geisterhafte Zwiegespräch mit Charlotte von Stein
setzt sich fort. Das Tagebuch als Briefersatz? «Ja meine
Geliebte hier bin ich endlich angekommen, hier wo ich
schon lang einmal hätte seyn sollen, manche Schicksale
meines Lebens wären linder geworden. Doch wer kann das
sagen, und wenn ich's gestehen soll; so hätt ich mirs nicht
eher, nicht ein halb Jahr eher wünschen dürfen. Schon
siehst du, das Format meines Tagebuchs ändert sich und
der Innhalt wird sich auch ändern. Ich will fortfahren
fleißig zu schreiben, nur schaffe dir Volckmanns Reise
nach Italien, etwa von der Bibliothek, ich will immer die
Seite anführen und thun als wenn du das Buch gelesen hät-

test», so notiert er am 15. September in Verona. Das klingt
so, als solle sie nachlesen, was er beschreibt – und weiß
doch davon überhaupt nichts. Aber Goethe hat das nicht
gestört.

Viel wichtiger war ihm offenbar, daß er sich seiner eigenen Identität vergewisserte. «Nach und nach find ich
mich», schreibt er am 16. September. Vor allem aber findet er das andere, die Fremde, das ihm Unbekannte, er betrachtet es und versucht, seine Eindrücke festzuhalten –
auch für sie. Er sieht eine italienische Uhr und macht ihr
eine komplizierte Zeichnung: «Damit dir die italiänische
Uhr leicht begreiflich werde habe ich gegenüberstehendes
Bild erdacht.» Wo ist sie, wie nahe ist sie ihm, für wen
schreibt er, wann soll sie lesen, was er notiert? Ungefähr
gleichzeitig, am 18. September, berichtet er an Seidel, daß
er diesen Brief aus Verona erhalte und den nächsten aus
Venedig, fügt dann hinzu: «In beyliegenden Briefen ist
kein Ort angegeben, auch durch nichts angedeutet wo ich
sey, laß dich auch indem du sie bestellst weiter nicht
heraus.»

Warum die Geheimnistuerei? Frau von Stein soll nicht
erfahren, wo er ist, und dennoch beschreibt er ihr aufs ge-
naueste die Lokalitäten, an denen er sich aufhält. Zu den
Gesprächsformeln gehört ein «Du erinnerst dich vielleicht
dass» oder auch «wir wollen ehstens wieder fort», «Du
siehst», «du kannst dencken», «viel Gedancken darüber
mündlich» – sie ist, glaubt man den Redewendungen,
ständig präsent. Aber das ist sie nur, weil sie literarisches
Stimulans ist. Aus Vicenza: «Ich sudle heute Abend wild,
aber es ist besser etwas als nichts. Federn und Dinte und
alles ist strudelich» – aber hätte er nicht bis zum nächsten
Tag warten können, da die Empfängerin ja noch sehr viel
länger warten muß? Zuweilen eine Vorschau auf Kom-
mendes, etwa der Hinweis darauf: «Von Gebäuden nichts
weiter, wenn wir die Kupfer zusammen ansehn dann gar
viel.»

Manchmal überfallen ihn Heimweh und Sehnsucht,
aber er schiebt das alles entschlossen beiseite, schreibt:
«Ich bin recht wohl und munter, nur gegen Abend muß

ich mich in Acht nehmen, da kann ich ein klein wenig traurig werden und die Sehnsucht nach dir, nach Fritzen, Herdern, irgend einer subalterneren theilnehmenden Seele nimmt überhand. Ich laß sie aber nicht aufkommen, beschäfftige mich und so gehts vorüber.» Manchmal auch ein Bekenntnis zu dem freieren, glücklicheren Leben, das er in Italien führt: «Ich kan dir nicht sagen was ich schon die kurze Zeit an Menschlichkeit gewonnen habe. Wie ich aber auch fühle was wir in den kleinen Souverainen Staaten für elende einsame Menschen seyn müssen weil man, und besonders in meiner Lage, fast mit niemand reden darf, der nicht was wollte und mögte. Den Werth der Geselligkeit hab ich nie so sehr gefühlt und die Freude die meinigen wieder zu sehn, in der Entfernung, nie so lebhaft.»

Es macht ihm also Vergnügen, die Seinen, auch Charlotte von Stein, wiederzusehen – aber nur auf dem Papier, denn er wird lange ausbleiben, nicht zuletzt, um die neue Geselligkeit auszukosten. Er geht herum, studiert aber alles doch nur oberflächlich, verhält sich wie ein Dilettant des 18. Jahrhunderts, notiert in einem wilden Durcheinander Geographisches, Geologisches, Architektonisches, Kunsteindrücke. In Padua denkt er an sie: «Wie gewöhnlich meine liebe wenn das *Ave Maria della Sera* gebetet wird, wend ich meine Gedancken zu dir; ob ich mich gleich nicht so ausdrücken darf, denn sie sind den ganzen Tag bey dir. Ach daß wir doch recht wüßten was wir an einander haben wenn wir beysammen sind.» Hatte er nicht noch vor nicht allzulanger Zeit geschrieben, daß er nicht ohne sie sein könne, daß sie die einzige sei, zu der er so schnell wie möglich zurückwolle? Kein Wort mehr davon in seinem Tagebuch, nur noch die verschleierte Feststellung, daß sie etwas aneinander haben sollten, wenn sie denn beisammen seien. Aber Goethe ist dieses Beisammensein ja gerade geflohen.

Seine Venedig-Berichte setzen fort, was das Tagebuch begonnen hat: Die Seelenfreundin wird weiter adressiert, er berichtet ihr, was sehenswert ist, nach Art eines Reiseführers, in dem sich die Fakten mit Beobachtungen ver-

binden. So kurz seine Billetts in Weimar waren, so lang
sind diese Eintragungen. Er schließt einen Bericht wie
einen Brief mit «Ich werde hier Zeit finden dir meine Gedancken mitzutheilen. Lebe wohl! Du immer gleich herzlich und zärtlich Geliebte.»

Es sieht so aus, als brauche er sie, um überhaupt schreiben zu können. Zwischendurch Sätze, die so klingen, als
sei er acht Tage später wieder in Weimar: «Viel, viel wollen wir darüber schwätzen; auch worüber man hier nicht
reden soll, über den Staat und seine Geheimniße.» Manchmal meint man, er besuche sie noch abends: «Heute
komm ich später zu dir als gewöhnlich und hätte dir doch
recht viel zu sagen.» Und einmal, geheimnisvoll: «Komm
ich zurück und du bist mir holdt; so sollst du auch meine
Geheimniße wissen.» Jeder abendliche Eintrag ist ein
Bericht an sie, er schreibt am 9. Oktober: «Heute hab ich
dir nicht viel zu erzählen, ich war wieder ai Mendicanti,
wo die Frauenzimmer die Musicken aufführen, sie haben
wieder ganz herrlich gesungen.» Es sind Berichte eines
Bildungsreisenden.

An zwei Stellen enthalten diese Reisebuchbriefe etwas,
was direkt an Charlotte von Stein gerichtet zu sein
scheint, obwohl ihr Name nicht fällt. Es sind Rechtfertigungen seiner Reise. An dem Tag, an dem er ihr schreibt:
«Sonst kann ich dir heute nicht viel sagen», sagt er ihr
Entscheidendes. Er berichtet ihr nämlich über seine Wiedergeburt als Künstler, die sich in Weimar niemals hätte
ereignen können:

Meine Geliebte wie freut es mich daß ich mein Leben dem Wahren gewidmet habe, da es mir nun so leicht wird zum Grosen
überzugehen, das nur der höchste reinste Punckt des Wahren ist.
Die Revolution, die ich voraussah und die jetzt in mir vorgeht, ist
die in jedem Künstler entstand, der lang emsig der Natur treu gewesen und nun die Uberbleibsel des alten grosen Geists erblickte,
die Seele quoll auf und er fühlte eine innere Art von Verklärung
sein selbst, ein Gefühl von freyerem Leben, höherer Existenz
Leichtigkeit und Grazie. Wollte Gott ich könnte meine Iphigenie
noch ein halb Jahr in Händen behalten, man sollt ihr das mittä-
gige Clima noch mehr anspüren.

Was Goethe in Weimar verlorenzugehen drohte, war eben dieses, Künstlertum, wie er es nennt, aber er hätte auch sagen können: das Leben. Der Hofmann hatte sich bewährt in Weimar, dem Dichter mangelte es an Ingenuität, Inspiration, Stimulation. Die Naturforschungen, die Malerei allein konnten ihm nicht geben, was er brauchte. Was er in Italien findet, ist Leben in gesteigerter Form, ist vor allem die Antike, sind die «Uberbleibseln des alten grosen Geists».

Eine spätere Stelle seines Tagebuchs bestätigt das. «Gute Nacht meine Liebe! Ich habe nun einen Vitruv den muß ich studiren, damit ich erleuchtet werde. Gute Nacht», schreibt er an die imaginär-reale Charlotte am 9. Oktober. Es ist die Begegnung mit einem lebendigen Altertum. Das Leben in Italien ist wie die Heilung von einer langen Krankheit, und von Krankheit spricht er ausdrücklich:

Jetzt darf ich's sagen, darf meine Kranckheit und thorheit gestehen. Schon einige Jahre hab ich keinen lateinischen Schrifftsteller ansehen, nichts was nur ein Bild von Italien erneuerte berühren dürfen ohne die entsetzlichsten Schmerzen zu leiden. Herder scherzte immer mit mir, daß ich alle mein Latein aus dem Spinoza lernte, denn er bemerckte daß es das einzige lateinische Buch war das ich las. Er wußte aber nicht daß ich mich für jedem Alten hüten mußte. Noch zuletzt hat mich die Wielandische Übersetzung der Satyren höchst unglücklich gemacht, ich habe nur zwey leßen dürfen und war schon wie toll. Hätt ich nicht den Entschluß gefaßt den ich jetzt ausführe; so wär ich rein zu Grunde gegangen und zu allem unfähig geworden, solch einen Grad von Reife hatte die Begierde diese Gegenstände mit Augen zu sehen in meinem Gemüth erlangt. Denn ich konnte mit der historischen Erkänntniß nicht näher, die Gegenstände standen gleichsam nur eine Handbreit von mir ab waren aber durch eine undurchdringliche Mauer von mir abgesondert. Denn es ist mir wircklich auch jetzt so, nicht als ob ich die Sachen sähe sondern als ob ich sie wiedersähe. Ich bin die kurze Zeit in Venedig und die Venetianische Existenz ist mir so eigen als wenn ich zwanzig Jahre hier wäre. Auch weis ich daß ich, wenn auch einen unvollständigen, doch gewiß einen ganz klaren und wahren Begriff mit fort nehme.

Goethe gebraucht schwere Worte, wenn er von seinem
Zugrundegehen spricht, aber das ist nicht Tagebuchrheto-
rik, sondern ernst gemeint. Dieses Bekenntnis schickt er
an Charlotte, schreibt: «Nun meine liebste muß ich
schließen. Morgen geh ich ab, und dieses Packet auch. Des
Sehens bin ich müde und überdencke mir in der Stille das
Vergangne und was bevorsteht. So viel ich geschrieben
habe: so bleibt doch viel mehr im Sinne zurück, doch ist
das meiste angedeutet.»

Goethe ist bestrebt, die Brücke zu Charlotte von Stein
nicht abzubrechen. Er endigt dieses Kapitel seines Tagebuchs mit: «Lebe wohl. Ich schließe ungern. Wenn alles
recht geht; so erhältst du dieses vor Ende Oktobers und
das Tagebuch der zweyten Epoche sollst du Ende Novem-
bers haben. So werd ich dir wieder nah und bleibe bey dir.
Lebe wohl. Grüse die deinigen. Ich bin fern und nah der
Eurige.»

Fern und nah, *procul et prope*: Goethe nutzt die alte Formel, um ihr seine Liebe auszudrücken. Sie ist sein guter
Geist, sein Schutzgeist, und wenn je bei ihm die Neigung
bestanden haben sollte, Charlotte von Stein zu idealisie-
ren, zu sakrifizieren, so ist hier wohl das Ende der Neigung
erreicht: Er schreibt einem Idol, von dem er glaubt, daß es
ihn noch liebe, dem er wiederum seine Liebe beteuert.
Aber die Wirklichkeit hat sich auf eigentümliche Weise
verflüchtigt, oder besser: neue Wirklichkeiten sind an die
Stelle derjenigen getreten, von der er seinerzeit glaubte,
daß sie sein ein und alles sei. Am 14. Oktober 1786
schreibt er erneut an Charlotte von Stein, schickt «Wieder
ein kleines Lebenszeichen von deinem Liebenden und ich
hoffe und weiß Geliebten. Mein erstes auf einem ähn-
lichen Blättchen wirst du erhalten haben.» Gar nichts
hatte sie erhalten, denn Seidel hatte etwas mißverstanden
und ihr nicht ausgeliefert, was ihr zugedacht gewesen war.
Goethe erfuhr das erst sehr viel später, mußte also annehmen, daß sie sein erstes Lebenszeichen richtig erhalten
habe. In diesem zweiten Brief schickt er ihr den ersten Teil
des Italienischen Tagebuchs, «die genaue Geschichte jedes
Tags seitdem ich dich verließ, alles was ich gethan gedacht

und empfunden habe». Er fügt hinzu: «Behalt es aber für dich, wie es nur für dich geschrieben ist, wir wollen bey meiner Rückkunft, jedem daraus das seinige mittheilen. Bald meld ich auch wohin du mir schreiben kannst, und wie freu ich mich von dir zu hören und deine Hand wieder zu sehen [...]. Ich habe dir zeither soviel gesagt, dir so alles aufs Papier gesetzt, daß ich dir nichts hinzuzuthun weiß. Du mußt nur noch vom Empfang dieses Briefs etwa 14 Tage Geduld haben; so hast du alles.»

Das wäre noch zu verstehen im Sinne einer sehr einseitigen Zweisamkeit, eines Briefdialogs, der immer stärker ein Monolog wurde, allen Anreden zum Trotz. Aber dieser Brief enthält zugleich ein Bekenntnis, das alles zunichte macht, was im ersten Teil für Lotte zu lesen war: denn wenn er dort geschrieben hat, daß es nur für sie verfaßt worden sei, so revoziert er schon im nächsten Absatz, gibt zu erkennen, was er eigentlich mit dem Tagebuch bezweckt: Es ist nur scheinbar ein Rechenschaftsbericht für sie, in Wirklichkeit zielt er auf eine literarische Öffentlichkeit, und er macht ihr einen Vorschlag, wie die anzugehen sei:

Anfangs gedacht ich mein Tagebuch allgemein zu schreiben, dann es an dich zu richten und das *Sie* zu brauchen damit es kommunikabel wäre, es ging aber nicht es ist allein für dich. Nun will ich dir einen Vorschlag thun.
Wenn du es nach und nach abschriebst, in Quart, aber gebrochene Blätter, verwandeltest das *Du* in *Sie* und liesest was dich allein angeht, oder du sonst denckst weg; so fänd ich wenn ich wiederkomme gleich ein Exemplar in das ich hinein korrigiren und das Ganze in Ordnung bringen könnte.
Du müßtest aber doch daraus nicht vorleßen, noch kommuniciren, denn sonst hab ich nichts zu erzählen wenn ich zurückkomme. Auch sagst du nicht daß du es hast, denn es soll noch niemand wißen, wo ich sey und wie es mit mir sey.
Lebe wohl. Behalte mich lieb. Meine Hoffnung ist dich wieder zu sehn. Ich verliere keine Stunde und bleibe nicht länger aus als nötig ist. Lebe wohl.

Keine Stunde also will er länger ausbleiben, «als nötig ist» – doch zurückkehren wird er erst am 18. Juni 1788, fast

zwei Jahre später. Aber nicht die Nachricht vom nur unbedingt nötigen Ausbleiben, aus der sie immerhin auf
seine baldige Rückkehr hätte schließen können, weil sie
die Notwendigkeit nicht einsehen konnte, muß sie getroffen haben, sondern unbarmherziger, härter jene Mitteilung, daß das Tagebuch allen seinen Beteuerungen zum
Trotz bestenfalls vordergründig an sie gerichtet, in Wirklichkeit aber ein zur späteren Veröffentlichung hergestell-
tes Manuskript war, und daß er ihr auch noch zumutete,
das vertrauliche «Du» in ein für jedermann zugängliches
«Sie» zu verwandeln, «damit es kommunikabel wäre».
Das alles strafte die Formeln und Floskeln von der Liebe,
dem Denken an sie Lügen. Zu allem Überfluß ließ er sie ja
auch noch wissen, daß er eigentlich nichts zu erzählen
habe, wenn er zurückkomme, sondern daß er mit ihr dann
zusammen lesen wolle, was er erlebt habe. Was er ihr
zu sagen hatte, war im Tagebuch aufgezeichnet, da war
nichts hinzuzufügen – und so hätte er nach seiner Rückkehr tatsächlich nichts mehr zu berichten gehabt.

Charlotte von Stein soll also ein Manuskript aus dem
Tagebuch herstellen, und Goethe will es dann noch einmal durchkorrigieren und «in Ordnung bringen» – nicht
für sie, sondern für Verlag und Öffentlichkeit. Was er hier
trieb, war, mit anderen Worten, Liebesverrat, und er war
schamlos genug, es ihr unverblümt zu erkennen zu geben,
denn anzunehmen, daß sie das alles so hinnehme und weiter tue, was er von ihr verlangte, nämlich ihn lieb zu behalten, das konnte er wohl nicht ernsthaft glauben. Seine
einzige Sorge: sie möchte zu früh, vor seiner Rückkehr,
schon in Weimar aus den italienischen Berichten erzählen,
ihm damit voreilig das Publikum wegnehmen. Wenn die
Beziehung im letzten Jahr immer wieder gekriselt hatte,
überschattet worden war von Goethes Unzufriedenheit –
hier ist sie definitiv und endgültig abgeschlossen worden,
ist der Liebesbund geendigt, haben sich die verbalen Bekenntnisse der Zusammengehörigkeit, der Ergebenheit,
der Liebe zu ihr in Nichtigkeiten verwandelt.

Goethe scheint über die beneidenswerte Fähigkeit ver-
fügt zu haben, den Bruch zu benennen und ihn doch nicht

wahrhaben zu wollen, und wenn es anfangs die fast unglaubliche Biegsamkeit der Liebessprache war, die seine Briefe an sie zu einer hinreißenden und einzigartigen Lektüre macht– von jetzt an ist es die unglaubwürdig gewordene Sprache, die in den Briefen an sie dominiert. Nicht einmal mehr eine Seelenfreundschaft, die Geliebte vielmehr zur Abschreiberin degradiert, das ihr zugedachte Werk in Wirklichkeit für die Öffentlichkeit bestimmt, Charlotte allenfalls als Zensor, wenn es um Dinge geht, die sie selbst «allein angehen»; das solle sie «weglassen», also so tun, als sei das persönlich Mitgeteilte unbrauchbar für die letzte Fassung des Manuskripts, ja störend, wenn es um das «Kommunikable» ging.

Im Jahr zuvor hatte ihn alles gestört, was nicht mit ihr zu tun hatte, jetzt stört ihn alles, was nur mit ihr zu tun hat. Nichts mehr von Gefühlen – aufrichtig ist dieser Brief schon, aber die Botschaft «Es ist aus» ist klug verschlüsselt, eingebettet in die Versicherung, daß es so weitergehe wie immer, vorausgesetzt, er, Goethe, habe Gelegenheit, sich weiter auszubilden, so wie das Wilhelm Meister im Fünften Buch der *Lehrjahre* für sich in Anspruch nimmt. Verständlich, daß er für Charlotte von Stein von da an nicht mehr existiert. In der Tat: er braucht sie nicht.

Wie illusionär dieser zweite Brief an sie war, zeigt das Ende des vierten Stücks des Reisetagebuchs. Da notiert er, als sei es ein Brief an sie: «Nun meine liebste muß ich schließen. Morgen geh ich ab, und dieses Packet auch.» Wie ein Hohn muß es sein, daß er ihr etwas von dem Stoff schickt, den er für höchst verderblich hält, nämlich «Caffee von Alexandrien». Vorher schon, am 5. Oktober, hatte er freundlicherweise auch notiert, was das kosten würde, und hinzugefügt: «Freylich macht der Transport bis in das mittelländische Thüringen noch etwas aus, genug aber du sollst dessen haben.» In der Tat: er schickt ihr den Kaffee, «der ausgesuchteste von Alexandrien den man hier haben kann». Sie bekommt 25 Pfund, soll aber 5 Pfund der regierenden Herzogin «mit den schönsten Empfehlungen» abgeben und 5 weitere Pfund «an Herders, das übrige behalte

für dich». Und großmütig schreibt er noch: «Schmeckt er,
so kann ich mehr verschaffen.» Wir wissen nur zu gut, wie
sehr Goethe den Kaffee verabscheute und für schädlich
hielt, auch für Frau von Stein.

Das Tagebuch ist fast intimer als der wirklich an Charlotte von Stein gerichtete Brief, und auch das zeigt, daß die
Empfängerin sich als ein Du gleichsam aufgelöst hatte,
daß Goethe an eine fiktive Person schrieb, die nur den
Nachteil hatte, daß sie wirklich existierte. Das diskredi-
tiert nachträglich auch den ersten Brief, das erste «Lebenszeichen» an sie. Erst in zweiter Linie wollte er dieses Tagebuch an Charlotte richten, und diese zeitliche Abstufung
macht noch einmal deutlich, daß er nicht ihr schrieb,
wenn er an sie, für sie schrieb. Immerhin sollte die Fiktion
der Vertraulichkeit aufrechterhalten werden, und die war
gefährdet, wenn die Tagebuchbriefe sich immer an ein
«Sie» richteten. Charlotte soll nun leisten, was er aus
rhetorischer Bequemlichkeit und um der Fiktion der Vertraulichkeit willen nicht leisten wollte: sie soll das persönlich an sie gerichtete Brieftagebuch so umschreiben,
daß es eine Jedermannslektüre werden kann.

Ein schlimmer Brief. Oder auch: ein schlimmes Tagebuch. Aber Goethe schrieb es weiter, nur daß jetzt klar ist:
Wann immer etwas sich an Charlotte von Stein richtete,
war nicht sie gemeint, sondern nur eine Person, die im
Grunde nichts mehr mit der im Thüringischen weilenden
Geliebten zu tun hatte. «Ob ich gut aufgepaßt habe, sollst
du sagen, wenn ich zurück komme und wir über diese Gegenstände sprechen», heißt es unter dem 14. Oktober nach
Mitternacht. Aber sprechen wollte er doch nicht mehr,
denn es war ja alles geschrieben, und so hat er bereits alles
gesagt, was er ihr eigentlich sagen will. Er weist nicht
ohne Geschick darauf hin, wenn er hinzufügt: «Mein
Tagebuch biß heute hab ich dem Fuhrmann mitgegeben,
es kommt also später als ich glaubte, doch wünsch ich zur
guten Stunde.» Und dann noch ein verlogener – oder sollen wir sagen: gnadenlos aufrichtiger, weil nicht mehr an
sie, sondern eben an die fiktive Person gerichteter – Zusatz: «Das Clima mögt ich dir zusenden oder dich darein

versetzen können. Sonst wäre hier für uns beyde keine Existenz. Lebe wohl. Seit Verona habe ich mich nicht von dir entfernt, nun gehts weiter und weiter.»

Natürlich hat er sich nicht von ihr entfernt – sie ist, als fiktive Person, ja ständig bei ihm, und so kann er ihr schreiben, ohne daß sie lesen muß, kann ihr berichten, ohne daß sie antworten muß. Der Herzog wird übrigens nicht besser behandelt; auch er ahnt nicht, wo Goethe steckt. Am 14. Oktober, also am gleichen Tag, schreibt er an Carl August: «Noch ein freundliches, frohes Wort aus der Ferne, ohne Ort und Zeit. Bald darf ich den Mund öffnen und sagen wie wohl mir's geht. Ich bin gesund und hoffe von Ihnen und den Ihrigen das Beste, wie wirds mich's freuen auch wieder ein Wort von Ihnen zu sehen.» Ob Goethe wußte, wie sehr er die Großmut seines Landesherrn strapazierte? An Seidel schreibt er am gleichen Tag, wie er mit dem zu übersendenden Paket verfahren soll, vor allem aber: «Was Dich betrifft du thust vor wie nach als wüßtest du nicht wo ich sei.» Und eine Botschaft hat er noch an Charlotte: «Sage der Frau von Stein: das versprochene Tagebuch würde später kommen, weil es nicht mit der Post, sondern mit Fuhrleuten ginge.» Er hatte es also nicht allzu eilig mit den Tagebuchbriefen. Aber da sie ohnehin nur scheinbar an Charlotte, in Wirklichkeit an niemanden oder besser: an einen fiktiven Leser, an sein Publikum gerichtet waren, hatte es mit der Übermittlung ohnehin Zeit.

In seinem Reisetagebuch, dieser Mischung aus Briefstil und Fremdenführerbericht, schreibt er «ihr» weiter – wobei Charlotte nicht gemeint, niemand gemeint ist, denn es bleibt beim idealen Leser. Fatalerweise ist der Ton dieser Brieftagebücher, dieser Tagebuchbriefe dem der früheren, wirklich an Charlotte geschriebenen Briefe so erstaunlich ähnlich. Am 19. Oktober beginnt Goethe seinen fiktiven Brief mit: «Ich möchte dir nun auch gerne wieder einmal ein ruhig, vernünftiges Wort schreiben denn diese Tage her wollt es nicht mit mir. Ich weiß nicht, wie es diesen Abend seyn wird. Mir läuft die Welt unter den Füßen fort und eine unsägliche Leidenschafft treibt mich weiter. [...]

Ich sage dir alles wie mir ist und ich schäme mich vor dir keiner Schwachheit.»

Läse man nur diese Zeilen, könnte man annehmen, man sei in die Jahre 1783 oder 1784 zurückversetzt – aber das Du von damals, Charlotte von Stein, gibt es hier nicht mehr. Er ist Reiseberichterstatter, Unterhalter, Diarist – nicht mehr. Am 22. Oktober schreibt er wieder und endet mit: «Gute Nacht. Es ist kalt und ich bin müde. Gute Nacht! Wann werd ich dir dieß Wort wieder mündlich zurufen!» Niemals, so wissen wir jetzt schon, denn sie wird es sich nicht mehr zurufen lassen. Aber das stört den Reisenden nicht. Er interessiert sich für sich selbst, in zweiter Linie für die Öffentlichkeit, für seine Zuhörer. Wirkliche Briefe schreibt er erst wieder, als er in Rom angekommen ist, und diesmal geht der erste nicht an Charlotte von Stein, sondern an Carl August, und dem gesteht er:

Endlich kann ich den Mund aufthun und Sie mit Freuden begrüßen, verzeihen Sie das Geheimniß und die gleichsam unterirdische Reise hierher. Kaum wagte ich mir selbst zu sagen wohin ich ging, selbst unterwegs fürchtete ich noch und nur unter der *Porta del Popolo* war ich mir gewiß Rom zu haben.
Und laßen Sie mich nun auch sagen daß ich tausendmal, ja beständig an Sie dencke, in der Nähe der Gegenstände, die ich ohne Sie zu sehen niemals glaubte.

Er berichtet dem Herzog auch, wie früher schon Charlotte, daß ihn in den letzten Jahren «eine Art von Kranckheit» befallen habe, von der ihn nur «der Anblick und die Gegenwart heilen konnte». Und dann kommt ein Versprechen an die Zukunft, für die Zukunft: «Die Begierde dieses Land zu sehen war überreif, da sie befriedigt ist, werden mir Freunde und Vaterland erst wieder recht aus dem Grunde lieb, und die Rückkehr wünschenswerth. Wird es dann in der Folge-Zeit möglich, es auch mit Ihnen zu sehen und Ihnen durch die Kenntniße die ich jetzt erwerbe, hier, und indeß zu Hauße, nützlich zu werden; so bleibt mir fast kein Wunsch übrig.» In der Tat: die Freunde werden ihm lieb, und zwei Tage zuvor, am 1. November 1786, hatte er schon an die in Weimar geschrieben und summarisch mitgeteilt, was er zu sagen hatte: daß er ein neues Leben begonnen habe, daß er die Träume seiner Jugend nun lebendig sehe, daß er in der neuen Welt, die um ihn sei, alles Bekannte jetzt endlich wirklich mit eigenen Augen betrachten könne. Und: «Wie moralisch heilsam ist mir es dann auch, unter einem ganz sinnlichen Volcke zu leben, über das so viel Redens und Schreibens ist, das jeder Fremde nach dem Maasstabe beurtheilt den er mitbringt.» Und weiter: daß er bei Tischbein ein schönes Quartier gefunden habe, mit Hausleuten, die für die deutschen Gäste «wie für Kinder sorgen»: «Das Haus liegt im Corso, keine 300 Schritte von der *Porta del Popolo*.» Es ist heute als Goethe-Museum eingerichtet. Der Brief damals ging an die herzogliche Familie, an Frau von Stein, die Herders und Knebel. Herr und Frau von Stein sollten also schon wissen, wo er war, aber sie waren Mitwisser unter anderen, und Goethe tat hier noch einmal einen Schritt in eine Öffentlichkeit hinein, in die jetzt auch die Familie von Stein einbezogen war. Kein Gedanke, daß er je noch einen Liebesbrief an Charlotte von Stein, an sie persönlich, hätte schreiben können.

Die Geheimnistuerei um die italienischen Örtlichkeiten blieb. Die Freunde in Weimar bat er, «mir ein gnädiges und freundschafftliches Andencken zu erhalten und vorerst den Ort meines Aufenthaltes niemanden zu entdecken». Das gleiche an Seidel: der Auftrag, zu verschweigen, so lange es gehe, wo er sei. Sollte der Wunsch nach Abgeschiedenheit, nach örtlicher Anonymität vielleicht damit zusammenhängen, daß Goethe wirklich eine Art Erweckungserlebnis suchte und auch gefunden hatte? Der Aufenthalt in Italien also tatsächlich so etwas wie eine Wiedergeburt – und seiner Mutter schrieb er denn auch: «Ich werde als ein neuer Mensch zurückkommen und mir und meinen Freunden zu größerer Freude leben.» Das gleiche teilte er Charlotte mit; sie solle es sich nicht verdrießen lassen, daß ihr Geliebter in die Ferne gegangen sei: «er wird dir beßer und glücklicher wiedergegeben werden». Mit gleicher Post ein Brief an die Freunde in Weimar, ein Bericht über römische Sehenswürdigkeiten, für Charlotte, der er das Blatt an die Freunde mitschickt, nur «die Versicherung daß ich immer an dich dencke und von Herzen dein bin» – Floskeln, nicht mehr.

Er will seine Wiedergeburt allein genießen. Aber auf der anderen Seite sucht er doch die Seelen- und Briefverbindung aufrechtzuerhalten, teilt ihr mit, daß er sehnlich auf Post von ihr warte und ihr öfters schreiben werde, setzt freilich hinzu: «du nimmst mit wenigem vorlieb, denn Abends ist man müde und erschöpft vom Lauffen und Schauen des Tags». So hätte er 1784 niemals geschrieben. Aber es hat ja auch so etwas wie ein Rollentausch stattgefunden: dem italienischen Tagebuch, das nun endgültig zur Veröffentlichung bestimmt ist, vertraut er an, was eigentlich in seinen Briefen an Charlotte stehen müßte, und das zeigt noch einmal aufs deutlichste, wie stark Fiktion und Realität von ihm verwechselt werden – absichtlich, wie sich versteht.

Am 27. Oktober 1786, zwischen den spärlichen Briefen an die wirkliche Charlotte, notiert er der imaginären in sein Tagebuch:

Wie verwöhnt ich bin fühl ich erst jetzt. Zehn Jahre mit dir zu leben von dir geliebt zu seyn und nun in einer fremden Welt. Ich sagte mir's voraus und nur die höchste Nothwendigkeit konnte mich zwingen den Entschluß zu faßen. Laß uns keinen andern Gedancken haben als unser Leben miteinander zu endigen.

Als er noch in Karlsbad war, hatte er auch von einem gemeinsamen Leben geschrieben. Das hätte Charlotte lesen können als Aufforderung, zu ihm zu kommen, um im fremden Land, also, wie sie später erfuhr, in Italien, das wirklich zu führen, was sie im Geiste schon immer geführt hatten, nämlich eine Ehe. Aber nun, «in einer fremden Welt», nur noch der Gedanke, das Leben «miteinander zu endigen»: eine pure Träumerei, und daß dem keine Realität entsprechen konnte, wird daran deutlich, daß es eben das Tagebuch ist, in das er dieses notiert, und nicht etwa der Brief an die wirkliche Charlotte von Stein. Wenn er je bedauert haben mochte, daß die Freundschaft nur eine Seelenfreundschaft war – jetzt ist sie es für ihn, und zwar ausschließlich, es sei denn, man nähme an, Goethe habe hier wiederum nichts anderes getan als das, was er vorher in einem Brief an Charlotte von Stein geschrieben hatte, nämlich literarisiert, fiktionalisiert, damit aber eben auch entrealisiert.

Das Reisetagebuch bricht dann ab, setzt erst wieder mit Notizen zum Vesuv am 19. März 1787 ein. Die Bemerkungen sind «eilige Anmerckungen», für ausgearbeitete Tagebuchbriefe zu kurz, Goethe notiert nur Gesehenes, um es in Erinnerung zu behalten. Dafür aber noch Briefe an sie, etwa aus Frascati und Rom vom 15. und 17. November – im Tagebuchstil, Reiseaufzeichnungen, Hinweise auf «Volckmann», dessen Buch sie sich besorgen sollte, ganz am Schluß dann der unglaubwürdige Satz: «Nirgends ist mir Platz geblieben dir zu sagen wie ich dich liebe. Lebe wohl. Wie wart ich auf einen Brief von dir.»

Er schreibt ihr weiter, wartet ausdrücklich auf «eine Reihe von Briefen», aber man kann sich nicht des Eindrucks erwehren, als warte er auf Post von ihr nur, um die Fiktion seines Reisetagebuchbriefs fortzusetzen. Bildungsbürgerliches wird angesammelt, damit es ihr später präsentiert werden kann, er schreibt: «Was werd ich dir nicht erzählen können, wenn mir nur der Himmel noch eine Zeit ruhigen Lebens hier gönnen mag.» Er verlangt einen Ring von ihr, der ihr passe und den er haben möchte – aber er verlangt das Gleiche von den Herders, das Symbol einer inneren Bindung ist es nicht oder doch nur so weit, wie es die Freundschaft, nicht etwa eine Liebesbeziehung besiegeln soll. Der Ring hat seinen eigentlichen Sinn verloren.

Wozu er ihr schreibt, weiß man – das Reisetagebuch ließ sich nicht ohne ein imaginäres Gegenüber verfassen. Schon einmal ist er so verfahren, nämlich in den frühen Briefen an Auguste zu Stolberg, die auch nur ein imaginäres Gegenüber war, das er brauchte, um sich artikulieren zu können. Das gleiche hier, zehn Jahre später. Er berichtet Charlotte am 2. Dezember: «Mit keinem Worte aber kann ich ausdrucken wie ich dir das alles unmittelbar mitzutheilen wünschte. Alles Reden und beschreiben hilft bey sinnlichen, ia auch bey moralischen Gegenständen nichts. Was ich nur irgend mir eigen machen kann faß ich

und ergreif ich und bring ich dir mit. Auch wirst du den
deinigen wenn er zurückkommt noch mehr lieben, denn
wills Gott wird er einige Fehler ablegen mit denen du
unzufrieden warst.» Also Bildungsgespräche, die er ihr
ankündigt, und die unglaubwürdige Idee, sie würde den
Flüchtling, käme er zurück, noch stärker lieben als zuvor.

Goethe scheint den Blick für menschliche Realitäten
völlig verloren zu haben – oder besser: ihn interessiert nur
eines, nämlich das Schreiben über die Gegenstände, die er
gesehen hat, und er weiß, daß er damit ein Publikum gewinnen muß: so schreibt er an die chimärische Geliebte,
weil ihm das Geschmeidigkeit des Ausdrucks, Anschau-
lichkeit, Faßlichkeit zu garantieren scheint. Der Schluß
des Briefes klingt so, als habe er gerade eine Krise im Umgang mit ihr hinter sich. Es heißt: «Lebe wohl. Wie lieb ich
dich. Ohngefähr den 14. Oktbr. ist der Kasten dem meine
Reisebeschreibung beygepackt war von Venedig abgegan-
gen. Schreibe mir doch gleich wenn er ankommt. Lebe
wohl. Der Grund aller meiner Freude ist darinn daß ich dir
es wieder sagen kann und werde.»

Was Goethe im einzelnen in Italien erlebte, muß hier
nicht berichtet werden – die *Römischen Elegien* sagen
genug, sagen auch etwas über die Lebensbefreiung, die
Goethe erfuhr. Er machte in Rom Liebeserfahrungen anderer Art, als er sie viele Jahre hindurch mit Charlotte von
Stein gemacht hatte. Da wurde in seinem Leben etwas be-
richtigt, was am Ende fehlgegangen war; «Faustina» hat es
für Goethe zwar nicht gegeben – sie, Thema der *Römischen Elegien*, starb bereits 1784. «Faustina» war vielmehr
eine Chiffre, sie stand für wirkliche Liebeserlebnisse, die
er in Rom gehabt hatte. So sind die *Römischen Elegien*
gleichsam das Gegenbild der Briefe an Charlotte von Stein.
Sie berichten über das, was der Beziehung zu Charlotte
von Stein über Jahre hinweg fehlte. Die Fortsetzung
fand im späteren Leben statt – in der Verbindung mit
Christiane Vulpius. Aber nicht die Existenz der Christiane
Vulpius beendete die Beziehung zu Charlotte von Stein –
das geschah schon in Rom, in den römischen Liebeserfahrungen Goethes.

Die zurückverlangten Briefe

Das Ende einer Liebe

Wie blind war Goethe damals, als er mit offenen Augen durch Italien reiste? Sehend wurde er spätestens am 9. Dezember 1786, als er einen Brief von Seidel erhielt und, wie er an Charlotte von Stein am gleichen Tag schreibt, «ein Zettelgen drinne von deiner Hand». Ihr Urteil über ihn muß vernichtend gewesen sein. Er schreibt zurück:

Das war also alles was du einem Freunde, einem Geliebten zu sagen hattest, der sich so lange nach einem guten Worte von dir sehnt. Der keinen Tag, ja keine Stunde gelebt hat, seit er dich verließ ohne an dich zu dencken.
Möge doch bald mein Packet das ich von Venedig abschickte ankommen, und dir ein Zeugniß geben wie sehr ich dich liebe.
Heut Abend kann ich nichts mehr sagen dieses Blat muß fort.
Die Kasten auf dem Archive gehören dein, liebst du mich noch ein wenig; so eröffne sie nicht eher als biß du Nachricht von meinem Todte hast, so lang ich lebe laß mir die Hoffnung sie in deiner Gegenwart zu eröffnen.
Von hier habe ich an dich geschrieben
d. 11. Nov. d. 18. d. 25. d. 2. Dec.
Möge alles glücklich angekommen seyn.
Ich sage dir nicht wie dein Blätgen mein Herz zerrißen hat. Lebe wohl. du einziges Wesen und verhärte dein Herz nicht gegen mich.

Aus Brief und Gegenbrief kann man nur schließen, daß von einem gemeinsamen Einverständnis keine Rede mehr sein konnte. Charlotte von Stein reagiert verständlich, menschlich, wenn sie das Band zerreißen möchte, das sie noch an Goethe bindet. Hätte sie sich in das kapriziöse Verhalten Goethes fügen sollen? Das hätte sich mit ihrer Selbstachtung kaum vereinbaren lassen. Sie hat die vielen

Liebesbezeugungen Goethes ernst genommen, muß durch seinen abschiedslosen Weggang tief verletzt worden sein. So ist ihre maßlose Enttäuschung nur zu begreiflich. Für Goethe und seine Briefe aber ist es 1786 reichlich gleichgültig, ob beide in Weimar sind oder er an einem unbekannten Ort in Italien, und ebenso gleichgültig ist es ihm, wie sie in ihrer Wirklichkeit existiert – er berichtet von sich, ohne daß es der Gegenbriefe bedarf, wie er das seit dem Beginn seiner italienischen Reise getan hat. Denn er schreibt ja nicht um der Empfängerin, sondern um des Schreibens willen, er erlebt, wie er sagt, seine Geburt und Wiedergeburt als Künstler – und daß Charlotte das alles klaglos hingenommen hätte, das kann niemand ernsthaft glauben. Hier wiederholt sich, sonderbar genug, was an dem Briefwechsel mit Auguste zu Stolberg zu beobachten war: es war völlig unerheblich, wie es ihr wirklich ging, da dies die Seelenfreundschaft nicht berührte. Goethe wollte nicht begreifen, wie sehr er Charlotte verletzt hatte, und er mochte nicht glauben, daß die Beziehung beendet war – denn sie hatte ihre Briefe an ihn zurückgefordert.

Er antwortet ihr, entschlossen, dieses eigentümliche Verhältnis, das er zu ihr gewonnen hatte, nicht zu beenden, ihrer Absage zum Trotz. War sie ursprünglich die Seelenfreundin gewesen, eben die «Besänftigerinn», er hingegen der ungestüme Liebhaber, so haben sich jetzt die Rollen eigentümlich vertauscht: Er möchte so etwas wie eine Seelenfreundschaft aufrechterhalten, sie ist aufs bitterste enttäuscht von ihm als Menschen. Statt der «Besänftigerinn» spricht jetzt ein «Besänftiger», der in der Zeit vom 13. bis zum 16. Dezember 1786 an sie schreibt:

Könnt ich doch meine Geliebteste, jedes gute, wahre, süße Wort der Liebe und Freundschafft auf dieses Blat faßen, dir sagen und versichern daß ich dir nah, ganz nah bin und daß ich mich nur um deinetwillen des Daseyns freue.
Dein Zettelchen hat mich geschmerzt aber am meisten dadrum daß ich dir Schmerzen verursacht habe. Du willst mir schweigen? du willst die Zeugniße deiner Liebe zurücknehmen? Das kannst du nicht ohne viel zu leiden, und ich bin schuld daran. Doch vielleicht ist ein Brief von dir unterwegs der mich aufrich-

tet und tröstet, vielleicht ist mein Tagebuch angekommen und hat dich zur guten Stunde erfreut. Ich fahre fort dir zu schreiben dir das merckwürdigste zu melden und dich meiner Liebe zu versichern. Wenn du diesen Brief erhältst bin ich wahrscheinlich in Neapel, wenn du mir schreiben magst; so laß deine Briefe ja immer abgehen, denn ich komme bald zurück und werde mich freuen ein Wort von dir wieder zu finden.

Es war nicht damit getan; Goethe fügt am nächsten Tag noch hinzu:

Was ich auf der vorigen Seite schrieb sieht so ruhig aus, ich bin es nicht und muß dir liebe Vertraute alles vertrauen.
Seitdem ich in Rom bin hab ich unermüdet alles sehenswürdige gesehen und meinen Geist recht damit überfüllt, in der Zeit da sich manches zu setzen und aufzuklären schien, kam dein Zettelgen und brach mir alles ab. Ich sah noch einige Villen, einige Ruinen, mit den Augen blos. Da ich merckte daß ich nichts mehr sah, lies ich ab und ging nur so vor mich hin.

Goethe hat nicht verstanden, was er angerichtet hat, und mehr noch: er will nicht akzeptieren, daß Charlotte von Stein die Beziehung abbricht. So schreibt er denn auch in unveränderter alter Manier am Ende seines Briefes: «Lebe wohl, ich bin mehr als jemals dein. Grüße die deinigen.» Charlotte antwortet: mit Schweigen. Als sei sie schuldig an den Verhältnissen und nicht er, schreibt er aus Rom: «ich will auch das tragen und will dencken: Hab ich doch das Beyspiel gegeben, hab ich sie doch schweigen gelehrt, es ist das erste nicht was ich zu meinem Schaden lehre» – als sei er der Lehrmeister und sie, die sieben Jahre ältere Frau, seine gelehrige Schülerin gewesen. Er träumt von ihr, berichtet ihr davon, aber er schreibt ins Leere, bis er noch einen weiteren Brief von ihr bekommt, der – zu Recht – nichts als Vorwürfe enthalten haben muß. Es sieht so aus, als sei Goethe jetzt erst zu Bewußtsein gekommen, was er verloren hat, und wenn das Brieftagebuch voll von Floskeln war, die sie zwar seiner Liebe versicherten, aber doch zugleich das Formelhafte unmißverständlich deutlich machten – der Brief vom 23. Dezember 1786 versucht, Ordnung in die nicht mehr zu ordnenden Verhältnisse zu bringen. Das einzige, was er einfordert, ist Charlottes Liebe:

Laß mich dir nur noch für deinen Brief dancken! Laß mich einen
Augenblick vergessen was er schmerzliches enthält. Meine Liebe!
Meine Liebe! Ich bitte dich nur fusfällig, flehentlich, erleichtere
mir meine Rückkehr zu dir, daß ich nicht in der weiten Welt ver-
bannt bleibe. Verzeih mir grosmütig was ich gegen dich gefehlt
und richte mich auf. Sage mir oft und viel wie du lebst, daß du
wohl bist daß du mich liebst. In meinem nächsten Briefe will ich
dir meinen Reiseplan schreiben, was ich mir vorgenommen habe
und wozu der Himmel sein Gedeyhen gebe. Nur bitt ich dich:
sieh mich nicht von dir Geschieden an, nichts in der Welt kann
mir ersetzen was ich an dir, was ich an meinen Verhältnißen dort
verlöhre. Möge ich doch Krafft alles widrige männlicher zu tragen
mitbringen [...] Daß du kranck, durch meine Schuld kranck
warst, engt mir das Herz so zusammen, daß ich dirs nicht aus-
drucke. Verzeih mir ich kämpfte selbst mit Todt und Leben und
keine Zunge spricht aus was in mir vorging, dieser Sturz hat
mich zu mir selbst gebracht. Meine Liebe! Meine Liebe! [...]
Meine Tagbücher müssen endlich kommen und dir mein Herz
bringen, dir sagen daß du mir einzig bist und daß du mit niemand
theilest. Lebe wohl! liebe mich! daß ich mit Freuden sammle und
dir neue Schätze bringe. Im Leben und Todt der deine. G.

Glauben können wir allenfalls die Hälfte, und nicht verstehen, wie Goethe es wagen konnte, noch um ihre Liebe
zu bitten – es sei denn, es wäre ein bloß ritueller Wunsch.

Der Briefwechsel bricht, aller Erwartung zum Trotz,
nicht ab, Goethe schreibt ihr, von Charlotte kommen
Briefe in Rom an. Aber die Schatten sind nicht mehr weg-
zuwischen. «Heute früh erhielt ich deinen bitter süßen
Brief vom 18 ten Dec.», schreibt Goethe am 6. Januar 1787,
fügt aber optimistisch hinzu: «Unsre Correspondenz geht
gut und regelmäßig, daß sie nun nicht wieder unterbro-
chen werde solang wir leben. Ich kann zu den Schmerzen
die ich dir verursacht nichts sagen als: *vergib!* Ich ver-
stocke mein Herz nicht, und bin bereit alles dahin zu
geben, um gesund zu werden für mich und die meinigen.
Vor allen Dingen soll ein ganz reines Vertrauen, eine
immer gleiche Offenheit mich aufs neue mit dir verbinden.» Dafür war es zu spät.

An den Freundeskreis in Weimar schreibt er, daß er von
einer ungeheuren Leidenschaft und von Krankheit geheilt

sei, daß er wieder zu Lebensgenuß, zum Genuß der Geschichte, der Dichtkunst, der Altertümer genesen sei –
auch hier also die spirituelle Wiedergeburt, die in eigentümlichem Gegensatz steht zu der Zerknirschung, die er
im Brief an Charlotte geäußert hat. Er richtet noch Briefe
an sie, aber sie werden kürzer, unpersönlich, und wenn
ihn etwas erquickt, dann nur ihre Mitteilung, daß sein
Tagebuch angekommen sei. Sein Kommentar: «Seit dem
Todte meiner Schwester hat mich nichts so betrübt, als
die Schmerzen die ich dir durch mein Scheiden und
Schweigen verursacht. Du siehst wie nah mein Herz bey
dir war. Warum schickt ich dir nicht das Tagebuch von
jeder Station! Ich kann nur sagen und widerholen verzeih
und laß uns von neuem und freudiger zusammen leben.»
Aber es war nichts mehr zurechtzurücken. Charlotte von
Stein kritisierte ihn weiterhin, und gelegentlich schrieb er
zurück: «Dein Brief vom 1. Jan. ist mir gekommen und hat
mir Freude und Schmertzen gebracht. Dazu kann ich
nichts weiter sagen als: ich habe nur *Eine* Existenz, diese
hab ich diesmal *ganz* gespielt und spiele sie noch. Komm
ich leiblich und geistlich davon, überwältigt meine Natur,
mein Geist, mein Glück, diese Krise, so ersetz ich dir tausendfältig was zu ersetzen ist. – Komm ich um, so komm
ich um, ich war ohne dies zu nichts mehr nütze.» Alle
diese Briefe vertiefen im Grunde genommen aber nur den
Graben, der sich aufgetan hat, auch wenn der Briefwechsel
nicht abreißt, Goethe 1787 weiterhin an Frau von Stein
schreibt.

Warum schreibt er ihr weiter? Der Berichtstil deutet
darauf hin, daß er in diesen Briefen an sie das abgebrochene Reisetagebuch fortsetzt. Es sind keine Liebesbriefe
mehr. Auch wenn er von einem «lieben Brief» spricht, den
er von ihr erhalten habe, ein Brief mit «Lebe wohl, du Geliebteste» endet – es sind Berichterstattungen über sein
Leben und seine Welt, und in einem bunten Reigen werden Grüße bestellt, Wetterbeobachtungen gemacht, wird
um Liebe gebeten, vom vergnügten Leben in Rom berichtet. Dann der Karneval – er schreibt ihr ein wenig davon,
setzt in einem der Briefe hinzu, daß sie durch ihn «noch

ein Stück Welt weiter kennen lernen» solle. Aus Neapel kein Brief, aus Palermo die so unglaubwürdig gewordene Versicherung: «Leb wohl Geliebteste mein Herz ist bey dir und jetzt da die Weite Ferne, die Abwesenheit alles gleichsam weggeläutert hat was die letzte Zeit über zwischen uns stockte so brennt und leuchtet die schöne Flamme der Liebe, der Treue, des Andenckens wieder fröhlich in meinem Herzen.» Es fällt schwer, ihm das zu glauben.

Eine ganze Reihe von Briefen geht aus Italien noch an Charlotte von Stein ab – es sind Bestandsaufnahmen seines Lebens, Zeichnungen, die er schickt, Sammelberichte, alle mehr oder weniger unpersönlich, auch Versuche, den Bruch, der längst stattgefunden hat, zu überspielen. Einmal schreibt er ihr noch auf dem Rückweg aus Neapel: «Alles was mir ein Zeugniß deiner Liebe giebt, ist mir unendlich werth, auch sind es mir jetzt, da du wieder gefaßt bist, deine traurigen Zettelchen. Möge ich dir künftig nur Freude bringen.» Aber auch das waren Leerformeln, Floskeln, denn er sah ja, daß der Bruch geschehen und nicht zu reparieren war.

Am 18. Juni 1788 kam Goethe wieder in Weimar an, und der Empfang durch Frau von Stein war, wie nicht anders zu erwarten, eisig, abweisend. Sie interessierte sich mehr für ihren Hund als für Goethe – sie wußte, daß Goethe Hunde nicht ausstehen konnte. Von Goethes Seite aus letzte vorsichtige Versuche, wieder einen Zugang zu ihr zu gewinnen –- aber es war vorbei. Mitte Juli noch ein Brief an sie: «Heute früh komm ich auch noch einen Augenblick. Gerne will ich alles hören was du mir zu sagen hast, ich muß nur bitten daß du es nicht zu genau mit meinem jetzt so zerstreuten, ich will nicht sagen zerrissnen Wesen nehmest. Dir darf ich wohl sagen daß mein innres nicht ist wie mein äusres. Lebe wohl.» Am 24. August dann der Wunsch an sic, sie möge sich ihrer Einsamkeit erfreuen – er habe sie auch wiedergewonnen, um sie nie wieder zu verlassen. Der vorerst letzte Brief vom 31. August 1788 – er mag nicht zu ihr kommen, des Wetters wegen (wann hätte ihn das je früher gehindert?), anfänglich der Satz: «Es wird sich alles geben und auflösen,

Christiane Vulpius, die Goethe 1806 heiratete.

man muß nur sich und den Verhältnißen Zeit lassen.» Der nächste Brief erst am 12. Februar 1789, eine kurze Anfrage; aus dem «Du» ist wieder ein «Sie» geworden. Am 20. Februar 1789 noch einmal der Wunsch: «Laß uns freundlich Leid und Freude verbinden damit die wenigen Lebenstage genoßen werden.» Charlotte muß mit erneuten Vorwürfen geantwortet haben, und am Ende fügt sich Goethe ins Unvermeidliche, schreibt: «Es ist auch so viel besser, daß man freundlich abrechnet, als daß man sich immer einander anähnlichen will und wenn das nicht reuissiert, einander aus dem Wege geht.»

Goethe hatte auf seine Weise einen Schlußpunkt gesetzt: vermutlich am 12. Juli 1788 hatte er Christiane Vulpius im Park getroffen. Ein Liebesverhältnis begann, das zunächst geheim blieb, auch Charlotte erfuhr längere Zeit nichts davon.

Die Tage und Jahre danach

Nachklänge einer tiefen Bindung

Nach Goethes Ankunft in Weimar und der mit Bitterkeit durchtränkten Begegnung mit Charlotte von Stein folgen schwierige Tage für beide. Warum war Goethe überhaupt aus Italien zurückgekehrt? An den Herzog hatte er geschrieben: «Gar manches macht mir den Rückweg nach Hause reitzend. Ohne Ihren Umgang, den Umgang geprüfter Freunde länger zu leben ist denn doch so eine Sache. Das Herz wird in einem fremden Lande, merck ich, leicht kalt und frech, weil Liebe und Zutrauen selten angewandt ist. [...] Meine größte Sorge, die ich zu Hause habe ist Fritz. Er tritt in die Zeit, wo die Natur sich zu regen anfängt und wo leicht sein übriges Leben verdorben werden kann.»

Kein Wort über Frau von Stein, nur der Hinweis auf die «Freunde», den Herzog eingeschlossen. Aber die Freunde bereiteten zunächst die größte Enttäuschung. Er schrieb später in *Zur Morphologie*, in der Geschichte seiner botanischen Studien: «Aus Italien dem formreichen war ich in das gestaltlose Deutschland zurückgewiesen, heiteren Himmel mit einem düsteren zu vertauschen; die Freunde, statt mich zu trösten und wieder an sich zu ziehen, brachten mich zur Verzweiflung. Mein Entzücken über entfernteste, kaum bekannte Gegenstände, mein Leiden, mein Klagen über das Verlorne schien sie zu beleidigen, ich vermißte jede Theilnahme, niemand verstand meine Sprache. In diesem peinlichen Zutand wußt' ich mich nicht zu finden, die Entbehrung war zu groß an welche sich der äußere Sinn gewöhnen sollte.» Ihm selbst ist es, so schreibt er an Charlotte am 22. Juli 1788, als ob «der trübe Himmel alle Farben» verschlingt, er kommt sich völlig unnütz vor, nennt sein Wesen ein zerrissenes und spricht von seiner

«innerlichen Verzweiflung». An Meyer berichtet er, «wieviel ich bey meiner Abreise von Rom gelitten habe, wie
schmerzlich es mir war das schöne Land zu verlaßen,
mein eifrigster Wunsch ist, Sie dort wieder zu finden».
Auch hier: kein Wort, daß Charlotte ihn zurückgeholt
habe. Charlotte ist nach Kochberg gereist, und von dort
schreibt sie an ihre Schwägerin: «Die Ahnung, daß der
Kreis der Lieben zerrissen wird und das Häuflein zerstreut,
schwebt auch mir im Herzen. Goethe hat auf seinem Gewissen, den ersten Schritt dazu gemacht zu haben, doch
hoff ich, *wir* bleiben uns.» Goethes Rückkehr also ein Akt
der Zerstörung – für alle, ihn selbst eingeschlossen.

Man sieht sich durchaus. Schon am 5. September 1788
fährt Goethe mit anderen, darunter Frau Herder und Fritz
von Stein, nach Kochberg, und Frau von Stein, so berichtet Herders Frau an ihren Mann, habe alle freundlich empfangen, «doch ihn [Goethe] ohne Herz. Das verstimmte
ihn den ganzen Tag». Und die Verstimmung bleibt. Wiederum berichtet Frau Herder am 7. November an ihren
Mann nach einem Bericht über den plötzlich gelähmten
Oberstallmeister von Stein: «Wie sie mit Goethe steht,
weiß ich nicht; sie sprach sehr kalt von ihm, und ich hüte
mich jetzt, diese Seite zu berühren.» Goethe ist von seinen
Freunden enttäuscht, die Freunde von ihm, und wiederum
schreibt Herders Frau: «Kurz, er will durchaus nichts
mehr für seine Freunde sein. Ich vermuthe, daß er nach
Weihnachten bald zu euch kommt und dies wäre sehr gut.
Für Weimar taugt er nicht mehr.» Es ist ein Brief an Bekannte nach Italien.

Herders Frau ist die wichtigste Informantin, was die
Tage «danach» angeht. Sie sieht genau, was da war, oder
vielmehr: was da nicht mehr war. Sie erkennt: «Das Verhältnis ist noch immer nicht im Gleis. Sie will nicht verzeihen und er nicht um Verzeihung bitten; so scheint es
uns. Ich mag nicht tiefer hineinsehen. Ich denke er sei's
wohl werth, daß man um ihn etwas leidet.» Ihr Urteil über
Charlotte von Stein ist nicht gerade freundlich: «Sie ist zu
selbstisch, kurz, ich gehöre nicht in ihr Reich».

Goethe und Charlotte von Stein – sie hat nur noch einen

«mühsamen Begriff» von ihrem «ehemaligen vierzehn Jahre lang gewesenen Freund». Es muß wie eine Krankheit über sie gekommen sein – so berichtet sie es auch. Quälende Tage. Sie will nicht einmal mehr Goethes Bild in ihrer Stube sehen und schreibt an ihren Sohn Fritz: «Es ist zu tief in mein Herz gegraben, als daß ich's auf der Tapete brauchte.» Ein symbolischer Vorgang, dieses Nicht-Hinhängen des Bildes, kaum etwas anderes könnte die zwischen ihnen ausgebrochene Fremdheit stärker dokumentieren als eben dieses. Ab und zu noch ein Brief an sie – aber diesmal nicht die Mitteilung, daß er gleich herüberkomme, sondern, etwa am 31. August 1788, die andere: «Ich fürchte mich dergestalt für Himmel und Erde daß ich schwerlich zu dir kommen kann. Die Witterung macht mich ganz unglücklich und ich befinde mich nirgends wohl als in meinem Stübchen, da wird ein Caminfeuer angemacht und es mag regnen wie es will.» Niemals hätte ihn früher schlechtes Wetter von einem Besuch bei Charlotte abgehalten. Das war noch Monate vor dem Brief vom 1. Juni 1789, in dem Goethe vom Verlust des «innigsten Verhältnisses» spricht.

Der Brief ist ein Zeugnis des Scheiterns, wie es im Leben Goethes kein zweites gibt, er ist ein Rechtfertigungsversuch und kann doch nicht darüber hinwegtäuschen, daß er der Schuldige und Charlotte die Verliererin ist. Er schreibt:

Ich dancke dir für den Brief, den du mir zurückließest, wenn er mich gleich auf mehr als eine Weise betrübt hat. Ich zauderte darauf zu antworten, weil es in einem solchen Falle schwer ist aufrichtig zu seyn und nicht zu verletzen.

Wie sehr ich dich liebe, wie sehr ich meine Pflicht gegen dich und Fritzen kenne, hab ich durch meine Rückkunft aus Italien bewiesen. Nach des Herzogs Willen wäre ich noch dort, Herder ging hin und da ich nicht voraussah dem Erbprinzen etwas seyn zu können, hatte ich kaum etwas anders im Sinne als dich und Fritzen. Was ich in Italien verlaßen habe, mag ich nicht wiederhohlen, du hast mein Vertrauen darüber unfreundlich genug aufgenommen.

Leider warst du, als ich ankam, in einer sonderbaren Stimmung und ich gestehe aufrichtig: daß die Art wie du mich empfingst, wie mich andre nahmen, für mich äusserst empfindlich war. Ich

sah Herdern, die Herzoginn verreisen, einen mir dringend ange-
botnen Platz im Wagen leer, ich blieb um der Freunde willen, wie
ich um ihrentwillen gekommen war und mußte mir in demsel-
ben Augenblick hartnäckig wiederhohlen laßen, ich hätte nur
wegbleiben können, ich nehme doch keinen Theil an den Menschen. u. s. w. Und das alles eh von einem Verhältniß die Rede
seyn konnte das dich so sehr zu kräncken scheint.
Und welch ein Verhältniß ist es? Wer wird dadurch verkürzt? wer
macht Anspruch an die Empfindungen die ich dem armen Geschöpf gönne? Wer an die Stunden die ich mit ihr zubringe?
Frage Fritzen, die Herdern, jeden der mir näher ist, ob ich untheil-
nehmender, weniger mittheilend, unthätiger für meine Freunde
bin als vorher? Ob ich nicht vielmehr ihnen und der Gesellschaft
erst recht angehöre.
Und es müßte durch ein Wunder geschehen, wenn ich allein zu
dir, das beste, innigste Verhältniß verlohren haben sollte.
Wie lebhaft habe ich empfunden daß es noch da ist, wenn ich
dich einmal gestimmt fand mit mir über interessante Gegenstände zu sprechen.
Aber das gestehe ich gern, die Art wie du mich bißher behandelt
hast, kann ich nicht erdulden. Wenn ich gesprächig war hast du
mir die Lippen verschloßen, wenn ich mittheilend war hast du
mich der Gleichgültigkeit, wenn ich für Freunde thätig war, der
Kälte und Nachlässigkeit beschuldigt. Jede meiner Minen hast du
kontrollirt, meine Bewegungen, meine Art zu seyn getadelt und
mich immer *mal a mon aise* gesetzt. Wo sollte da Vertrauen und
Offenheit gedeihen, wenn du mich mit vorsätzlicher Laune von
dir stießest.
Ich möchte gern noch manches hinzufügen, wenn ich nicht be-
fürchtete daß es dich bey deiner Gemüthsverfassung eher beleidigen als versöhnen könnte.
Unglücklicher Weise hast du schon lange meinen Rath in Absicht des Caffees verachtet und eine Diät eingeführt, die deiner
Gesundheit höchst schädlich ist. Es ist nicht genug daß es schon
schwer hält manche Eindrücke moralisch zu überwinden, du ver-
stärckst die Hypochondrische quälende Kraft der traurigen Vorstellungen durch ein physisches Mittel, dessen Schädlichkeit du
eine Zeitlang wohl eingesehn und das du, aus Liebe zu mir, auch
eine Weile vermieden und dich wohl befunden hattest. Möge dir
die Cur, die Reise recht wohl bekommen. Ich gebe die Hoffnung
nicht ganz auf daß du mich wieder erkennen werdest. Lebe wohl.
Fritz ist vergnügt und besucht mich fleisig. Der Prinz befindet
sich frisch und munter.

Es war Goethes Reaktion auf das, was sie ihm geboten hatte, und er sagt es in dem Brief deutlich genug, wie sehr auch er jetzt verletzt ist, wie wenig er gewillt ist, ihr Verhalten weiter hinzunehmen.

Man wird dem Brief seine Unaufrichtigkeit nicht absprechen können. Daß er Charlotte weiterhin liebe: es ist zunächst nur Behauptung. Daß er seine «Pflicht» gegen sie und ihren Sohn kenne, macht aus der Zuneigung aber sofort eine Aufforderung zur Zuneigung, die er sich quasi selbst gibt, und das klingt Charlotte gegenüber so unglaubwürdig wie gegenüber Fritz, dem er eigentlich zu nichts verpflichtet war – es sei denn, es gäbe eine moralische Verpflichtung dem früheren Hausgenossen gegenüber. Daß er aus Liebe zu Charlotte aus Italien zurückgekehrt sei – sollte sie das wirklich annehmen? Und daß er kaum etwas anderes im Sinne gehabt habe als Charlotte und ihren Sohn – was immer er aus Italien hat verlauten lassen, widerlegt dies alles. Charlotte hat nur zu sehr recht, wenn sie meint, er habe ruhig wegbleiben können, weil er doch keinen Anteil an den Menschen nähme, genauer: weil sie nicht mehr diejenige für ihn ist, die sie jahrelang war. Der Brief ist also, genauer betrachtet, eine einzige Zumutung an Charlotte, und er läßt auch deutlich genug erkennen, daß allenfalls die «Freunde» seine Aufmerksamkeit erregen, nicht Charlotte. Sie ist Teil jener «Freunde» geworden, ist Mitglied der Weimarer gelehrten und künstlerischen Sozietät, mehr nicht. Sie weiß, was geschehen ist – und sie reagiert nur zu verständlich. Von ihr ist nichts anderes geblieben als die Gesprächspartnerin, mit der man über «interessante Gegenstände» sprechen kann. Augen wie früher, als er sie, nur sie sah, obwohl Gesellschaft war, hat er nicht mehr. Wie hätte sie nicht gekränkt sein sollen!

Dann das Zusammenleben Goethes mit Christiane Vulpius: Vertrauen und Liebe sind schon dahin, bevor Charlotte davon erfährt; aber als sie davon hört, betrachtet sie Goethe vollends als einen Verlorenen. Es ist, Spiel des Zufalls, ihr Sohn Fritz, der ihr hinterbracht hatte, wer in Goethes Gartenhaus anzutreffen war. Goethe spielt das

«Verhältniß» herunter, spricht – wie hätte ihm Charlotte
gerade das glauben sollen – vom «armen Geschöpf», dem
er seine «Empfindungen» gegönnt habe; er beschönigt und
mindert gleichzeitig seine Beziehung zu Christiane Vulpius herab, betont deren Andersartigkeit – und behauptet,
daß er den Freunden und der «Gesellschaft» jetzt «erst
recht angehöre», als ob die Beziehung zu Christiane die
größte Nebensächlichkeit der Welt sei.

Goethes Brief enthält eine Unglaubwürdigkeit nach der
anderen. Herders Frau schreibt schon am 8. März 1788:
«Ich habe nun das Geheimnis von der Stein selbst, warum
sie mit Goethe nicht mehr recht gut sein will. Er hat die
junge Vulpius zu seinem Klärchen, und läßt sie oft zu sich
kommen etc. Sie verdenkt ihm dies sehr. Da er ein so vor-
züglicher Mensch ist, auch schon vierzig Jahr alt, so sollte
er nichts thun, wodurch er sich zu den andern so herab-
würdigt.»

Was kommt danach? Ein vorerst letzter Brief Goethes
nach jenem vom 1. Juni stammt vom 8. Juni 1789, es ist
gewissermaßen ein Nachtrag zum Abrechnungsbrief zuvor, enthält eine wiederholte Abfuhr, eine neue Verletzung:

Es ist mir nicht leicht ein Blat saurer zu schreiben geworden, als
der letzte Brief an dich und wahrscheinlich war er dir so unangenehm zu lesen, als mir zu schreiben. Indeß ist doch wenigstens
die Lippe eröfnet und ich wünsche daß wir sie nie gegeneinander
wieder schließen mögen. Ich habe kein größeres Glück gekannt
als das Vertrauen gegen dich, das von jeher unbegränzt war, sobald ich es nicht mehr ausüben kann, bin ich ein andrer Mensch
und muß in der Folge mich noch mehr verändern.
Ich klage nicht über meine hiesige Lage, ich habe mich gut hinein gefunden und hoffe darin auszuhalten obgleich das Clima
schon wieder mit angreift und mich früher oder später zu manchem Guten untüchtig machen wird.
Wen man die kalte, feuchte Sommerzeit, die strengen Winter be-
denckt, wenn durch des Herzogs äusseres Verhältniß und durch
andre Combinationen alles bey uns inkonsistent und folgenloß
ist und wird, wenn man fast keinen Menschen nennen kann, der
in seinem Zustande behaglich wäre; so gehört schon Kraft dazu
sich aufrecht, in einer gewissen Munterkeit und Thätigkeit zu erhalten, und nicht einen Plan zu machen, der einen nach und nach

Christiane Vulpius in Goethes Wohnung im Jägerhaus.
Zeichnung von Johann Heinrich Lips, 1791

loslösen könnte; wenn nun aber gar ein übles Verhältniß zu den
Nächsten entsteht; so weiß man nicht mehr wohin man soll. Ich
sage das so gut in *deinem* als meinem Sinne und versichre dich:
daß es mich unendlich schmerzt, dich unter diesen Umständen
noch so tief zu betrüben.
Zu meiner Entschuldigung will ich nichts sagen. Nur mag ich
dich gern bitten: Hilf mir selbst, daß das Verhältniß das dir zu-
wider ist, nicht ausarte, sondern stehen bleibe wie es steht.
Schencke mir dein Vertrauen wieder, sieh die Sache aus einem
natürlichen Gesichtspuncte an, erlaube mir dir ein gelaßnes
wahres Wort darüber zu sagen und ich kann hoffen es soll sich
alles zwischen uns rein und gut herstellen.

Nichts davon wird sich erfüllen.

    Danach tiefes, langjähriges Schweigen. Goethe erwähnt
in den Briefen der folgenden Jahre Charlotte von Stein nirgendwo, auch kein Hinweis darauf, daß er sich im Gespräch über sie geäußert hätte. Charlotte von Stein scheint
sich bei Hofe, bei der Herzogin Louise gelegentlich über
Goethe ausgelassen zu haben, scherzhaft und ernsthaft zugleich, was sie an ihm zu beklagen hatte – aber die Herzogin hat das abgewehrt. Äußerungen anderer spiegeln das
ganze Ausmaß der Zerstörung, die der Bruch mit Goethe
bei ihr angerichtet hat. Goethes letzter großer Brief hat
Charlotte von Stein, so berichtet Caroline von Beulwitz
an Schiller, «aufgerieben in sich selbst», ein Gleiches in
einem Brief an Schiller vom 24. Oktober 1789: «Die Stein
sprach mir heute lange über G. Es sind böse Reminiscen-
sen in ihr geblieben.» Und: «Sie war in eine stille Trauer
über ihr Verhältniß mit G. gesunken, und da schien sie
mir wahrer und harmonischer als in der widernatürlichen
von Gleichgültigkeit oder Verachtung. Ein zwölfjähriges
zärtliches Verhältniß kann sich nicht in so widrige Empfindungen auflösen, ohne die besten Kräfte des geistigen
Lebens zu vernichten.» Sie muß sich, um einen Ausdruck
aus der damaligen Sprache zu gebrauchen, wie «zernich-
tet» vorgekommen sein. Sie war erstarrt, Gedanken an
den eigenen Tod kamen hoch, ihr Dasein war liebes- und
lebensleer geworden, und aus dieser Betäubung ist sie nur
ganz langsam wieder erwacht; ihr so fragwürdiges Drama

Dido mag ihr später geholfen haben, ein Gleichgewicht
wiederzufinden, das sie für alle Zeiten verloren zu haben
glaubte – wobei dieses Gleichgewicht nach der tiefen Verletzung durch Goethe durch nichts anderes als Rachege-
fühle wiederhergestellt zu sein schien. Persönliches Unge-
mach kam früh hinzu. Der Zustand des Oberstallmeisters
verschlechtert sich 1789; er fürchtet, den Verstand zu verlieren – und das belastet Charlotte zusätzlich. Goethe hält
Kontakt mit Fritz von Stein, versucht, seinen akademi-
schen Weg zu begleiten, und manchmal heißt es in einem
Brief Goethes an ihn: «Grüße deine Eltern. Behalte mich
lieb, so wunderlich ich bin.» Zuweilen rettet Charlotte
von Stein sich in Gefühle des Mitleids mit Goethe. An
ihren Sohn schreibt sie am 27. Juni 1792: «Wenn man kein
liebendes Herz hat, verdient man mehr Mitleiden als Vor-
wurf; denn es ist die schönste aller Empfindungen, lieben
zu können, die dem Unglücklichen, der sich in sich
zurückzieht, nicht mehr zu Theil wird. Das ist doch dein
Fall nicht; du bist zwar früh von einem Freund hintergan-
gen worden, es ist aber besser früh als spät, wo sich die
Wunde nicht wieder auswächst.» Manchmal träumt sie
von Goethe, von dem «Humanus», wie sie ihn in Anspielung auf sein Gedicht *Die Geheimnisse* nennt, träumt von
«seiner Demoiselle» – närrisches Zeug, wie sie hinzufügt,
dieses und mehr noch habe sie von «diesem ausgelöschten
Stern geträumt». Manchmal ist da auch nur ihr «abge-
schiedener Freund».

Als Josias von Stein am 27. September 1793 stirbt, erinnert Goethe den Herzog daran, er möge für Fritz sorgen –
dies bekommt Charlotte von Stein zu Ohren und sieht
darin «ein Funke von Anhänglichkeit an dich», also für
Fritz, mehr aber auch nicht. Tenor vieler Briefe ist:
«Armer Goethe!» Sie hält ihn für tief gefallen, bemitlei-
denswert, bedauert ihn – und verschafft sich dadurch Er-
leichterung und vielleicht auch ein gutes Gewissen. Die
Briefe der Charlotte von Stein zeigen, daß man sich – un-
vermeidlich in einer kleinen Stadt wie Weimar – immer
wieder trifft, Alltägliches bespricht, aber nur flüchtig; ihr
Urteil über Goethe verändert sich nicht. Sie mahnt ihren

Sohn 1794, «keinen der Fehler und üblen Gewohnheiten deines Pflegefreundes» anzunehmen – Goethe ist gemeint. Etwas von der kühlen Art, miteinander umzugehen, findet sich in dem Billett, das Charlotte von Stein an Goethe am 25. August 1794 schreibt, als sie von ihm einen Brief bekommt, den Fritz an Goethe gerichtet hatte: «Eben hatte ich lang nichts von Fritz gehört und danke Ihnen daß Sie mir etwas von ihm zuschicken, ich werde ihm auch heute noch schreiben. Es freut mich, daß Ihnen Ihr altes Kind immer treu bleibt.»

Goethe muß Frau von Stein Anfang September 1794 besucht haben – das ist einem Brief Schillers an seine Frau zu entnehmen, in dem es heißt: «Die Stein hat mir dieser Tage geschrieben, daß Göthe kürzlich bey ihr gewesen, welches mir unerwartet gewesen ist.» Aber die erste Annäherung war dann für längere Zeit auch die letzte. Bei Charlotte von Stein bleibt das Gefühl der Zurücksetzung, der Degradierung auch als Gesprächspartner, und sie bemerkt einmal bitter, daß Goethe ihr nicht gegeben habe, was er für Schillers *Horen* gedacht hatte, die *Römischen Elegien*: «Mir sie zu lesen zu geben, hat mich der ehemalige Freund vermuthlich nicht würdig gefunden.» Aber dann erhält sie 1795 wenigstens ein Exemplar des ersten Teils von Goethes *Wilhelm Meister*, und wenn sie auch nur die schönen Lettern, das schöne Papier und seinen schönen Stil lobt, so wird das unterschwellige Interesse an Goethe doch sichtbar, weil sie anmerkt, daß das Buch sie interessiert habe, «weil ers geschrieben hat und sich seine eigene Moral liest».

Obwohl man in Weimar sich nicht aus dem Weg gehen kann, sich häufig sieht, auch miteinander spricht, entspannt sich das Verhältnis erst dann ein wenig, als Goethe und Schiller sich angefreundet haben. Sie meint, daß Goethe sie jetzt auch wieder bemerke, fügt enthüllend hinzu: «Es kommt mir vor, er sei einige Jahre auf eine Südseeinsel verschlagen gewesen und fange nun an, auf den Weg wieder nach Hause zu denken.»

Doch das Leben der Charlotte von Stein ist gelebt, und die Hoffnung, «ein häuslich Leben» mit ihrem Sohn Fritz

führen zu können, zerschlägt sich, als Fritz nach seiner
Rückkehr aus England nach Breslau gehen soll; ihr Dasein
ist ohne Hoffnung: «Von jeher war das mein Schicksal.»
Wenn sie gelegentlich Goethe einen Brief schreibt, wirkt
er geschäftsmäßig; sie dankt für einen beigelegten Brief
ihres Sohnes Fritz, fragt sich wie nebenbei, ob wohl noch
einige Jahre in ihr Lebensbuch geschrieben seien – und
wieder die Vorstellung, daß sie eigentlich keine Zukunft
mehr habe. Hat Goethe eigentlich bemerkt, daß Charlotte
von Stein in eine tiefe Depression hineingeraten ist, die
unterschwellig und manchmal auch offensichtlich alles
mitbestimmt, was sie äußert? Wohl kaum – er sorgt sich
nur um ihren Sohn, verwendet sich beim Herzog für ihn,
was etwa die Kosten für den schlesischen Aufenthalt von
Fritz von Stein betrifft. «Keine Ehe halte ich für unzertrennlich», schreibt der Herzog am 25. April 1795 an
Goethe – ob der sich erinnert, daß er seine eigene Beziehung zu Charlotte von Stein einmal als «verheurathet» bezeichnet hat? Wohl kaum. Für die *Römischen Elegien* hat
Charlotte keinen Sinn, sie täten ihr nicht wohl, schreibt
sie an Schillers Frau. Im Winter 1794/95 hat sie Goethe
auf einer Redoute gesehen – er wird für alles andere Augen
gehabt haben, nur nicht mehr ausschließlich für sie. Im
Juli trifft sie ihn im Garten – aber er eilt an ihr vorüber,
weicht einem Gespräch mit ihr, ja einer einfachen «An-
sprache» aus. Goethe interessiert sich nicht mehr für
Charlotte, um so mehr aber für ihren Sohn – eine Ersatz-
handlung, ein Ausdruck schlechten Gewissens, oder
freundliche Zuneigung zu einem ihm Vertrauten?

Die Verhältnisse bleiben in diesen späten Jahren prekär,
Charlottes scharfe Urteile über Goethe halten an. Als dem
ein Kind geboren wird, das nach ein paar Tagen wieder
stirbt, schreibt sie an ihren Sohn Fritz: «Er hat wieder ein
Faulconbridgen taufen lassen, und es ist gestern wieder
gestorben» – eine Anspielung auf Shakespeares *König
Johann*, auf einen Bastard von König Richard I. Sie rümpft
die Nase kräftig über Goethes uneheliche Beziehung, über
das Illegitime seiner wilden Ehe mit Christiane, und darin
meldet sich die Adelige zu Wort, die dergleichen Verhält-

nisse nicht dulden kann – und nicht dulden will. Manchmal zahlt Goethe es ihr heim. Als sie den dritten Teil des
Wilhelm Meister von ihm bekommt, erklärt sie Goethe,
sie sei auf das «Ende der Personagen sehr neugierig wie er
es ausführen würde»; er aber hat wohl entgegnet, «im
Leben brauche man nicht consequent zu sein, aber freilich
in einem Roman verlange man es» – und Charlotte muß
gestutzt haben, «daß *er* das Herz hatte mir das zu sagen
und unsere Unterhaltung war am Ende». Aber die *Bekenntnisse einer schönen Seele* haben ihr gut gefallen,
wenn sie auch meint, es sei «von einem Frauenzimmer
und er hat es nur zugestutzt».

Am 24. Februar 1796 trifft Charlotte von Stein Goethe
im Hause Schillers, nach längerer Zeit. Die gleiche seelische Reaktion: Mitleid mit einem Goethe, der sich nicht
zu seinem Vorteil verändert hatte. Sie berichtet an ihren
Sohn Fritz: «Ich hatte ihn seit ein paar Monaten nicht gesehen, er war entsetzlich dick, mit kurzen Armen, die er
ganz gestreckt in beide Hosentaschen hielt. Schiller hatte
seinen schönen Tag und sah neben ihm wie ein himmlischer Genius aus. Ich möchte nur wissen, ob ich dem
Goethe auch so physiognomisch verändert vorkomme, als
er mir; er ist recht zur Erde geworden, von der wir genommen sind. Der arme Goethe, der uns sonst so lieb hatte!»
Wenn einmal ein Billett an sie kommt, so ist es «ein recht
papiernes Billett» – um eine Unendlichkeit von den kleinen Briefchen entfernt, die er früher an sie schrieb. Eine
kleine Geschichte am Rande wirft ein Licht auf die früheren Verhältnisse – und auf die gegenwärtigen. Goethe muß
in Schillers Haus einmal den Grafen Geßler zum Heiraten
bewogen haben, und auf dessen Frage, warum er selbst
denn nicht heirate, habe er erwidert: «Ich bin verheirathet,
nur nicht mit Ceremonie.» Aber das war nicht mehr das
Verheiratetsein mit Charlotte – es war die Wirklichkeit.
Für Charlotte aber bleibt er der «dicke Geheimrath». Als
Goethe einmal Charlotte vor ihrem Hause trifft, setzt er
sich zu ihr, und sie kommentiert es später folgender-
maßen: «Es ist mir noch immer unbegreiflich, daß er mir
so fremd werden konnte.»

Erneute Kontakte gibt es, als es darum geht, die Zukunft
von Fritz von Stein zu sichern, der in preußische Dienste
gehen will. Was Fritz für Goethe ist, ist Goethes kleiner
Sohn August für Charlotte, und sie schreibt am 10. September 1796: «Sie müssens meinem Herzen eigentlich
sehr natürlich finden daß ich Ihr Kind so lieb haben muß.
Leben sie recht wohl. Charlotte v. Stein.» Goethe hilft
Frau von Stein, «Fritzens Sachen» einzupacken. Aber
sonst: akademisch-steife, gezwungene Verhältnisse, wenn
es etwa um Goethes literarische Produktionen geht. Als
Goethe ihr Ende November 1796 etwas schickt, antwortet
sie – und das Förmliche ist nicht zu überhören – : «Ich
danke Ihnen, lieber Geheimderath, für die gütige Mitthei-
lung ihres Manuscripts. Es liest sich so gefällig daß man
gar nicht merkt daß es ein Werk der Kunst ist, und wird
auf jedem Blatt interessanter. Haben Sie's weiter so bitte
ich darum. v. Stein.» Äußerlich: Versöhnung; nach der
Heirat Goethes mit Christiane, das Äußerste: eine freund-
schaftliche Gesinnung, weiterhin gelegentliche Besuche
Goethes bei Frau von Stein. Aus der Geliebten ist die
«theure Freundinn» geworden. Die Briefe schließen
manchmal mit «Das schönste Lebe Wohl!» Und sie
schreibt an ihn: «Mein bester Geheimerath». Ein doch
halbwegs freundschaftliches Nebeneinander also, von ei-
nigem Respekt gezeichnet, Altersdistanz, Interesse für das
Dasein des Anderen und der Anderen, aber nicht mehr.
Jahrelange Nachklänge einer Beziehung, die eigentlich
aufgehört hatte, eine solche zu sein und die noch in den
Grenzen gesellschaftlicher Konventionen weiterlebte.

Charlottes Kritik an Christiane Vulpius bleibt, sie sieht
in ihr immer nur die «Jungfer Vulpius», die auch die poetische Illusion – *Hermann und Dorothea* ist gemeint – ver-
derbe. Man besucht sich später häufiger, 1797 etwa; Frau
von Stein ist im Hause Goethes, Goethe wird zur Trauung
ihres Sohnes Karl am 21. Mai 1798 eingeladen. Bessern
sich die inneren Verhältnisse? An Charlotte Schiller berichtet sie von ihrem «alten Freunde»; vom armen Goethe
und vom Mitleid mit ihm ist nicht mehr die Rede. Charlotte von Stein ist zu einem Mittagessen am 25. Juli 1799

Goethe um 1800,
Kreidezeichnung von Friedrich Bury

zu Ehren der Frau von La Roche eingeladen, am 25. April 1800 ist sie bei einem Konzert in Goethes Haus anwesend. Eine Art innerer Versöhnung hat stattgefunden, ohne daß sie äußerlich durch Worte, Gesten oder Formen der Zuneigung besiegelt wäre. Es wäre wohl unpassend gewesen.

Goethes schwere Erkrankung Anfang 1801 bricht dann aber das Eis. Charlotte schreibt an ihren Sohn Fritz, sie wisse gar nicht, «daß unser ehemaliger Freund Goethe mir noch so theuer wäre, daß eine schwere Krankheit, an der er seit neun Tagen liegt, mich so innig angreifen würde». Was bleibt, bei aller Anteilnahme: ihr Widerwille gegen Christiane Vulpius. Sie haßt die «Demoiselle», nennt sie seine «Kammerjungfer», und daran sollte sich nichts mehr ändern. Von 1800 an werden häufiger kleine Briefe gewechselt, Charlottes Briefe an Goethe gleichen sich alle im Ton und im Inhalt. Charlotte besucht Goethe, leiht Bücher oder bringt sie zurück, aber es geht nie wieder über das «Sie» hinaus. Nach Schillers Tod besucht Goethe sie öfters, sie scheint ihm die folgenden trüben Monate erleichtert zu haben. 1806 trennt sie der Haß auf Napoleon von Goethe – aber das hat für die wechselseitigen Besuche nichts zu besagen.

Es ist ein gesellschaftliches Miteinanderumgehen, nicht ohne Freundlichkeit, aber sicherlich ohne das Gefühl einer tieferen Bindung aneinander. Charlotte von Stein unterstützt 1807 Goethes Theaterbemühungen; Goethe berichtet aus Karlsbad, wenn er sich dort erholt, man trifft sich auf wöchentlichen Zusammenkünften – aber es bleibt bei freundlicher Distanz. Die Zahl der Goetheschen Briefe ist nicht gering, aber deren Ton ist um eine Unendlichkeit entfernt von der Liebessprache, die Goethe in den Briefen vor 1786 fand. Schillers Frau berichtet 1811, daß Goethe Frau von Stein fast jeden Morgen sehe. Man tauscht sich aus über Bücher, Zeichnungen, über das Theater, und gelegentlich unterzeichnet sie einen Brief an Goethe als «Ihre Verehrerin v. Stein». Die Beziehungen haben sich normalisiert, man hat sich im Rahmen des Gesellschaftlichen arrangiert, und die Literatur ist eine gute

Brücke zwischen ihnen. Charlotte von Steins Trauerspiel *Dido* ist längst vergessen.

Erst nach den *Wahlverwandtschaften* wird das Verhältnis freundlicher, wenngleich die Nähe nie wieder hergestellt wird. Fast begeistert schreibt Charlotte von Stein am 20. März 1811 an Goethe über eine *Tasso*-Vorstellung: «Das Zettelchen, lieber Geheimrat, sollen Sie morgen früh bekommen; aber ich kann jetzt dem Drang nicht widerstehen, es noch heute abend zu schreiben, da ich eben aus dem Tasso komme, den ich immer himmlischer finde, je mehr ich ihn sehe, und alles, wo mir nur ein Laut zukam, fühlte es ebenso. Gern wäre ich noch selbst heute abend gekommen, um es Ihnen zu sagen, wenn ich nicht gefürchtet hätte, Sie in ihrer Ruhe zu stören.» Hat sie sich und Goethe darin wiedererkannt?

Schon vorher hat sie durch Knebel Grüße an Goethe übermitteln lassen, Besuche ergeben sich, manche geradezu mit hintergründigem Symbolwert. Charlotte von Stein schreibt am 1. Mai 1812 an ihren Sohn Fritz: «Goethe kann das Abschiednehmen nicht leiden, er ging ohne Abschied neulich von mir, nun reist er heute von Jena aus, wo er einige Tage war, nach Karlsbad ab, in der kalten Witterung: er eilte so entsetzlich geschwind zu meiner Tür hinaus, daß mir es wunderbar vorkam, ich glaube, ich sehe ihn nicht wieder.» So ähnlich war er vor vielen Jahren auch schon zuweilen gegangen. Aber die Besuche wiederholen und häufen sich sogar, Charlotte ist im Alter milde geworden – «das Alter macht sie ruhiger und über vieles gleichgültiger», schrieb Knebel über sie am 30. Oktober 1812.

Nur ab und zu kommt noch Ärger bei Charlotte von Stein hoch über Goethes Benehmen, doch verletzend ist das alles nicht mehr. Am 21. Februar 1816 schreibt sie an Knebel: «Ich weiß gar nicht, wie man ohne Herzlichkeit eigentlich leben kann. Er braucht diesen Lebenspunkt gar nicht.» Schmerzliche Erfahrungen aber gibt es nicht mehr. Am 31. März 1817 spielt Goethe wohl noch einmal auf die früheren Zeiten an, als er ihr schreibt: «Indessen mir Huld und Nachsicht wie vor Alters erbittend.» Am 12. April

1817 antwortet Charlotte: «Sie haben gütig aufgenommen, was ich ordentlich wie vom Geist getrieben Ihnen durch Knebeln sagen ließ, ich habe keine Rücksicht als nur Ihre Ruhe und die Furcht, daß es einmal beim alten Verhältnis zu einer fatalen Explosion kommen könnte, als ein weiser Mann werden Sie es schon zu machen wissen.»

Gab es eine späte erneute Zuneigung? Wohl kaum, nur ein eher noch wachsendes Verständnis füreinander, Sorge auf ihrer Seite, wenn Goethe krank war, Mitgefühl auf seiner, wenn sie wieder einmal zu versöhnen war.

Literarischen Niederschlag hatten diese späten Begegnungen kaum, es lag zu viel zwischen dem Damals und dem neu Gegenwärtigen. Gelegentlich war in einem Brief von Charlotte sogar von Herzlichkeit die Rede, und Goethe ließ es an Anspielungen nicht fehlen. Ein kleines Gedicht an sie, *An ein Weihnachts-Kind*, schrieb er auf den 25. Dezember 1815:

> Daß du zugleich mit dem heiligen Christ
> An diesem Tage geboren bist,
> Und August auch, der werthe schlanke,
> Dafür ich Gott im Herzen danke,
> Dieß gibt, in tiefer Winters-Zeit,
> Erwünschteste Gelegenheit
> Mit einigem Zucker dich zu grüßen,
> Abwesenheit mir zu versüßen,
> Der ich, wie sonst, in Sonnenferne,
> im Stillen liebe, leide, lerne.

Wie in alten Zeiten! Auch damals war manche kulinarische Gabe zu ihr gewandert, versehen mit einem Billett, einem Gedicht. Aber Welten liegen zwischen den Liebesbekundungen von damals und dem artigen Gedicht 1815 – selbst wenn mit «Sonnenferne» Goethe auf das alte Sonnenzeichen für Charlotte von Stein anspielte. Sie dürfte es wohl verstanden haben.

Ob es am Ende, nach 1818, zu einer völligen Versöhnung gekommen ist, wissen wir nicht – auffällig ist nur, daß die Kritik der Charlotte von Stein an Goethe praktisch erloschen ist. Von Goethes Seite aus bleibt es bei Briefen an die «verehrte» oder auch an die «liebe» Freundin, gelegentlich ist noch von der «verehrten, theuren Freundin» die Rede. Am 22. September 1825 schreibt sie an ihren Sohn Fritz: «Goethe ist gar artig gegen mich.» 1825 läßt Goethe ihr eine Medaille mit seinem Konterfei zukommen, und sie berichtet am 16. Juni an Knebel: «Vor einigen Tagen schenkte mir der berühmte Goethe sein Medaillon, in der Schweiz gemacht, wie ich höre; es ist sehr schön und hat mir große Freude gemacht.» Das ist wohl sehr aufrichtig gemeint, aber auch im Wissen um den Abstand zum «berühmten Goethe». Als sie sich am 14. Juli 1825 für die Medaille bedankt, schreibt sie: «Könnte ich Ihnen nur etwas Gutes dafür erweisen! Vielleicht wenn wir uns im großen Weltall wo wiederfinden.» Das ist der alte Gedanke von der Seelenwanderung, hier in vielleicht etwas spöttischem Ton transponiert in den Kinderglauben des einander Wiederfindens nach dem Tod. Aber immer und überall ist Distanz unverkennbar.

Ist es wechselseitige Altersehrerbietung? Da ist eine neue Beziehung entstanden, und sie hat ihre eigene neue Sprache gefunden: eine Altersdiktion, von freundlicher Zuneigung geprägt, von Verständnis und Sorge, aber ohne alles das, was die Liebesbeziehung früher so einzigartig gemacht hat. Am Ende hatte sich ein *modus vivendi* herausgebildet, der beiden erlaubte, in den Formen gesellschaftlichen Umgangs wieder miteinander umzugehen. Höhen und Tiefen gab es nicht mehr, Verletzungen ohnehin nicht mehr (wie hätte es nach denen des Jahres 1786 noch welche geben können?).

Sprachstil und Umfangsformen der Zeit erleichterten ein Miteinander, das freilich eher ein Nebeneinander war, ganz selten – in Zeiten der Krankheit, also um 1800 – auch ein Füreinander. Aber aufgewogen wurden diese fürsorglichen Momente, auch wenn sie über Tage gingen, von Bekundungen eines unangebrachten «Mitleids», von Kritik an Äußerlichkeiten und am Aussehen Goethes. Am Ende blieb er der «Geheimerath», und der Kurialstil hochgestellter Personen, die miteinander freundlich umgingen, prägt den Briefstil ganzer Jahre. 1820, im Oktober, erscheint Goethes Gedicht *Zwischen beiden Welten*, ein

Goethe stehend mit Orden.
Ölgemälde von Ferdinand Jagemann, 1818

Lida-Gedicht, verspätet, fast eine antiquarische, auf jeden Fall eine unzeitgemäße Veröffentlichung. Charlottes Briefe an Goethe sprechen eine völlig andere Sprache.

Am 7. November 1825 wird Goethes fünfzigjähriges Jubiläum gefeiert: Er ist jetzt ein halbes Jahrhundert in Weimar. Charlotte von Stein kann nicht teilnehmen – sie ist alt, gebrechlich, schwach geworden. 1826 hat sie, wie berichtet wird, Papiere geordnet, Gedichte von Goethe verbrannt, verbrannt ihre Briefe an Goethe, die sie so sehr viel früher zurückverlangt, bis dahin aber aufbewahrt hatte. Sie müssen seit 1789 wieder in ihrem Besitz gewesen sein. 1826 gratuliert sie Goethe auch noch einmal zum Geburtstag, es ist ihr letzter Geburtstagsbrief. In ihm heißt es: «Tausend Glück und Segen zum heutigen Tag. Mögen die Schutzgeister auf dem himmlischen Reichstag befehlen, daß alles Liebliche und Gute Ihnen, geliebter Freund, erhalten werde, und mit aller Hoffnung auf Künftige ohne Furcht verbleibe, mir aber erbitte ich, verehrter Freund, Ihr freiwilliges Wohlwollen auf meiner noch kurzen Lebensbahn.» Er antwortet am folgenden Tag:

Beyliegendes Gedicht, meine Theuerste, sollte eigentlich schließen:
«Neigung aber und Liebe unmittelbar nachbarlich-angeschlossen lebender, durch so viele Zeiten sich erhalten zu sehen, ist das allerhöchste was dem Menschen gewährt seyn kann.»
Und so für und für!
Goethe

Und schließlich Goethes letztes Gedicht, *Den Freunden*, an sie mit der Versicherung geschickt, daß Neigung und Liebe unmittelbar nachbarlich angeschlossen seien. Das Gedicht ist ein Gedicht nicht an die frühere Geliebte, sondern an die Freundin unter Freunden:

> Des Menschen Tage sind verflochten,
> Die schönsten Güter angefochten,
> Es trübt sich auch der freiste Blick;
> Du wandelst einsam und verdrossen,
> Der Tag verschwindet ungenossen
> In abgesondertem Geschick

Charlotte von Stein um 1825.
Kreidelithografie nach Zeichnung,
nach Julie von Egloffstein

Wenn Freundes Antlitz dir begegnet,
So bist du gleich befreit, gesegnet,
Gemeinsam freust du dich der That.
Ein Zweiter kommt sich anzuschließen,
Mitwirken will er, mitgenießen,
Verdreifacht so sich Kraft und Rath.

Von äußerm Drang unangefochten,
Bleibt, Freunde, so in Eins verflochten,
Dem Tage gönnet heitern Blick!
Das Beste schaffet unverdrossen;
Wohlwollen unsrer Zeitgenossen
Das bleibt zuletzt erprobtes Glück.

Das war es wohl: Wohlwollen, Freundschaft. Es ist eine
Warnung, sich nicht in Melancholie, Trübsinn, Depression versinken zu lassen, sondern eine Apologie der
Freundschaft – wie Goethe sie in seinem Alter versteht.
Und in einer solchen Freundschaft endet auch die Beziehung zu Charlotte von Stein.

*

Wir können nachträglich einen Blick wagen in das frühere
Verhältnis Charlotte von Steins zu Goethe, ohne freilich
Eindeutigkeit zu gewinnen. Wie intim war es? Wäre es
eine reine Seelenfreundschaft gewesen, hätte Charlotte
eigentlich keinen Anlaß gehabt, sich über Goethes Verbindung mit Christiane Vulpius aufzuregen – von «Miseln» war ja auch schon früher, in der ersten Zeit ihrer
Beziehung, die Rede, auch wenn Goethe das Wort eher
spöttisch gebraucht hatte. Aber wie hatte die Liebesbeziehung zu Charlotte denn eigentlich ausgesehen? Wenn es
tatsächlich nur die Seelenfreundschaft gewesen war –
warum dann ihr so unerbittlicher Protest?
   Zwei Antworten sind möglich. Warum wandelt sich
1781, 1782 Goethes Liebessprache, warum wird sie so intensiv wie nie zuvor und danach? Wie ist der Satz im Brief
an Charlotte vom 8. Juli 1781 «Wir sind wohl verheurathet» eigentlich zu verstehen? War die Beziehung in diesen Jahren mehr als eine Seelenfreundschaft, schloß sie

auch körperliche Intimität ein? Die erste Antwort könnte lauten: sehr schwer vorstellbar, daß es über viele Jahre hinweg bei der seelischen Anbetung geblieben sein sollte – alle menschliche Erfahrung, alle Wahrscheinlichkeit spricht dagegen. Der junge Goethe war ein Wildling, liebte es schon seit seinen ersten Weimarer Tagen, gegen Konventionen anzurennen, und es wird, so ist zu vermuten, in den Tagen und Nächten des Zusammenseins nicht beim Austausch der üblichen Zärtlichkeiten geblieben sein. Von der wehen Lippe handelte ja sogar ein Gedicht – und der Herbstwind wird es sicherlich nicht gewesen sein, der sie verursacht hatte.

Ist es vorstellbar, daß so leidenschaftliche Liebesbriefe geschrieben werden, ohne daß dem etwas in Wirklichkeit entsprochen hätte? Zwölf Jahre Seelenfreundschaft? Ein junger ungestümer Goethe und eine ungemein attraktive etwas ältere Frau, in einer lieblosen Ehe lebend, die diesen Namen kaum noch verdiente – sollte es wirklich bei schwärmerischen Besuchen geblieben sein, war das Gartentürchen und der schnelle Weg in das Haus der Charlotte von Stein gleichsam nur eine Ideenbrücke, über die man hinüberschwärmen konnte?

Sicherlich ist Charlotte von Stein die Spröde gewesen, die auf Abwehr bedacht war, auf ein untadeliges Leben – und die Weimarer Zeitgenossenschaft hat ihr dieses ja auch bestätigt. Schiller schrieb am 12. August 1787 an Körner: «Man sagt, daß ihr Umgang ganz rein und untadelhaft seyn soll.» Aber was machen Goethe und Charlotte zusammen, wenn sie Abende lang beisammen sind, was treibt Goethe nach Kochberg? Wir wissen es nicht, wir können den vielen Liebesbriefen Goethes nur entnehmen, daß da mehr geschehen sein muß als nur gesellschaftlich Unterhaltendes – über Jahre hinweg ist von Gesprächen, vom gemeinsamen Lesen überhaupt keine Rede, erst gegen Ende der Beziehung hin häufen sich die Hinweise auf die Beschäftigung mit biologischen oder optischen Themen.

Sie waren sich einfach nahe, Goethe und Charlotte, und in den glücklichsten Jahren dieser Beziehung werden es nicht nur Küsse gewesen sein, die sie getauscht haben.

Was heißt es, wenn Charlotte in einem Gedicht von der «lieben Sünde» spricht? Wenn Goethe sich als «ehmännischer Liebhaber» bezeichnet? Wenn vom «Sakrament» und vom erwarteten Ende des «Noviziats» die Rede ist? Wenn Goethe ihr auch «gesezlich zu eigen» gemacht zu werden wünscht? Wenn er im «Arm der Liebsten» die Sterne und die Mitternacht vergißt? Was besagt das Hochzeitsgedicht vom Becher? Und was die Tagebuchnotiz «Glück durch ⊙»? Wozu soll der «Ausflug durch den Garten» zu ihr gut sein? Was soll der Traum von der Verheiratung mit einem «artigen Misel»? Und was meint das Gedicht, das von der «erfüllten Hoffnung» spricht? Was ist das «Glück der nächsten Nähe» im späten Lida-Gedicht? Das mag sich der Leser selbst zusammenreimen.

Was diese glücklichen Jahre dann beendete, wissen wir nicht, wissen nur, daß Krisen aufkamen, Wolken aufzogen, die freilich immer wieder schwanden. Die Welt bei Hofe war nicht dazu angetan, es bei Seelenfreundschaften zu belassen – der Herzog lebte in einer alles andere als glücklichen Ehe, die Beziehung zu Corona Schröter war stadtbekannt.

Hätten Goethe und Charlotte von Stein ihre Liebesbeziehung wirklich gelebt, wären es nicht nur geistvolle Liebesversicherungen gewesen, die sie aneinander gebunden hätten, wäre Goethes Bemerkung vom Verheiratet-Sein nicht bloße Liebesrhetorik, wäre es zu mehr gekommen als nur zu Umarmungen und Küssen – dann wäre Charlotte von Steins Reaktion auf Goethes neue Hausgenossenschaft im Gartenhaus nur allzu verständlich. Denn da wäre dann eine Nebenbuhlerin erschienen, wäre die Eifersucht begreiflich, mit der sie das Leben im Gartenhaus verfolgte, dann wäre verständlich, warum sie so tief gekränkt war, verständlich auch, daß sie mit ihrem Trauerspiel *Dido* sich rächen wollte – rächen an einer verlorenen, von Goethe aufgegebenen Liebesgemeinschaft, die eine Trennung vielleicht überstanden hätte, aber nicht die Konkurrenz durch die Jüngere.

Gelegentlich ist behauptet worden – so von dem amerikanischen Psychoanalytiker K. R. Eissler –, daß Goethe erst mit 37 Jahren in Italien sexuelle Erfahrungen gemacht habe. Das ist nicht nur an sich reichlich unglaubwürdig, sondern wird eindeutig durch einen Brief Goethes an den Herzog vom 16. Februar 1788 widerlegt, in dem er auf vertrauliche Mitteilungen des Herzogs erwiderte: «Sie schreiben so überzeugend, daß man ein *cervello tosto* sein müßte, um nicht in den süßen Blumen Garten gelockt zu werden. Es scheint daß Ihre gute Gedancken unterm 22. Jan. unmittelbar nach Rom gewürckt haben, denn ich könnte schon von einigen anmutigen Spazirgängen erzählen. So viel ist gewiß und haben Sie, als ein *Doctor longe experientissimus* vollkommen Recht, daß eine dergleichen mäßige Bewegung, das Gemüth erfrischt und den Körper in ein köstliches Gleichgewicht bringt. Wie ich solches in meinem Leben mehr als einmal erfahren, dagegen auch die Unbequemlichkeit gespürt habe, wenn ich mich von dem breiten Wege auf dem engen Pfad der Enthaltsamkeit und Sicherheit einleiten wollte.»

Der Hinweis auf «Enthaltsamkeit und Sicherheit» ist deutlich genug. Und Goethe dürfte nicht nur italienische Erfahrungen der jüngsten Zeit gemeint haben, sondern auch anderes, vor der italienischen Reise Liegendes. Die Eifersucht der Charlotte: sie wäre also nur zu verständlich, wäre da mehr gewesen als die Seelenfreundschaft, die Anbetung, das Glück der bloßen Nähe, die immerwährende, aber nie erfüllte Sehnsucht Goethes zu jener Frau, die mit einem anderen «verheurathet» war und die mit ihm bloß in einer mehr verbalen als wirklichen Liebessymbiose leben konnte.

Niemand kann das beweisen. Wäre Charlottes Reaktion auf Goethes neue Liebe im Gartenhaus verständlich, wenn die Beziehung Goethes zu Charlotte nichts als Schwärmerei, gefühlvolle Seelensymbiose gewesen wäre? Die andere Antwort: auch das ist denkbar, nämlich dann, wenn Charlotte das Dasein der Christiane Vulpius als Angriff auf und Eingriff in das Absolute ihrer Beziehung zu Goethe verstanden hätte, als Schmälerung und Minderung eines Anspruchs, der in seiner Totalität so zwingend war, daß niemand anders in diese Seelensymbiose eindringen

durfte. Die Verletzung Charlottes wäre begreiflich, wenn
sie plötzlich hätte erkennen müssen, daß es mit ihrer
grenzenlosen Magie zu Ende war, daß ihre Allgewalt über
Goethe dahin war, der sie geradezu abgöttisch geliebt
hatte, ohne daß diese Liebe im körperlich-sexuellen Sinn
je wirklich geworden wäre. Ein Traum wäre hier zu Ende
geträumt worden, der Traum von der unbedingten All-
macht einer Beziehung, die deswegen so einzigartig gewesen sein könnte, weil der Pfad der «Enthaltsamkeit»
nie verlassen worden wäre.

Der Zauber Charlottes also dahin in dem Augenblick, da
Christiane Vulpius auftauchte – Charlotte von Stein war
Frau genug, um zu wissen, was diese neue Liebesbeziehung für sie selbst bedeutete, nämlich das Ende der Einzigartigkeit, die Rückkehr in den allgemeinen Kreis der
«Freunde», der Verlust einer ausschließlichen Hingabe,
die ebenso plötzliche wie definitive Wirkungslosigkeit
einer geradezu überirdischen Anziehungskraft, mit der
Charlotte begabt gewesen sein muß.

Die Nachricht von der Existenz der Christiane Vulpius
muß wie ein Aufwachen, ein schreckliches Erwachen für
Charlotte von Stein gewesen sein – schrecklich, weil es
endgültig war, weil sie ihre Ahnungen, daß es mit dieser
Liebesbeziehung aus war, aufs fürchterlichste bestätigte.
Hatte sie den Goetheschen Traum von der Unendlichkeit
und Unauslotbarkeit einer Liebe mitgeträumt? Warum
war diese Beziehung über viele Jahre hin so viel stabiler als
die zu Friederike Brion, Charlotte Buff, Lili Schönemann?
Wenn es denn ein Allmachtstraum gewesen sein sollte –
ein Liebestraum, so einzigartig, weil er so unglaublich
lange geträumt wurde –, wäre damit Charlottes herbe Kritik, wie sie sich in Goethes Brief an sie spiegelt, verständlich, nachvollziehbar auch für den späten Betrachter?
Kann sein –, auch nicht, heißt es in Kleists Erzählung vom
Michael Kohlhaas. Für beide Antworten – es war nicht
allein eine Seelenfreundschaft; es war nur eine Seelenfreundschaft – spricht jeweils einiges, aber nichts ausschließlich für das eine oder andere.

Es gab vorher schon einige literarische Rückspiegelungen. Mochte die Liebesgeschichte auch abgeschlossen sein – sie war nicht zu Ende, und wenn dichterische Rückblicke auch spärlich sind, so illustrieren und illuminieren sie doch im Nachhinein, was die Beziehung zu Charlotte von Stein Goethe bedeutet hatte. In den *Venezianischen Epigrammen* von 1790 mischen sich Erinnerungen in den poetischen Reisebericht, und es finden sich Verse, die sich auf Charlotte von Stein beziehen könnten. Das 7. Epigramm lautet:

Eine Liebe hatt' ich, sie war mir lieber als alles!
   Aber ich hab' sie nicht mehr! Schweig', und ertrag' den Verlust!

Man kann diese Zeilen durchaus auf das ernüchterte Italien-Bild beziehen, mit dem Goethe sich 1790 konfrontiert sah – sollte aber eine Geliebte gemeint gewesen sein, kann es sich nur um Charlotte von Stein handeln, und dann wäre dieses Epigramm die Bestätigung für das Wissen um das wirkliche Ende jener Beziehung, auch in und aus Goethes Erinnerung. Ist es ein Versuch Goethes, seinerseits mit dem Erfahrenen fertig zu werden, dem Ende, das nicht nur das Ende einer Beziehung, sondern das Ende auch einer Lebensepoche war, in der Goethe eine Sprache gesprochen hatte, die sich so nie wiederholen wollte? Nun ist Schweigen an die Stelle der verbalen Geschmeidigkeit in den vielen Hunderten von Liebesbriefen getreten. Aus dem Gefühl des unwiederbringlichen Verlustes heraus sind auch andere Gedichte dieser Sammlung zu verstehen, etwa der Hinweis im 21. Epigramm, daß der Pilger, den die Zeit hinwegführte, nur mehr «Reste» findet: Italien hat sich verändert, oder vielmehr: der Reisende ist nicht mehr der, der er 1786 war.

   Goethe scheint sich der Einzigartigkeit seiner Liebeserfahrung auch später immer wieder bewußt gewesen zu sein, und er hat in einem erst 1820 in *Über Kunst und Altertum* veröffentlichten Gedicht dieser Liebe noch einmal gedacht, als er *Zwischen beiden Welten* schrieb:

> Einer Einzigen angehören,
> Einen Einzigen verehren
> Wie vereint es Herz und Sinn!

> Lida! Glück der nächsten Nähe,
> William! Stern der schönsten Höhe,
> Euch verdank' ich, was ich bin;
> Tag' und Jahre sind verschwunden,
> Und doch ruht auf jenen Stunden
> Meines Werthes Vollgewinn.

Die Genese des Gedichts ist nicht ganz eindeutig; es ist denkbar, daß die letzten drei Verse später hinzugedichtet worden sind und daß das Gedicht auf Charlotte von Stein und Shakespeare älteren Datums ist. Wie dem auch sei: es läßt erkennen, daß die Liebesgeschichte hier nicht nur in ihrer Einzigartigkeit bewahrt sein sollte, sondern auf ihre Weise poetisiert erscheint – Lida wird neben das eindringlichste literarische Erlebnis gestellt, das Goethe in seinen jungen Jahren hatte. Auffällig jedoch auch, daß Goethe von sich spricht, nicht eigentlich von der Geliebten: ihre Wirkung auf ihn, seine unbedingte Ergebenheit in sie ist Thema der Verse, nicht die Gemeinsamkeit und das gemeinsam Erlebte. Auch das eine Art monologischer Rückschau, die Geliebte in die Erinnerung versetzt, in der sie zeitlos geworden und zugleich doch das wichtigste Ereignis im Leben Goethes geblieben ist. Und noch ein Triumph am Ende der Verse: Lida und Shakespeare haben ihn gesteigert, aus dem Verlust ist «Vollgewinn» geworden, die Stilisierungskunst hat sich über das Erlebte hergemacht und Rang und Bedeutung dieses Erlebnisses für Goethe festgehalten.

Hat Goethe sich auch auf seine Weise von der bedrückenden Nachgeschichte zu befreien versucht? Wohl unmittelbar nach der Rückkehr aus Italien entstand das Gedicht *Frech und froh*:

> Liebesqual verschmäht mein Herz,
> Sanften Jammer, süßen Schmerz;
> Nur vom Tücht'gen will ich wissen,
> Heißem Äuglen, derben Küssen.
> Sei ein armer Hund erfrischt
> Von der Lust, mit Pein gemischt!
> Mädchen, gib der frischen Brust
> Nichts von Pein, und alle Lust.

Die Verse wurden 1815 erstmals gedruckt, gehören aber in die Zeit nach der italienischen Reise, zumal das «Äuglen» häufig in Briefen an Christiane Vulpius begegnet, neben den «Äugelchen». War es ein Versuch, sich von den Qualen zu befreien, von der Pein, von Jammer und Schmerz, wie es das Gedicht nahelegt? Es ist aber wohl eher ein Bekenntnis zu Christiane als ein Abschied von Charlotte, ist ein Gegengedicht zu den Kummer-Zeilen aus den *Venezianischen Epigrammen*. Als Befreiungsgedicht könnte auch das Epigramm dienen:

Frech wohl bin ich geworden; es ist kein Wunder. Ihr Götter
    Wißt, und wißt nicht allein, daß ich auch fromm bin und treu.

Man muß nicht, aber man kann es ebenfalls als Reaktion auf den Bruch mit Charlotte von Stein beziehen.

Das war 1790. Aber die poetische Reise in die Rückerinnerung ist damit noch lange nicht beendet. 1796 entstehen Xenien – ihnen sind drei zuzurechnen, die dann aber doch nicht von Goethe veröffentlicht wurden. Sie gelten unzweifelhaft der verlorenen Geliebten.

Charlotte
Hunderte denken an sich bei diesem Namen, er gilt nur
    Einer, auf diesem Papier findet sie, sucht sie ihn nicht.

An***
Ja, ich liebte dich einst, dich wie ich keine noch liebte,
    Aber wir fanden uns nicht, finden uns ewig nicht mehr.

An meine Freunde
Heilig wäre mir nichts? Ihr habt mein Leben begleitet,
    Freunde, und wißt es, was mir ewig das Heiligste bleibt.

Man kann diese Verse deuten als ein Weiterleben der Zuneigung, als Unfähigkeit Goethes, sich endgültig von Charlotte von Stein zu verabschieden. Aber es ist wohl eher ein erneuter Rückblick aus dem Wissen heraus, daß jene Liebesepoche ein für allemal abgeschlossen war. Das «einst» in dem zweiten Xenion ist das Einst einer tiefen Vergangenheit, das eine Rückkehr zu den früheren Verhältnissen unmöglich macht, und zugleich ist es ein Versuch, die unendliche Vielfalt der Briefe und Liebesbeteuerungen in eine einzige Zeile zu binden und damit zu verewigen.

Goethe konnte sicher sein, daß Charlotte diesen Namen nicht fand, und noch sicherer, daß sie ihn nicht suchen würde. Wir wissen nicht, warum er diese Xenien nicht veröffentlicht hat – es könnte sein, daß 1796 die Hinweise zu offenkundig waren und daß Charlotte von Steins Drama *Dido* von 1794 noch nicht vergessen war. Das Stück enthielt eine einzige Kritik an Goethe, auch eine großangelegte Verteidigung ihrer eigenen Position. Goethe – das ist der Poet Ogon, dem das Schreiben über das Leben geht. Die Karikatur ist so grob, daß Schillers Lob des Stückes kaum zu verstehen ist. Hier kulminieren alle Vorwürfe, die sie Goethe gemacht hat: Herzlosigkeit, Lieblosigkeit, das Künstlertum über das Leben gesetzt, das Marmorkalte an ihm: es war eine literarische Hinrichtung, an der Charlotte von Stein sich da versucht hatte, und das läßt erkennen, wie sehr sie verletzt war, wie sehr sie aber auch Rache wollte.

Goethe war von derartigen Gefühlen frei. Das zeigen auch seine wiederholten Versuche, das Geschehene in wenige Worte zu fassen. In dem Zyklus *Vier Jahreszeiten*, in den Gedichten zum «Sommer», findet sich ein Zweizeiler:

Wie im Winter die Saat nur langsam keimet, im Sommer
   Lebhaft treibet und reift, so war die Neigung zu dir.

Das Bild vom Säen, Keimen und Reifen hat Goethe früher einmal in einem Brief an Charlotte von Stein gebraucht (24. März 1776) – natürlich dürfte er das längst vergessen haben, aber es gibt auch unbewußte dunkle Erinnerungen, die sich in den Gedichten Goethes gelegentlich zu finden scheinen. Im gleichen Zyklus ein weiteres Gedicht:

Alles wünscht' ich zu haben, um mit dir alles zu theilen;
   Alles gäb' ich dahin, wär' sie, die Einzige, mein.

Und auf die Schuld, der Goethe sich gegenüber Charlotte von Stein sicherlich bewußt war, könnte sich das folgende Xenion beziehen:

Kränken ein liebendes Herz, und schweigen müssen; geschärfter
  Können die Qualen nicht sein, die Rhadamanth sich ersinnt.

Das letzte Gedicht dieses Sommerzyklus kann sich eigentlich auch nur auf Charlotte von Stein beziehen:

Leben muß man und lieben; es endet Leben und Liebe.
  Schnittest du, Parze, doch nur beiden die Fäden zugleich!

Das nimmt vielleicht sogar Bezug auf das erste Gedicht
des Sommerzyklus:

Grausam erweiset sich Amor an mir! O, spielet, ihr Musen,
  Mit den Schmerzen, die er, spielend, im Busen erregt!

Auf wen sollte man diese Zweizeiler sonst beziehen, wenn
nicht auf Charlotte von Stein? In den gleichen Kontext
gehört auch der folgende Vers:

Welche Schrift ich zwei-, ja dreimal hinter einander
  Lese? Das herzliche Blatt, das die Geliebte mir schreibt.

Die Sommererinnerungen sind auch Erinnerungen an die
Liebeszeiten mit Charlotte.

Es waren nicht die letzten Spiegelungen der Beziehung
zu Charlotte von Stein. Goethe schickte ihr 1808 *Pandora*
zu; ob eine Beziehung zwischen Charlotte und Pandora
existiert, wissen wir allerdings nicht, und Goethes kurzer
Briefkommentar läßt nicht erkennen, ob er Assoziationen
an die nun schon so lange zurückliegende Liebesgeschichte im Sinne hatte. Das gleiche gilt für Goethes
Wahlverwandtschaften. Es gibt zweifellos Ähnlichkeiten
im Konflikt zwischen Eduard und Charlotte und dem zwischen Goethe und Charlotte von Stein – aber das einstige
Leben ist umgebogen, umformuliert in Vorstellungen, die
mit der früheren Wirklichkeit kaum noch etwas gemeinsam haben. Dennoch ist die Geschichte der Liebe, der Lie-
beskatastrophe zwischen Goethe und Charlotte von Stein
unterschwellig in den *Wahlverwandtschaften* präsent; der
Schleier, so meinte auch Knebel, war gleichzeitig durch-
sichtig und undurchsichtig. An Zelter schrieb Goethe, daß
er vieles in den Roman hineingelegt, manches hineinver-
steckt habe – dem ist allerdings auch nichts Genaueres ab-

zugewinnen, und am ehesten gilt noch das, was Goethe am 17.2.1830 in den Gesprächen mit Eckermann sagte: daß darin kein Strich enthalten sei, der nicht erlebt, aber auch keiner so, wie er erlebt worden sei.

Goethes Briefe: monologische Kunst

Eine abschließende Würdigung

Blicken wir noch einmal zurück. Mit den großen Briefen vom Sommer 1789 rundet sich ein Kreis, ein früh begonnener. Die Briefe an Auguste zu Stolberg waren am Ende zum Brieftagebuch geworden, bedurften im Grunde genommen nicht mehr der Antwort, um fortgesetzt werden zu können: der monologische Charakter der so überschwenglich formulierten Seelenbeichte trat immer deutlicher hervor. Am Ende des so intensiven Briefwechsels mit Charlotte von Stein: ein Gleiches, das italienische Tagebuch noch in weit höherem Maße als jene Briefe an Auguste zu Stolberg monologische Kunst. In manchem waren die diaristischen Eintragungen nur Berichte über Gesehenes und Aufzeichnenswertes, was etwa italienische Kostbarkeiten angeht; sie verraten ein ständiges Bemühen um die literarische Vergegenwärtigung des gerade Angeschauten, um das Bewahren des Augenblicks in der Formulierung. Später, wenn er wieder in Weimar sein würde, sollte das als Gesprächsstoff, als Informationsquelle, als Gesellschaftsunterhaltung dienen. Charlotte von Stein war ein Teil dieser Gesellschaft geworden – zumindest in Goethes Briefen, und er gab es unverhohlen zu. Aber hatte er tatsächlich nur dafür geschrieben? Für eine Geselligkeit, die auch ohne seine Berichte genauso gut oder genauso schlecht, wie das in Weimar üblich war, hätte bestehen können?

Eine eigentümliche Doppelperspektive tut sich auf. Auf der einen Seite ein unendliches, täglich erneuertes Mitteilungsbedürfnis, fast jeder Tag ein manchmal unauslotbares Stoffreservoir für seine Notate, *nulla dies sine linea*, um das Erlebte auch für andere festzuhalten und für später verfügbar zu haben – auf der anderen Seite der Reisende, der unerkannt bleiben wollte und der nur einen treuen, stets gegenwärtigen Begleiter hatte: sein Brieftagebuch. Dort lebte Goethe aus, soweit die Feder das erlaubte, was seine eigentliche und innere Existenz ausmachte; dort wurde noch einmal Wirklichkeit, was er tagsüber gesehen, empfunden, gehört, gehofft hatte.

Sind die vor der italienischen Reise mit Charlotte von Stein gewechselten Briefe anders geartet? Wirkliche Liebesgeschichten – sie kommen häufig ohne eine gesprochene, eine geschriebene Sprache aus. Aber hier, in den über 1700 Briefen an sie, werden die Gefühle immer wieder, oft jeden Tag mehrfach neu formuliert. Das Eigentliche mag unsagbar gewesen sein – aber es hat Goethe nicht gehindert, dieses eigentlich nicht mehr zu Beredende dennoch ständig neu in Worte zu fassen. Was sich abspielte, als keine Briefe gewechselt wurden, sondern beide sich nahe waren, wissen wir nicht. Aber auch das brachte den Briefwechsel nicht zum Verstummen, sondern intensivierte ihn nur noch, führte nicht zu Wortarmut, sondern zu einem Wortreichtum, selbst wenn das Vokabular zwangsläufig begrenzt war.

Selbstverständlich waren die Liebesgespräche, war der Liebesbriefwechsel auch ein Gegengewicht zu dem, wozu Goethe in dem kleinen und doch nicht unkomplizierten Weimarer Staatswesen verpflichtet war. Man könnte gelegentlich sogar den Eindruck gewinnen, als habe Goethe in zwei Welten gelebt – aber der täuscht. Natürlich gibt es die im weitläufigen Kurialstil abgefaßten Briefe an den Herzog, an Amtspersonen, daneben auch Geschäftsbriefe, Mitteilungen an alte Freunde – obwohl sie spärlich sind, weit hinter die Fülle der Liebesbriefe zurücktreten.

Doch die eigentliche Gegenwelt war die der Sturm- und Drang-Zeit gewesen mit ihren nichtssagenden Gefühlsseligkeiten, mit ihrer durch die Sprache hochgesteigerten Pseudo-Sensibilität, mit einer nur erfundenen Liebeswelt, mit erdachten und sprachlich sorgsam ausgeklügelten Formulierungen, die neu sein sollten, aber eben nichts anderes als variationsreicher Werther-Stil waren. Aber auch schon Werther: monologische Kunst. Da schrieb einer gegen eine Welt an und schrieb im Grunde genommen doch nur für sich, und je mehr die Welt zurücktrat, desto mehr schwelgte er in Phantasien, Ahnungen, Befürchtungen, Visionen und Ängsten – um sie alle zu benennen. An eine Außenwelt war das im Grunde genommen nicht mehr gerichtet, und diese trat denn auch zusehends in den Aufzeichnungen zurück, machte Stimmungen Platz, die Naturkulissen brauchten, aber auf Menschen weitgehend verzichten konnten: bei allem Wortreichtum ein seelischer Erstarrungsprozeß, ein Krankheitsverlauf, wie er dann nur zu konsequent im Selbstmord Werthers endete.

Die Sprache versagte nicht, aber die Kommunikationsfähigkeit war auf der Strecke geblieben, und je mehr sie schwand, desto größer wurde das Bedürfnis, quasi an sich selbst zu schreiben, das Tagebuch als Briefersatz zu führen, mit einem hier und da auftretenden, aber nur noch fiktiven Du. In einer Zeit, die für Brieffreundschaften schwärmte, die auf Geselligkeit aus war, in der Salongespräche hohen Stellenwert hatten, in der kaum unbekannt blieb, was irgendwo zwischen Menschen geschah, in der es eine bürgerliche und im gleichen Maße auch eine adelige Gemeinschaftskultur gab – in einer solchen Zeit war das allmähliche Verstummen, der erst erzwungene, dann aber auch gewollte Ausschluß des Anderen, der Anderen, ein fast unerträgliches Schicksal, und Werther reagierte auf seine Weise darauf.

Die Briefe an Auguste zu Stolberg lassen nichts Derartiges aufkommen, bis auf den Werther-Ton, also die Sprache, die transportabel war und sich durchaus nicht bloß mit dem Schicksal des einen Unglücklichen verband. Aber in diesem frühen Briefwechsel mit einer unbekannten Geliebten, einer verbal geliebten Unbekannten ist eigentlich das gleiche Verhalten zu erkennen: Es interessiert die eigene Verbalisierungskunst von Gefühlen, die als exaltiert galten, die aber vom Zeitgeist gleichsam vorgeschrieben waren. Eine gemäßigte Liebe, in den vierziger Jahren noch hochgeschätzt, war nun, um 1770, keine Liebe, und wo sie sich wohltemperiert artikulierte, war sie auf doppelte Weise unglaubwürdig: als Liebe und als Liebesbeschreibung. Der Briefwechsel mit Auguste zu Stolberg war weitergeschriebener *Werther*, das hat sie richtig erkannt – und das will noch einmal bedacht sein im Hinblick auf die Bewertung der Liebessprache in den Briefen an Charlotte von Stein.

Es muß Goethe wie eine Befreiung vorgekommen sein, jetzt anders schreiben, über die Fähigkeit verfügen zu können, die Geliebte, sei sie nun ein Liebesphantom oder eine wirkliche Geliebte gewesen, neu in seine Gedanken- und mehr noch in seine Wortwelt einzubeziehen. An die Stelle der ausgesuchten, hypertrophen Liebesadresse, wie sie Auguste zu Stolberg immer wieder zuteil wurde, trat jetzt eine unerhört einfache Sprache, die Goethe das zurückgeben sollte und konnte, was die Briefsprache in den Briefen an Auguste zu Stolberg vermissen ließ: Aufrichtigkeit, Glaubwürdigkeit. Denn es ging ihm nicht um die Liebesbeziehung allein, sondern zugleich um die immer wieder erneut unter Beweis gestellte Fähigkeit, darüber auch stets neu sprechen zu können. Goethe brauchte geradezu die Abwesenheit der Geliebten, um sich ihr nähern zu können – in Worten, in Gedanken, aber die wurden erst Realität, wenn er sie aufs Papier bringen konnte. Daß jemand sich immer wieder der Liebe neu versichern möchte, ist verständlich – und doch von einiger Banalität, da es das Alltäglichste von der Welt ist, auch wenn es denen, die die Liebe erfahren, wie das Außergewöhnlichste erscheinen mag. Doch diese Liebesbeziehung zu Charlotte von Stein machte Goethe auf eine Weise mitteilsam, wie er das vorher und nachher nie wieder gewesen ist. Manchmal verstummt ihm die Sprache – nachdem er das Äußerste getan hat, seine Gefühle in Worte umzusetzen. Und diese neue Sprache ist aufrichtig, selbst da, wo sie in Formeln verfällt.

Bedenkt man, daß das ausgehende 18. Jahrhundert die Welt einer unvergleichlichen Sprachkultur war, daß die Sprache, auch diejenige, die bei Hofe oder unter Gleichgestellten gesprochen wurde, durchaus direkt, erfindungsreich, überzeugend war, dann bekommen die Goetheschen Liebesbriefe noch einen anderen Hintergrund. Sie sind ein Versuch, die Sprache, die immer noch zu einem erheblichen Teil Gefühlssprache war, nicht, wie in den Briefen an Auguste zu Stolberg, bis ins fast Unglaubhafte hin zu übersteigern, sondern diese Sprache neu zu sprechen, so, daß sie verstanden wurde, aber auch so, daß sie der eigenen Empfindung gerecht wurde. Die Welt der Empfindsamkeit liegt noch gar nicht weit zurück – und das war weniger eine Welt der Gefühle als vielmehr eine solche, in der Gefühle auf gebildete Weise ausgesprochen werden konnten.

Es galt also nicht, eine neue Sprache zu erfinden, sondern vielmehr in einer Welt, in der mehr oder weniger alles mitteilbar war, Briefe zu schreiben, die gleichzeitig Mitteilungen waren und darüber hinaus den Mitteilungscharakter der empfindsamen Sprache durchbrachen, und das ging, so hat Goethe gewußt, nicht durch weitere Übersteigerungen, sondern nur durch eine Rückkehr zu einer glaubwürdigen Einfachheit, die auf Wortkaskaden verzichtete, die sich kurzer Sätze befleißigte, die sich vor allem in der Kunst übte, das eigentlich Unsagbare dennoch auf oft minimalistische Weise sagbar zu machen. Das war eine sprachliche Gratwanderung, in der jegliche tradierte Rhetorik fehl am Platz gewesen wäre, jede Banalität sich aber ebenfalls von selbst verbot.

Erforderlich war eine neue sprachliche Flexibilität – in einer Welt, in der manches schon zur Phrase und Floskel erstarrt war, eine täglich neue Aufgabe. Es ging nicht um Gefühlskunst, sondern um Sprachkunst, und das in einer Form, die Goethe gelegentlich wohl wie eine Art Selbstbefreiung vorgekommen sein muß nach dem, was er an hochstilisierter Gefühlskultur in die *Leiden des jungen Werthers*, in seine frühen Briefe an Auguste zu Stolberg hineingebracht hatte. Er mußte aussprechen, was sich der Aussprache eigentlich entzog, und zwar auf eine Weise, die nicht nur überzeugend war, sondern die auch die Gefühlswelt, in der er lebte und die immer noch steigerungsfähig war, mitteilbar machte. Hier schrieb kein Werther mehr in solipsistischer, sich immer mehr verstärkender Selbstanalyse, auch kein Brieffreund der Empfindsamkeit, der sich nur in erdachten Gefühlen bewegte. Goethe

schrieb auf ein wirkliches Gegenüber, auf eine wirkliche
Geliebte zu, die seine Liebe erwiderte, wenngleich man
annehmen darf, daß ihre Briefe an Goethe nur einen
Bruchteil dessen ausmachen, was er an Charlotte von
Stein schrieb.

Natürlich sollen die Briefe auch Entfernungen überwinden; sie werden ja besonders intensiv, wenn sie in Kochberg ist oder er auf Reisen. Aber sie sollen auch mit etwas
fertig werden, was tagtäglich neu eintrat: mit der Trennung. Sie sind immer wieder erneuerte Versuche, die
Abwesenheit der Geliebten zu überspielen, sie durch den
Brief ungeschehen zu machen, sie vor seine Augen zu
bringen, wenn er ihr schreibt – so, wie sich das später
im italienischen Tagebuch noch als Abglanz erhalten hat
oder, anders gesehen: wie es zur alleinigen Schreibkraft
geworden ist, da sie nicht nur einige Schritte oder einige
Stunden, sondern Äonen weit von ihm und seinem italienischen Leben entfernt ist.

Aber an wen schrieb er wirklich? Ist es nicht doch, auch
in den Briefen an Charlotte von Stein, eine immer wieder
nur erdachte Geliebte, die sich vor die wirkliche stellt,
eine mit Worten herbeigezwungene, eine, die derart ständig präsent war, auch wenn noch so oft abwesend war?
Sind diese Briefe an Charlotte von Stein nicht doch hin
und wieder und dann fast ausschließlich monologische
Schreibkunst, Briefe, die zwar an eine andere geschrieben
wurden, die aber dazu dienen sollten, den Schreiber gleichsam seiner selbst zu versichern? Lebt Goethe nicht doch
in einer doppelten Welt, einmal in der, die ihn mit seiner
Geliebten so oft, gelegentlich fast täglich zusammen-
bringt, und in einer anderen, in der er sie geradezu herbei-
schreibt, indem er sich klar wird über seine Gefühle, sie in
Worte bringt, sie immer wieder neu überprüft, um sie
immer wieder richtiger und überzeugender, doch auch
immer wieder gleichbleibend deutlich zu beschreiben?

In gewissem Sinne sind auch die voritalienischen Briefe
ein Tagebuch in Briefform, das Goethe nicht zuletzt um
seiner selbst willen führt. So groß das Maß an Zuwendung
sein mag, das aus diesen Briefen spricht – die Briefe sind

auch Introspektion, sollen in Worten Rechenschaft ablegen über seine Gefühle, seine Erlebnisse, seine Gedanken.
Und auch dazu ist Charlotte von Stein immer wieder
erneuter Anlaß. Was Goethe so häufig gibt, sind Selbstcharakteristiken, die nicht unbedingt immer der inneren
Wirklichkeit entsprechen müssen, die aber hier und da
auch so etwas wie ein Idealbild des eigenen Inneren enthüllen – und enthüllen sollen.

Es wäre übertrieben, spräche man hier von Schreibübungen *amoris causa.* Aber die unendlich lange Zeit der
Liebesbeziehung war auch eine unendlich lange Zeit
der Rechenschaftsabgabe, sich selbst und natürlich auch
Charlotte von Stein gegenüber, oder, um es überspitzt zu
sagen: hier schrieb Goethe auch im Gespräch mit sich
selbst. Denn zu viel ist in diesen Briefen von Rückblicken
auf gerade etwas Erlebtes die Rede, zu häufig von der Vor-
freude auf spätere Begegnungen, zu wenig von Charlottes
wirklichem Leben, von der Alltäglichkeit ihres Daseins.
So bedauerlich es ist, daß die Briefe von Charlotte von
Stein nicht mehr erhalten sind – wir können diese Beziehung aufgrund der Goethe-Briefe mehr oder weniger
lückenlos rekonstruieren, wir wissen, soweit sich das in
Worten sagen läßt, alles über sie. Sie sind gerade dort
verräterisch, wo sie sich auf wenige Worte beschränken,
enthüllend, was Goethes Seelenhaushalt angeht und die
Fähigkeit, mit sich ins reine zu kommen, seine Leidenschaftlichkeit zu kanalisieren: nicht in bekannte Gefühls-
bahnen, sondern in eine Sprache, die mit der inneren Erre-
gung fertig wird, indem sie diese ins Wort gleichsam
veräußerlicht. Aber von Charlotte hören wir in seinen
Briefen viel zu wenig.

Verständlich, daß in einer solchen Beziehung, in einer so
dargestellten und immer wieder auf den Prüfstand der
Sprache gebrachten Verbindung nicht alles völlig gleich-
bleibt – obwohl ein Rätsel bleibt, über wie viele Jahre hinweg die Liebesbeteuerungen an Intensität nicht abnehmen
und der Sprachreichtum sich auch nicht vermindert. Flos-
kelhaftigkeit – das gab es gelegentlich schon; aber das ist
nichts anderes als eine Form des Petrarkismus im 18. Jahr-

hundert. Die Formeln nehmen gegen Ende hin allerdings zu; das muß nicht nur auf eine abgekühlte Liebesbeziehung hindeuten, sondern ist auch das Ende einer von Goethe wirklich in jede Richtung hin ausgeschriebenen Liebessprache, die kaum noch Veränderungen zuläßt, weil eigentlich alles gesagt ist.

Ein wenig sind also auch die Briefe an Frau von Stein letztlich monologische Kunst, die Beziehung zu ihr im besten und im trivialsten Sinne des Wortes Schreibanlässe, und es ging im Briefwechsel mit Charlotte von Stein ähnlich zu wie in dem nur teilweise vergleichbaren, weil viel zu sehr verkürzten Briefwechsel mit Auguste zu Stolberg: die Mitteilung wurde immer stärker zur Selbstmitteilung, das wirkliche Du im Grunde genommen damit ausgeschlossen, so häufig es auch adressiert war. Die Briefe sind, genau besehen, bei aller Liebe zu Charlotte häufig nur Innerlichkeitsbekundungen, sie handeln, wenn er an die Geliebte schreibt, nicht selten doch nur von sich. Schärfer gesagt: auch Charlotte von Stein ist letztlich in sehr vielen Briefen an sie nur eine Macht, die seine Feder in Bewegung setzt, und er schreibt, paradox formuliert, um ihr schreiben zu können. Zwar bricht sich ein unendlicher Strom von Liebesbeteuerungen und Anbetungen Bahn – aber man kann sich nicht des Eindrucks erwehren, daß er häufig die Empfängerin nur als Stimulans brauchte, nicht, daß er sie wirklich erreichen möchte. War die Macht, die Charlotte von Stein so lange über ihn hatte, auch so begründet, daß sie ihn in Briefen auf unerhörte Weise produktiv werden ließ, indem sie ihn über viele Jahre hinweg zu seinen immer gleichen und doch so variationsreich veränderten Liebesgeständnissen geradezu provozierte?

Auffällig ist, daß so wenig von ungewöhnlichen Gefühlen die Rede ist, von Leidenschaften, Zornesausbrüchen, Verzagtheiten, Liebesverzweiflungen, von außerordentlichem Glück und von elementaren Regungen, die auch Wut, Neid, Eifersucht, Enttäuschung und die Angst vor Liebesverlust einschließen können. Man erfährt gelegentlich von Mißmut, Verletzungen und Kränkungen, die aber rasch wieder behoben werden: durch die Sprache, durch einen Brief, durch eine Geste verbaler Art, durch ein kleines Geschenk, das aber immer von einem Billett begleitet ist. Ob es auch stumme Symbole der Zuneigung gegeben hat? Gewiß – aber sie haben sich nicht in die Sphäre des Wortes hineinbegeben können.

In diesen Briefen wird nicht argumentiert, nicht gestritten, nichts Äußerstes gewagt, und wirkliche Verzweiflung findet man auch nicht: eine letztlich wohltemperierte Sprache, die natürlich fragen läßt, ob die Gefühle nicht letzten Endes ebenfalls nur wohltemperierte Gefühle gewesen seien. Darauf gibt es verständlicherweise keine Antwort – aber die Sprache läßt erkennen, daß sie vielleicht nicht das wichtigste, aber das unentbehrliche Medium der Verständigung und auch der Liebesbezeugungen gewesen ist.

Es war in der Tat eine Liebe in Briefen; sie war freilich erfüllt genug, um die Vorstellungskraft des Lesers zu entzünden. Aber: die Briefe waren auch Schreibkunst, ein jahrelanger Versuch, sich in einer neuen Sprache auszudrücken, die Goethe bei Auguste zu Stolberg als weiterschreibenden Werther noch über *Die Leiden des jungen Werthers* hinaus ein wenig in Verruf gebracht hatte; also ein Versuch, sich literarisch neu zu legitimieren, nicht als Dichter oder Schriftsteller, sondern als Briefschreiber, und das heißt letztlich auch: sich selbst, seiner Gefühlswelt und deren Ausdrucksmöglichkeiten gegenüber.

So kann man die Briefe denn tatsächlich als Kunstwerk lesen, als einen Versuch, die eigene Sensibilität einer geliebten Frau gegenüber darzustellen, sie in das zu bringen, was für Goethe Lebenselexier war: in Worte und Sprache. Nur wenig ist zeremoniös an diesen Liebesbriefen, aber manchmal kann man sich nicht des Eindrucks erwehren, als sei selbst das intensive Gefühl um einer überzeugenden, ins Wörtliche gebrachten Darstellungskunst willen evoziert worden. Natürlich haben die Briefe auch magische Funktion: sie sollen die Geliebte durch Sprachbeschwörung herbeizaubern. Aber die Geliebte war nicht zuletzt da, um ihn zum Sprechen, zum Schreiben, Darstellen zu bringen, und es ist diese Darstellungskunst in einem Bereich, der sich eigentlich der Kunst entzieht, die diese Briefe so lesenswert macht.

Auch nachdem weit mehr als anderthalbtausend Briefe gewechselt worden sind – langweilig sind sie nie. Noch einmal erregend werden sie, wenn sie schließlich in wirkliche Rechtfertigungen, Beschuldigungen, endgültige Stellungnahmen, in den brieflichen Abschied hineingeraten. Sie werden plötzlich sehr lang: ein untrügliches Zeichen dafür, daß eine andere Rhetorik auf den Plan tritt, und wenn Goethe am Schluß dieser Beziehung Offenheit fordert, dann ist diese anderer Natur als jene, die er selbst in seinen Briefen gezeigt hatte. Aus der so oft imaginierten Geliebten ist am Schluß ein wirkliches Gegenüber geworden – aber die Verständigungsbrücken tragen plötzlich nicht mehr, brechen nacheinander ein; Goethe verweist schließlich auf die Tagebücher, die bald kommen müssen und die noch einmal sagen sollen, sagen können, was er für sie empfunden habe. Da ist die monologische Kunst Goethes in diesem Briefwechsel auf ihren Höhepunkt gekommen, und gleichzeitig ist auch ein Tiefpunkt in der wechselseitigen Beziehung erreicht.

*

Das alles ist erklärlich, und doch bleiben Unerklärlichkeiten. Wie konnte sich Goethes Briefstil um diese Unendlichkeit verändern? Wie war es möglich, daß nach dem Bruch mit Charlotte von Stein aus einer Sprache, die an Flexibilität, Ausdruckskraft, Innigkeit und Darstellungsreichtum unvergleichlich war, ein geradezu nüchterner Verständigungsstil wurde, so daß zwei einander ganz fremde Personen diese Briefe verfaßt zu haben scheinen? Wie konnte es sein, daß Goethe mit seiner Geliebten noch in Italien so umgehen konnte, als sei sie so gegenwärtig wie nichts anderes, und daß er nach seiner Rückkehr aus Italien eine Fremde vorfand? Die Frage, wieweit es in der früheren Beziehung zu mehr als Worten kam, läßt sich nicht eindeutig beantworten. Bedrängender ist eigentlich

die Frage, wie es geschehen konnte, daß die Liebessprache
so völlig verebbte und jene andere Sprache, die Goethe
vorher Charlotte von Stein gegenüber nie gesprochen
hatte, sich so hartnäckig ausbreitete, daß Intimität und
Nähe, wie früher, nicht etwa mühsam verschlossen wurden, sondern nie vorhanden gewesen zu sein schienen.
Aber Charlotte von Stein war noch da, der die Nähe und
der die unendlichen Liebeserklärungen Goethes gegolten
hatten. Es ist eigentlich völlig unglaubwürdig, daß sich
eine Liebesbeziehung, die so eng war und über so viele
Jahre ging, in nichts aufgelöst haben sollte. Es ist, als ob
Goethe aus einem Traum erwacht sei, den er auch noch in
Italien geträumt hatte, wenngleich ihm dort und spätestens nach seiner Rückkehr nach Weimar klargeworden
sein mußte, daß es ein Traum gewesen war, sonst nichts.

Aber welcher Art war dieser Traum gewesen? Der Zauber Charlottes muß grenzenlos gewesen sein, ihre unendliche Attraktivität über Jahre hindurch ungebrochen. Aber
ist es verständlich, daß solch ein Zauber ganz nachläßt?
Natürlich liefert Christiane Vulpius eine Erklärung – aber
sie reicht nicht hin, um diese Wandlung zu erklären.
Goethes Beziehung zu Christiane war völlig anderer Art
und Natur, auf Wirkliches gegründet, das Erotische eingeschlossen. Sie paßte, von außen her betrachtet, nicht in
die Lebenswelt Goethes, zumindest nicht in die bei Hofe,
und es hat lange gedauert, bis Christiane als seine Frau
dort zugelassen war. Alles das erklärt aber nicht, warum
Charlottes Attraktivität, ihre magnetische Wirkung auf
ihn, Magie, Charisma und Aura ihrer Persönlichkeit so
rasch und so eindeutig zu Ende waren. Erwartete sie seine
Bitte um Vergebung, und mochte er diese Bitte nicht aussprechen? Erwartete er von ihr, daß sie sich ihm wieder
freundlich zeigen würde? Beides ist wohl so, aber auch das
erklärt nicht den Bruch, die unheimliche Abgründigkeit
dieses Endes. War es bei Goethe das Übliche – die Flucht
vor der Geliebten, mit der neuen Variante einer Rückkehr,
die all die Lebensschwierigkeiten mit sich brachte, von
denen die späteren und die späten Briefe beider vorsichtig
und doch eindringlich genug künden?

Die Liebe Goethes zu Charlotte von Stein war vor allem eine Liebe in Briefen. Über Heimlichkeiten, Gesten, Küsse, Umarmungen und anderes mehr ist nichts überliefert. Wir wissen nur: Goethe hat sich in der Zeit, in der er seine mehr als 1700 Liebesbriefe schrieb, in eine ihm vorher völlig unbekannte Liebessprache hineingesteigert, und sie wurde so reich, so modulationsfähig und ausdrucksstark, daß sie, so könnte man vermuten, fast ein Eigenleben bekam. Goethe schrieb gewiß nicht wie Heine seine Gedichte, um sich in der rhetorischen Liebeskasuistik zu üben, so daß die Schreibversuche, bei Heine jedenfalls, am Ende die Liebesversuche gründlich überwogen. Aber man wird den Verdacht nicht ganz los, daß auch Goethe schrieb, um zu schreiben, daß er diese Liebe auslebte, indem er Charlotte etwas mitteilte, das wenig genug von ihm selbst enthielt, das aber immer wieder das Wesen Charlottes, ihre Anmut und Lieblichkeit, in Worte zu fassen versuchte. Schreibübungen also *in eroticis*, eine Liebe *in litteris*?

Liest man noch einmal in diesen Briefen, so werden sie noch unergründlicher und unbegreiflicher, als sie beim ersten flüchtigen Durchsehen erscheinen mochten. Diese neue Variation eines immer gleichen, sehr einfachen Satzes, nämlich des «Ich liebe dich», muß eine geradezu ungeheuerliche Herausforderung für Goethe, den schreibenden Goethe, gewesen sein, und er hat diese Herausforderung angenommen, indem er schrieb – und im Schreiben wird er erkannt haben, daß seine Liebe eben darin lebte, daß es darum ging, ein Gefühl in Worte zu fassen, das er kannte, dessen Intensität er aber hier erstmals neu erfuhr. Er reagierte auf Lottes Blicke, Gesten und Zeichen sicherlich mit Ähnlichem, aber vor allem mit Worten: mit diesen einzigartigen Briefen, in denen sich eigentlich alles ausspricht, was Inhalt und Wesen dieser Liebe ausgemacht hat. Was immer an Liebesrealitäten verschwiegen wird – die Sprache als Liebessprache, als Liebesspiel verschweigt überhaupt nichts, da diese unerschöpflich ist. Die Liebe eines Dichters – nur so konnte sie sich wohl eigentlich erfüllen. Daß es auch literarische Auskristallisationen dieser Liebesbeziehungen gibt, in Gedichten, im *Torquato Tasso* und in der *Iphigenie*, bestätigt das alles nur noch.

Goethe hat sich die Gestalt der von ihm so angebeteten Charlotte immer wieder imaginiert, und so lebte sie denn schon sehr bald ein Doppelleben: als wirkliche Frau, zugleich als Gestalt in seiner Sprache. Und von daher erklärt sich auch, warum er in Italien so weiterschrieb, als sei er gar nicht fortgereist, sondern als könne er seine Erklärungen, Botschaften, Huldigungen und Tribute quasi mit einem Brief direkt zu ihr befördern. Natürlich unterscheidet sich das, was er aus Italien zu berichten hat, erheblich von dem, was er als Liebesbrief in unendlicher Variation an sie schreibt, als sie neben ihm wohnt, in Kochberg, er auf kurzen Reisen oder sie für einige Zeit abwesend ist. Gemeinsam ist den Berichten aus Italien und den Liebesbriefen, daß sie geschrieben wurden. Erotik ist auch eine Sache des Kopfes, der Phantasie, der Bildniskraft in uns.

Über Gefühle zu schreiben, ist ein Versuch, dieser Bildniskraft Ausdruck zu verleihen. Gewiß: man hat in den Jahren der größten Nähe miteinander gelebt, eng und vertrauensvoll, so, daß die übrige Welt fast ausgeschlossen blieb, und wenn sie dennoch hereindrang, war sie unwillkommen und wurde nach Möglichkeit ignoriert. In den Briefen gab es sie aber von vornherein nicht. Wenn Goethe an Charlotte von Stein schrieb, dann war er mit ihr allein, war ihr näher, als wenn er den Hinterausgang seines Hauses und den Weg zu ihr genutzt hätte. Die *unio mystica*: sie war sicherlich eine der Seelen, aber vor allem war sie eine, die sich in den Liebesbriefen erfüllte. So muß das für Goethe gewesen sein, und deswegen konnte er sie, Charlotte von Stein, so ungehindert nach Italien mitnehmen, obwohl sie im heimatlichen Weimar und in Kochberg geblieben war. Erst allmählich wird er in Italien gespürt haben, daß er eine Frau anbetete, die tatsächlich nicht mehr da war, die er für anwesend hielt, obwohl sie sich, wohl auch innerlich, längst von ihm getrennt hatte. Eine Weile noch hielt das Trugbild an, schrieb er ihr, als sei sie nebenan – und dann wechselte er zum Tagebuch, hielt das fest, was wirklich war, und nicht das, was er vor sich in

seinem Liebestraum sah. Das eigentliche Erwachen kam
dann in Weimar, am Tag der Rückkehr.

Charlotte – ein Liebesphantom? Natürlich nicht, und
dennoch. Goethe hat oft genug von ihr geträumt, und alle
seine Liebesbriefe sind ein einziger Traum. Es ist der
Traum von einer *unio mystica*, der sich, wie alle Träume
dieser Art, nicht erfüllen konnte. Goethe war glücklich,
wenn er an sie schrieb. Und natürlich auch glücklich,
wenn er sie sehen konnte. Aber man kann sich nicht des
Eindrucks erwehren, daß das Schreiben ihn am Ende
glücklicher gemacht hat. Allein die Menge der Briefe ist
ein Beweis dafür, daß es eine Liebe in Briefen war. Das
schließt die andere, wirkliche Liebe nicht aus. Aber es
macht sie, gemessen an der Intensität dieser Sprache, zwar
nicht gerade bedeutungslos, aber vielleicht doch fast
schon ein wenig zweitrangig. In diesen Liebesbriefen war
Goethe nicht einsam, in ihnen war er mit Charlotte von
Stein vereint. Anzunehmen ist: nur in ihnen. Das macht
sie so kostbar.

Daß Charlotte von Stein ihre Briefe am Ende ihres
Lebens vernichtet hat, ist ein unersetzlicher Verlust. Und
dennoch vielleicht nicht ein gar so großer. Die Brief-
schreiberin Charlotte von Stein kennen wir aus dem, was
sonst noch von ihr überliefert ist: ihre Liebesbriefe an
Goethe dürften nicht im entferntesten an das herangekommen sein, was Goethe ihr zu sagen, zu schreiben
hatte. Sie dürften, was die sprachliche Qualität und die
Intensität der Aussage angeht, allenfalls zweitrangig gewesen sein. Charlotte hatte einen scharfen Blick für Verhältnisse, Menschen, Lebensbedingungen und Lebens-
möglichkeiten. Wären ihre Briefe erhalten, sie würden
eine reizvolle Ergänzung zu dem sein, was Goethe ihr geschrieben hat.

Aber so sehr viel mehr wird es wohl nicht gewesen sein.
Charlotte von Stein hat nach dem Bruch mit Goethe ihre
Briefe zurückverlangt, weil seine Lebensgeschichte, die in
Italien begonnene, nicht mehr im Einklang stand mit dem,
was sie in ihm gesehen, was sie ihm geschrieben hatte.
Ihre Briefe an ihn waren in gewissem Sinne Zeitdoku-

mente der besonderen Art gewesen, und als ihre Zeit um
war, waren auch diese Dokumente nicht mehr allzu viel
wert. Freilich: den Schlußpunkt unter diese Beziehung, die
auch für sie die glücklichste Lebensbeziehung war, die sie
kennenlernen durfte, und die schrecklichste zugleich, hat
sie erst am Ende ihres Lebens gesetzt: Sie hat diese Beziehung bis zuletzt bewahrt, indem sie ihre Briefe an Goethe
bewahrte, und erst als sie diese dem Feuer überantwortete,
war diese Beziehung für sie erst wirklich gestorben. Es war
nicht nachgetragene Liebe, es war das endgültige Ende
eines Lebensverhältnisses, das für sie am Schluß nur noch
in den Briefen, auf dem Papier bestand. So war es konsequent, daß sie die Briefe vernichtete und damit endgültig
Abschied nahm von einer Epoche ihres Lebens, die sie so
lange mit sich herumgetragen hatte, auch nach dem Bruch
von 1786.

Daß sich Goethes Briefe erhalten haben, ist mehr als ein
Gewinn: es ist ein Wunder, und in ihnen lassen sich die
Wunder einer Sprache studieren, die so einzigartig war,
daß auch weit über 1700 Briefe so gut wie nichts korrum-
piert haben. Es ist Poesie in Briefen, wie sie sich sonst in
Goethes Werk nirgendwo in dieser Gewalt findet. Mit
Christiane Vulpius hat Goethe wirklich gelebt – mit Char-
lotte von Stein lebte er in einer spirituellen Lebens- und
Liebesgemeinschaft, die in den Briefen unvergänglich
blieb.

*

Charlotte von Stein starb am 6. Januar 1827; sie war gerade 85 Jahre alt geworden. Sie wußte, daß Goethe mit
dem Tod nicht gern konfrontiert sein wollte; so bat sie,
nach ihrem Ende den Leichenzug nicht an seinem Haus
vorüberziehen zu lassen. Aber ihr Wunsch scheint nicht
erfüllt worden zu sein. Goethe hat kein einziges Wort über
den Tod seiner ältesten Freundin verloren. Ob sie die
Katastrophe ihres Lebens je verwunden hat, wissen wir
nicht. Aber sie hat sie schließlich mit Anstand ertragen
und ist damit auf ihre Weise fertiggeworden.

Literaturhinweise

Goethes Briefe werden zitiert nach der *Weimarer Ausgabe* (Goethes Werke. Hg. im Auftrage der Großherzogin Sophie von Sachsen, Weimar 1887 ff.).

Zu einzelnen wörtlich abgedruckten Briefen wurde die Ausgabe *Goethes Briefe an Charlotte von Stein.* Hg. von Julius Petersen. Leipzig 1907 sowie *Goethes Briefe an Frau von Stein aus den Jahren 1776 bis 1782.* Hg. von Adolf Schöll, Bd. 1. 2. Weimar 1848/51 herangezogen.

Der Verfasser ist Anregungen, Hinweisen und Belegen dankbar verpflichtet; das gilt insbesondere für das Buch von Jochen Klauß, *Charlotte von Stein. Die Frau in Goethes Nähe* (Zürich 1995) sowie für das von Alfons Nobel, *Charlotte von Stein. Goethes unerfüllte Passion* (München 1985) und für die neue umfangreiche Darstellung von Sabine Appel, *Im Feengarten. Goethe und die Frauen* (Stuttgart 1998). Dankbar benutzt wurde auch von Robert Steiger, *Goethes Leben von Tag zu Tag. Eine dokumentarische Chronik*, Band II: 1776–1788 (Zürich/München 1983) sowie *Goethe in vertraulichen Briefen seiner Zeitgenossen.* Zusammengestellt von Wilhelm Bode, 3 Bde. Berlin/Weimar 1979.

Bildnachweis

Alle Bilder mit freundlicher Genehmigung der Stiftung Weimarer Klassik/Goethe-Nationalmuseum; S. 141: Foto Sigrid Geske.

Personenregister

Aus dem Verlagsprogramm

Biographien bei C.H. Beck

Peter-André Alt
Schiller
Leben – Werk – Zeit. Eine Biographie
Erster Band
2000. 737 Seiten mit 27 Abbildungen. Leinen
Zweiter Band
2000. 686 Seiten mit 22 Abbildungen. Leinen

Nicholas Boyle
Goethe. Der Dichter in seiner Zeit
Aus dem Englischen von Holger Fliessbach
Band I: 1749–1790
3. Auflage. 2000. 885 Seiten mit 37 Abbildungen. Leinen
Band 2: 1790–1803
1999. 1115 Seiten mit 55 Abbildungen. Leinen

Giuseppe Farese
Arthur Schnitzler
Ein Leben in Wien 1862–1931
Aus dem Italienischen von Karin Krieger
1999. 360 Seiten mit 37 Abbildungen. Leinen

Hermann Kurzke
Thomas Mann
Das Leben als Kunstwerk. Eine Biographie
Sonderausgabe. 26. Tausend. 2000.
672 Seiten mit 40 Abbildungen im Text. Gebunden

Günther Schiwy
Eichendorff
Der Dichter in seiner Zeit. Eine Biographie
2000. 734 Seiten mit 54 Abbildungen. Leinen

Eike Christian Hirsch
Der berühmte Herr Leibniz
Eine Biographie
2. Auflage. 2001. 646 Seiten mit 60 Abbildungen. Leinen

Verlag C.H. Beck München

Bibliothek des 18. Jahrhunderts

Ein solches Jahrhundert vergißt sich nicht mehr
Lieblingstexte aus dem 18. Jahrhundert
Ausgewählt und vorgestellt von Autorinnen und Autoren
des Verlages C. H. Beck.
2000. 624 Seiten mit 18 Abbildungen. Leinen
Bibliothek des 18. Jahrhunderts

Daniel Defoe
Robinson Crusoe
Aus dem Englischen von Lore Krüger
Mit einem Essay von Friedemann Berger.
3. Auflage. 1997. 783 Seiten mit 150 Abbildungen
nach zeitgenössischen Kupferstichen. Leinen
Bibliothek des 18. Jahrhunderts

Rebekka Habermas (Hrsg.)
Das Frankfurter Gretchen
Der Prozeß gegen die Kindsmörderin Susanna Margaretha Brandt
Unter Mitwirkung von Tanja Hommen.
1999. 304 Seiten. Leinen
Bibliothek des 18. Jahrhunderts

Hansjörg Küster / Ulf Küster (Hrsg.)
Garten und Wildnis
Landschaft im 18. Jahrhundert
1997. 366 Seiten mit 11 Abbildungen. Leinen

Jonathan Swift
Gullivers Reisen
Übertragen von Franz Kottenkamp,
überarbeitet von Heinrich Fauteck
Mit Zeichnungen von Fritz Fischer und
einem Nachwort von Bernhard Fabian.
1999. 409 Seiten mit 177 Abbildungen. Leinen
Bibliothek des 18. Jahrhunderts

Verlag C. H. Beck München